Ginevra Menani De Veszelka

# Milano non è cara

## (se sai dove andare)

### 500 IDEE PER RISPARMIARE E GODERSI LA VITA



MONDADORI

## QUESTA GUIDA È DEDICATA A:

quelli che aprono il portafoglio e ci trovano le ragnatele

quelli che usano la bicicletta per spostarsi, così non inquinano e risparmiano pure sulla palestra

quelli che preferiscono aggiungere un posto a tavola, piuttosto che attendere il conto con le palpitazioni

quelli che aspettano di entrare a far parte della "generazione 1000 euro" e intanto si arrangiano con 500

quelli che controllano sempre il prezzo al chilo sulle targhette dei supermercati

quelli che affrontano quotidianamente tutto questo, ma sempre con il sorriso

perché Milano, d'accordo, è una città difficile, ma ci si può vivere bene

qui vi spieghiamo come fare.

# SOMMARIO

# L'ARTE DI ARRANGIARSI

"Adesso che finalmente stiamo a Milano, vogliamo andare a vedere questo famoso Colosseo?"

*Totò, Peppino e la malafemmina*

Milano, cronache dal terzo millennio: quando un litro di benzina arriva a costare come una bottiglia di Barbera inizi a riflettere sul tuo stile di vita. O cominci a mettere vino nel serbatoio o decidi che è arrivato il momento di cambiare qualcosa. Già, ma cosa? Perché è facile spendere poco nel baretto di periferia, ma **la sfida è potersi permettere di vivere senza rinunce anche con un budget limitato**. In poche parole, riuscire a trasformare una dura necessità quotidiana in tante, ottime opportunità: risparmiare, ridurre l'impatto ambientale e, allo stesso tempo, regalarsi molti, moltissimi momenti culturalmente stimolanti, ghiotti o sorprendentemente divertenti, in una parola "momenti ricchi" ma rigorosamente low cost. Io, milanese per scelta e innamorata della città (forse) più costosa d'Italia, mi sono trovata a raccogliere la sfida. Ho cercato, ho chiesto in giro, ho sperimentato, mi sono fatta un'opinione. E poi è nata **l'idea di questa guida**, un libro anti-spread e "contro il logorio della vita moderna", **un manuale d'uso della città rivolto a tutti i milanesi, di nascita o di adozione**. A chi ha scelto di mettere radici qui o semplicemente di trascorrerci un breve periodo per studio o per lavoro. Dieci anni fa quando arrivai dalla tranquilla provincia padana trovai una metropoli luccicante e dispendiosa, scandita da happy hour e settimane della moda. Con il tempo e l'esperienza ho scoperto che **esiste un'altra Milano, più vivibile, che coniuga qualità della vita e prezzi accessibili**. Basta cercare con un po' di attenzione e avere qualche dritta giusta. E poi Milano è anche bella, piena di splendidi musei e opere d'arte famose in tutto il mondo. Ma il piacere di visitare musei e luoghi d'arte è doppio, se, come scrivo nella guida, si riesce a farlo gratis o con lo sconto. Basta sapere quando e come. Senza contare i molti tesori nascosti (e completamente gratuiti), che spesso sfuggono alla vista o restano dietro qualche portone. Bisogna avere un occhio attento e curioso per individuarli.

Per questo **la prima parte della guida è dedicata** al "turismo urbano" **all'esplorazione dei quartieri**: cosa vale la pena visitare, dove fermarsi a mangiare, dove fare la spesa o portare i bambini, dove divertirsi. Il tutto condito con annotazioni curiose sulla storia della città e consigli utili per vivere al meglio ogni strada, piazza o parco. Possibilmente senza usare l'auto, perché è meglio, come ormai tutti sappiamo molto bene. **Nella seconda parte** troverete un elenco di **tutti gli indirizzi che compaiono nella prima, in ordine alfabetico per categoria**. Perché a volte non si ha tempo di seguire il filo del discorso, bisogna trovare subito quello che ci serve, punto e basta. **La terza parte è un vero e proprio Salvagente, con tutte le informazioni pratiche** sulla città, dai trasporti ecocompatibili alle feste che ricorrono durante l'anno, ai corsi - utili, divertenti e rigorosamente low cost - per imparare a cavarsi d'impiccio in ogni situazione. Ma, dato che ci sono situazioni in cui i corsi non bastano ma serve un aiuto efficace, il Salvagente si chiude con un elenco alfabetico per categoria di indirizzi utili, che vanno dalla salute alla manutenzione della casa, dalla babysitter alle riparazioni, e via risolvendo.

Infine, qualche avvertenza: innanzitutto questa guida è orgogliosamente indipendente, tra le sue pagine non troverete 'consigli per gli acquisti'. In secondo luogo non ha pretese di completezza, semmai vuole essere un punto di partenza per vivere la città da un altro punto di vista, dando qualche suggerimento su cosa Milano ha da offrire, senza trascurare il suo lato resistente, inatteso e irregolare. Dall'outlet al negozietto di quartiere, dalla pizzeria al vecchio "trani" (trattoria in dialetto milanese), dalla bocciofila al centro culturale, dal mercato rionale allo spaccio bio, dai musei ai parchi, **in queste pagine c'è un po' di tutto, purché all'insegna del risparmio**, con molto realismo, **senza pregiudizi e senza ghettizzazioni**. Perché è giusto che ciascuno possa scegliere la sua strada, sia che porti tra gli scaffali di una grande catena di negozi o supermercati, sia che conduca a un mercatino biologico di nicchia (ma magari, un po'meno a buon mercato). Scorrendo queste pagine troverete una mappa dei quartieri diversa da quella ufficiale.
La suddivisione adottata è frutto di una scelta personale: le zone sono definite, più che dai confini, da una certa omogeneità nel tessuto urbano, nell'atmosfera e nello spirito di chi ci abita, insomma, da quello che in altri tempi era chiamato "genius loci". Perché questa città non è soltanto uno spazio fisico, è un luogo dell'anima. Milano è come noi. Ricca dentro e, credetemi, low cost.

# LE ZONE DI MILANO



**Perimetro Zona 1 - Centro**
Cairoli – Cusani – Monte di Pietà – Fatebenefratelli – Senato – Visconti di Modrone – Augusto –Larga – Albricci – Santo Sepolcro – San Giovanni sul Muro – Cairoli

**Confini Zona 6 Ovest – Zona 7 Nord Ovest**
Sempione – Certosa

**Confini Zona 5 Sud Ovest – Zona 6 Ovest**
Torino – Correnti – San Vincenzo – Coni Zugna – Foppa – Lorenteggio

**Confini Zona 7 Nord Ovest – Zona 2 Nord Est**
Bonaparte – Legnano – Porta Volta – Farini – Valtellina – Imbonati – Pellegrino Rossi

**Confini Zona 2 Nord Est – Zona 3 Est**
Manin – Manuzio – Settembrini – Caiazzo – Andrea Doria – Loreto – Monza

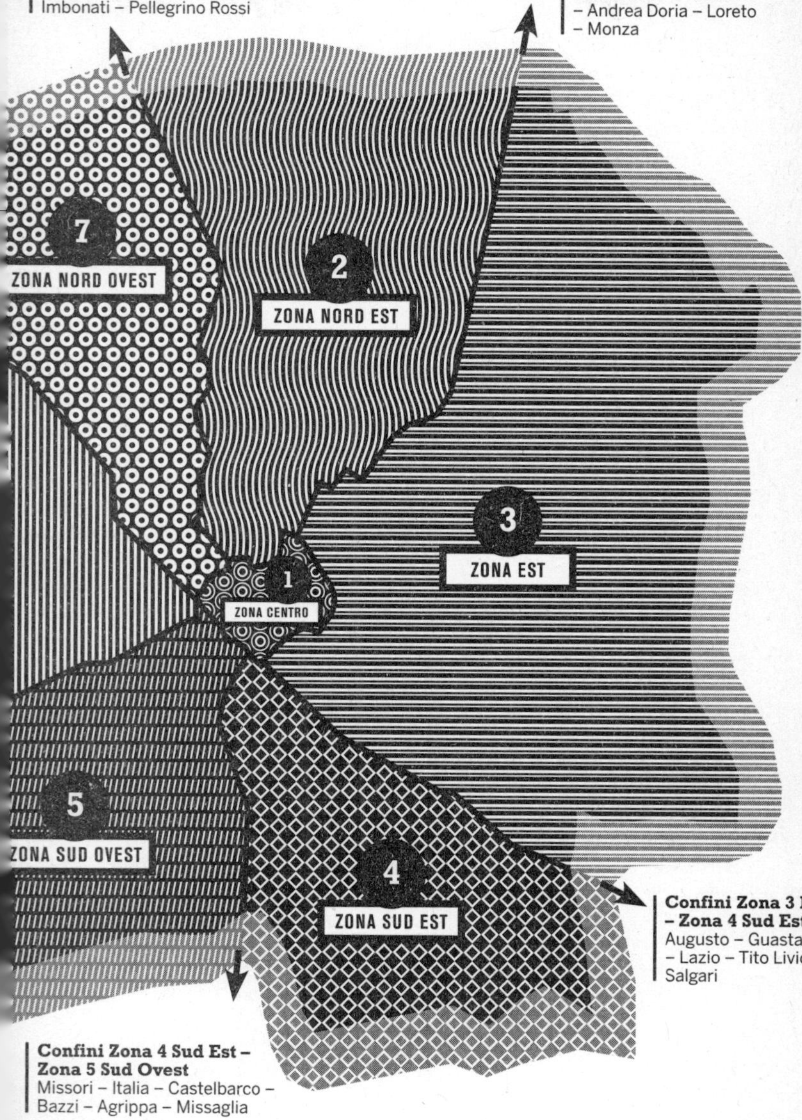


**Confini Zona 3 Est – Zona 4 Sud Est**
Augusto – Guastalla – Lazio – Tito Livio – Salgari

**Confini Zona 4 Sud Est – Zona 5 Sud Ovest**
Missori – Italia – Castelbarco – Bazzi – Agrippa – Missaglia

1

# ZONA CENTRO

**DA NON PERDERE: espresso con vista.** Probabilmente vi siete chiesti tante volte come deve essere salire in cima al Duomo, ma una cosa vi ha sempre frenato: è caro. Il biglietto dell'ascensore costa 12,00 euro e l'alternativa, cioè farsela a piedi, richiede polmoni di acciaio e non fa risparmiare un granché. Ma per godere della magnifica vista c'è un piccolo trucco: basta **salire al settimo piano dei magazzini La Rinascente e sedersi al bar nella terrazza panoramica. L'espresso costa 2,50 euro, ma è comunque molto meno del biglietto.** Tornando giù vale la pena fermarsi ad ammirare la magnifica magnolia stellata che fiorisce dietro l'abside della cattedrale. I passanti e i turisti spesso neanche se ne accorgono, ma questo è un piccolo miracolo a Milano.

# QUARTIERE CENTRO

## FAI LA SPESA GIUSTA

Alcune zone si prestano più di altre a un'esplorazione in chiave low cost. Il centro di Milano non è tra queste. Tuttavia c'è sempre un'ancora di salvezza, anche nei luoghi apparentemente più impervi. In questo caso si tratta del **Punto Simply** di Corso Monforte. Chi abita o lavora in zona San Babila viene a rifornirsi qui: in uno spazio di 200 mq potete trovare tutto quello che serve alla sopravvivenza, compresi surgelati, salumi, verdure e pane. Non che i prezzi siano particolarmente vantaggiosi, ma è il meglio che si può trovare nei dintorni.

## MANGIA BENE E BEVI MEGLIO

Mangiare in pieno centro a costi contenuti? Sembra impossibile, ma in qualche caso ci si può riuscire. La **Bottiglieria da Pino** in via Cerva, è una trattoria da battaglia che ogni giorno dà da mangiare a un esercito di impiegati. Fondata da Pino nel 1968 come mensa per i "*magutt*" (i muratori in milanese) il locale è una vera e propria ancora di salvezza nella scicchissima via Cerva, a due passi da san Babila. La filosofia del posto è far mangiare bene i clienti a prezzi ragionevoli: **ottimi i risotti, lo stinco e i bolliti.** Il **menù a prezzo fisso** prevede primo, secondo, contorno, mezza minerale e un quarto di vino per **15 euro**. La bottiglieria è aperta solo a pranzo, ma la sera si può affittare il locale per feste private a prezzi interessanti.

Per un spuntino robusto ecco i panzerotti di **Luini**, antesignani dello street food e amatissimi da tutti i milanesi. Non fatevi scoraggiare dalla coda chilometrica che invade via Santa Radegonda, vale la pena attendere per il panzerotto dorato che ha sedotto generazioni di adolescenti. Il marciapiede antistante è regolarmente colonizzato dai clienti con i palati ustionati e un'espressione di beatitudine dipinta sul volto. Quello **classico al pomodoro e mozzarella (2,50 euro)** vince su tutti, ma ce ne sono di tutti i tipi e per tutti i gusti a soli 20 centesimi in più.

Il pollo arrosto di **Leoni** è una vera istituzione. Piuttosto caro considerando i prezzi medi delle rosticcerie, diventa improvvisamente abbordabile quando avete un attacco di fame tra corso Venezia e le vie del quadrilatero. Dato che ci siete, provate anche le patatine, le zucchine e i carciofi fritti. Rigorosamente take away. Fate attenzione! È un negozio, non un bar: **chiude dalle 13.00 alle 15.00**.

A due passi dal Duomo e dallo shopping di Corso Vittorio Emanuele ci sono altri due validi indirizzi low cost. Alla **Salsamenteria di Parma** di via San Pietro all'Orto trovi prodotti tipici emiliani: trippa a 6 euro, lasagne a 7 e **ottimi panini con salumi, dal crudo alla coppa al salame di Felino (3,50-5,00 euro)**. Alla sera vale la pena ordinare il tagliere (16 euro) da dividere con gli amici e un goccio di barbera, che qui servono non in bicchieri, ma in tazze. Notevole l'accompagnamento musicale: Rossini, Verdi, Vivaldi, Beethoven...

Un'alternativa è l'**Antica focacceria San Francesco**, succursale dello storico locale di Palermo sbarcato a Milano in via San Paolo. L'ambiente ricorda la sede originale nell'uso del marmo e del ferro battuto, ma i prezzi, ahimè, si sono adeguati alla città. Più che come ristorante, infatti, lo consiglierei per uno snack.
Ad ogni ora del giorno ci sono i "sempre pronti": arancini, crocchè (crocchette di patate), **pane e panelle (pane con farina di ceci fritta) a 3,50 euro**. Per chi ha uno spirito avventuroso e uno stomaco di ferro c'è la focaccia schietta (**panino con la milza**) o maritata (con aggiunta di caciocavallo) a **4,50 euro**. Il cannolo è un po' caro (3,50 euro), ma si può ripiegare sul **cannolicchio a 1,80**.

## HOTEL E OSTELLI

Metti un gruppo di ragazzi della Milano bene con il pallino dei viaggi, che decide di aprire in Italia e, per di più, a Milano una cosa che in questo paese non ha mai funzionato: l'ostello.
Schiere di turisti stranieri increduli e rapinati in pensioncine a due stelle ora hanno trovato quello che fa per loro: l'**Ostello bello**.
"Questa casa non è un albergo": il cartello che accoglie gli ospiti è già una dichiarazione di intenti. L'ostello **offre Wi-Fi gratuito** nelle camere e nelle aree comuni, bagno privato in ogni stanza, colazione compresa nel prezzo e, udite udite, disponibile a qualsiasi ora ti svegli. Una vera sorpresa sono le terrazze al secondo e terzo piano con amache, tavolini e panche, in cui ci si dimentica di essere a Milano. Al terzo piano c'è anche la cucina in comune, a disposizione di chiunque voglia cucinarsi un pasto. Il **posto letto in camera da 4/6 persone costa 28 euro, la doppia 80**

## STORIE E PERSONE

**Panini e piumini.** Negli anni Ottanta Piazza San Babila diventa il quartier generale dei **paninari**. Ragazzi con **piumini Moncler e scarpe Timberland** e fanciulle con improbabili acconciature cotonate invadono lo spazio davanti al bar Il Panino di via San Paolo. Tutto l'armamentario dei "red neck", i campagnoli della profonda America, viene spacciato per trendy e pagato a caro prezzo dai figli di papà e per chi non se lo può permettere scatta il furto delle Timberland. Questa è la Milano edonista di "Sposerò Simone Le Bon", del programma televisivo "Drive in" e dell'emporio coloratissimo di **Fiorucci**, lo stilista milanese che aveva portato in Italia, vent'anni prima, la minigonna di Mary Quant e i giacconi di montone. A aggiungere un ulteriore tocco di colore al negozio ci penserà, nel 1983, un timido ragazzino americano con gli occhiali di nome **Keith Haring**. In seguito, quando nel 2003 il negozio chiuderà e sarà sostituito da H&M, i murales saranno stati strappati e venduti all'asta dalla galleria parigina Binoche.

**euro, tripla a 110**. Ottimo anche come ristorante a prezzi super convenienti e per bere qualcosa con gli amici: **per gli ospiti dell'ostello l'aperitivo di benvenuto è in omaggio**, per tutti gli altri è a 5 euro.

## SHOPPING & BEAUTY

In Corso Vittorio Emanuele, tradizionalmente affollatissimo nel tardo pomeriggio e alla vigilia del weekend, hanno aperto negli anni **enormi store di abbigliamento a prezzi contenuti,** il baluardo della "fast fashion". In pochi metri potete trovare H&M, Zara, Oviesse, GAP, Banana Republic e Benetton, solo per citarne alcuni. Il suggerimento è di usufruirne senza pregiudizi, seguendo però alcune regole di buon senso per evitare di pentirsi quasi subito dell'"ubriacatura da shopping".

Alle fanciulle a caccia di scarpe e alle fanatiche dell'abbinamento cromatico suggerisco di fare un salto da **Lolita**. Nascosto alla fine di uno stretto corridoio accanto alle immense vetrine di Zara, questo negozietto propone ballerine di tutti i colori, perfette per l'estate, al prezzo più che abbordabile di circa 30 euro al paio.

Sembra incredibile, ma anche a pochi passi dal Duomo si possono trovare vestiti unici a prezzi abbordabili. **Humana Vintage** è il charity shop di via Cappellari che **vende capi originali anni Sessanta, Settanta e Ottanta**, da donna e da uomo. **Con 60/70 euro** ci si può portare a casa **un magnifico capo spalla e bastano 15/20 euro per un paio di jeans o un paio di scarpe.** Humana è una onlus che si occupa di raccogliere e smistare abiti dismessi: quelli nuovi raggiungono i paesi in via di sviluppo, mentre quelli demodè vengono venduti qui, approfittando della moda del vintage. Tra i frequentatori abituali, oltre alle persone in cerca di buoni affari, non è raro incontrare stylist e redattrici di moda in cerca di qualche vestito o accessorio particolare. I prezzi, già molto convenienti, diventano davvero imbattibili in alcuni mesi dell'anno (gennaio, aprile, agosto, ottobre) quando vengono praticati ulteriori sconti per svuotare il negozio. Venire qui è un'ottima soluzione per chi vuole vestire in modo originale, con capi unici e a buon prezzo.

A Milano si legge. E parecchio. Per procurarsi buone letture anche con un budget ridotto ecco **Vecchi libri in Piazza,** la manifestazione che porta **ogni seconda domenica del mese** circa cento espositori **sotto i portici di piazza Diaz**. Le bancarelle espongono libri antichi, rari, edizioni esaurite e fuori catalogo. Gli affari migliori si fanno la mattina presto.

## STORIE E PERSONE

**Il Duomo al cinema.** Piazza del Duomo è stata scelta negli anni da molti registi come set cinematografico. "Noyo volevàn savuàr l'indiriss" così si rivolge Totò a un attonito ghisa dopo aver scambiato il Duomo per la Scala nel film "Totò, Peppino e la malafemmina" (Camillo Mastrocinque, 1956). Tra le guglie, sotto lo sguardo indifferente della Madonnina, si consuma l'amore tormentato tra **Alain Delon e Annie Girardot** in "Rocco e i suoi fratelli" (1960) di **Luchino Visconti**, e Renato Pozzetto fa il suo apprendistato da barbone nel film "Un povero ricco" di Pasquale Festa Campanile (1983). Ma è da quando **De Sica** l'ha ritratta dall'alto di una scopa in "Miracolo a Milano" (1951) che la piazza non è più la stessa. Nella scena finale del film i poveri di Milano rubano le scope ai netturbini e volano verso un futuro migliore, forse quello del boom economico che di lì a poco sarebbe cominciato.

Ma se non è domenica e volete comunque fare buoni acquisti potete farvi un giro tra i **chioschi di libri di Largo Cairoli**. Vi siete persi l'ultimo romanzo di Tom Clancy? Al **chiosco di Virginia** potete comprarlo usato a 6,50 euro. Oppure provate a passare dal **chiosco di Claudio**, che trovate anche al mercato dell'antiquariato di Brera (terza domenica del mese, vedi zona Nord Est). Come riconoscerlo? Semplice: capelli grigi e toscano in bocca, finge di essere il più burbero della piazza, ma in realtà è simpaticissimo. Da lui trovate di tutto, occasioni e rarità.

Se invece volete dare una rispolverata al vostro inglese, basta attraversare la strada: l'**American Bookstore** propone un'interessante **sezione dell'usato a 2,90 euro**, dove scovare i best seller di qualche tempo fa, Dan Brown in testa.

Al **Mondadori Multi Center** di Piazza Duomo periodicamente si tengono interessanti **presentazioni di libri**, quasi sempre seguiti da un **aperitivo con degustazione** di prodotti tipici, ovviamente **gratis**.

Da segnalare anche la **Libreria Scientifica** di via Visconti di Modrone che offre uno **sconto del 20%** su tutte le pubblicazioni.

## SPAZIO ALLE CULTURE

*"Certo che è un teatro meraviglioso, ma io sono miope e tutti i teatri per me sono uguali. La Scala è la Scala. Ma io sono la Callas e sono miope, ecco tutto."*

Inquadra con il tuo smartphone il codice a lato ed entra nel sito del Teatro alla Scala.

Il teatro **La Scala** negli anni ha ospitato grandi voci, grandi registi, grandi coreografi e ballerini, ma purtroppo non tutti possono permettersi di andarci. Anche in questo caso, per fortuna, esiste il trucco low cost: un'ora prima dell'inizio di ogni spettacolo è possibile acquistare eventuali biglietti last minute in biglietteria serale e i 140 ingressi di galleria (a 5,50 euro per i concerti; 11 euro per il balletto , 13 euro per l'opera) secondo modalità e orari previsti dall'associazione L'Accordo. Per i **ragazzi delle scuole e gli over 65** ci sono **spettacoli** speciali a **prezzi calmierati** (circa 10 euro per i giovani e 15-20 per gli

## OGGI MI VOGLIO ROVINARE

Al **Ristorante Tratto Nero**, all'interno dell'Istituto dei Ciechi di **via Vivaio 7**, si cena al buio, buio pesto. Bisogna affidarsi al tatto, all'olfatto e al gusto per distinguere gli oggetti e assaporare i piatti, senza lasciarsi influenzare dagli stimoli visivi. La cena costa 50 euro e assicura un'esperienza irripetibile, facendo provare a chi vede le sensazioni di chi non vede. Se volete farvi un'idea, passate al Caffè Noir per l'aperitivo (dal giovedì al sabato dalle 18.30 in poi), l'ingresso è libero e non occorre prenotare.

anziani) e con gli Abbonamenti Under30 si può assistere a tre opere o tre balletti quasi al prezzo di uno. Se invece volete solo dare un'occhiata al teatro, basta comprare un biglietto per il **Museo Teatrale** e seguire il percorso di visita (biglietto intero: 6 euro; gruppi: 4 euro; scuole: 2,5 euro).

## ARTE E ARCHITETTURE A KM 0

Questa è la zona della città a più alta densità di musei e monumenti, che spesso si riescono a visitare a prezzo scontato o gratis.

**I Musei Civici del Castello Sforzesco** offrono **l'ingresso gratuito** tutti i giorni dalle 16.30 alle 17.30 e il venerdì dalle 14.00 alle 17.30. Così, oltre a perdersi tra cortili, torri, sotterranei e prigioni, si possono visitare gratuitamente le Raccolte d'Arte Antica, il Museo delle Arti Decorative, il Museo dei Mobili, il Museo degli Strumenti Musicali e le Raccolte Extraeuropee.

Inquadra con il tuo smartphone il codice a lato ed entra nel sito delle Case Museo

Il Circuito delle case museo è visitabile a prezzo scontato con la **Case Museo Card**, valida per sei mesi, che consente al prezzo di 15 euro un ingresso con audioguida gratuita in ciascuna di queste strutture: **Museo Bagatti Valsecchi, Casa Boschi di Stefano, Villa Necchi Campiglio** e **Museo Poldi Pezzoli**.

Al **mercoledì sera**, spesso ma non sempre, il **Museo Poldi**

Fotografa con il tuo smartphone il riquadro a lato e entra nel sito del Museo Poldi Pezzoli

**Pezzoli** si apre al pubblico per un **aperitivo culturale dalle 18 alle 21**: al prezzo di 9 euro si può sorseggiare un drink e visitare le straordinare collezioni fuori dal consueto orario di apertura, accompagnati da uno dei conservatori. Inoltre ogni settimana sono in programma eventi musicali e letterari di ottimo livello: chi fosse interessato può consultare il calendario che è disponibile sul sito del museo.

**Villa Necchi Campiglio**, in via Mozart 14 è di proprietà del FAI ed è stata realizzata da Piero Portaluppi tra il 1932 e il 1935 per i Necchi Campiglio, una famiglia dell'alta borghesia industriale lombarda. La Villa, che nel 2010 è stata utilizzata come set per il film "Io sono l'amore" con Tilda Swinton, ospita collezioni provenienti da donazioni private con importanti opere italiane del XX secolo. Una buona occasione **per visitarla gratuitamente**, accompagnati dai premurosi e preparatissimi volontari del FAI, è approfittare delle **conferenze e presentazioni** che spesso vengono organizzate all'interno dei suoi locali, oppure delle **Giornate del FAI**, come quella che si tiene ogni anno in primavera. **La visita al giardino è gratuita.**

Inquadra con il tuo smartphone il codice a lato ed entra nel sito del Museo del Novecento

L'ingresso al **Museo del Novecento** è gratuito ogni giorno nelle due ore che precedono la chiusura e tutti i venerdì pomeriggio, mentre al **Museo** (che in realtà è una interessantissima casa museo) **Bagatti Valsecchi** si entra a prezzo ridotto (4 euro) tutti i mercoledì.

Se invece volete dare un'occhiata al poncho di Garibaldi, è ora di mettere piede a **Palazzo Morando**. Qui, oltre ad abiti, accessori e uniformi che testimoniano l'evoluzione del costume a partire dal periodo napoleonico, troverete una ricca collezione di quadri che testimoniano i cambiamenti di Milano tra la seconda metà del XVII e i primi anni del XIX secolo. **L'ingresso al museo è gratuito**.

In Piazza Scala è possibile visitare le **Gallerie d'Italia**, il polo museale nato dalla partnership fra Intesa Sanpaolo e Fondazione

Cariplo. Ad accogliervi troverete tredici bassorilievi in gesso di Antonio Canova, "La danza delle Ore" di Gaetano Previati e le opere prefuturiste di Umberto Boccioni. **Inoltre è stata da poco inaugurata una sezione dedicata ai capolavori del Novecento. Al momento l'ingresso è gratuito.**

Inquadra con il tuo smartphone il codice a lato ed entra nel sito del Comune di Milano, nella sezione dedicata a Palazzo Reale

**Palazzo Reale** è il contenitore per le grandi mostre di Milano, a pagamento. Ma il Comune organizza nelle sue sale anche **esposizioni di arte e fotografia a ingresso libero**, basta tenersi aggiornati visitando la sezione Palazzo Reale all'interno del sito del Comune di Milano.

Dietro l'angolo, la **chiesa di San Gottardo in corte** custodisce un gioiello: l'unica traccia lasciata da Giotto a Milano. L'affresco è danneggiato, ma le figure che si intravedono hanno un fascino ineguagliabile. Ne XIV secolo questa era la cappella di corte.

Forse non tutti sanno che i **sotterranei di Palazzo Mezzanotte**, meglio noto come la **sede della Borsa, nascondono i resti di un Teatro romano** che risale al I secolo e fu distrutto, pare, da Federico Barbarossa nel 1162. Una planimetria del teatro è segnata a graffito sul fianco sinistro dell'edificio.
Al centro di Piazza Affari, nel cuore della Milano finanziaria, si può

## * IL MOMENTO MIGLIORE PER...

**Visitare il Museo del Novecento.** Tra le iniziative più amate dai milanesi ci sono i **corsi di Yoga organizzati in pausa pranzo** (150 euro per intero ciclo; 120 possessori Card900). La sala del "Concetto Spaziale" di Fontana deve essere il posto perfetto per astrarsi dal mondo e concentrarsi su se stessi. Così dalle 13.00 alle 14.00 si srotolano i tappetini e partono gli asana, con una vista meravigliosa su piazza Duomo. **Ogni domenica**, inoltre, viene offerta una **vetrina per gli spettacoli in cartellone nei teatri milanesi**. Pochi minuti per conoscere i retroscena degli spettacoli più attesi, incontrare gli interpreti protagonisti, che potranno anche regalare frammenti dei loro spettacoli.

## OGGI MI VOGLIO ROVINARE

**Indovinello per gli appassonati d'arte.** A qualche lettore non sarà sfuggito che, in questa sintetica panoramica, manca all'appello uno dei più importanti musei di Milano. Il motivo è il **costo elevato del biglietto di ingresso**. Per chi non avesse capito di che museo si tratta ecco qualche indizio: conserva la cesta di frutta più famosa e ammirata della storia dell'arte; il nucleo originario della collezione fu donato da un nobile benefattore, un cardinale di manzoniana memoria. Avete indovinato? **La risposta è racchiusa in un antico palazzo in piazza Pio X.** Visitare la meravigliosa **Pinacoteca Ambrosiana** è sempre una gioia, ma dovete rassegnarvi a mettere da parte il low cost e spendere ben **20 euro** per il biglietto.

ammirare gratis **L.O.V.E.**, **l'opera tanto chiacchierata di Maurizio Cattelan.** A guardare bene il gigantesco dito medio in marmo bianco ci si accorge che si tratta in realtà di un saluto romano con le dita mozzate. Gordon Gekko non abita più qui, ma **nelle sere estive può capitare di vedere dei ballerini di tango**, che si danno appuntamento qui come se fosse una milonga.

## DOVE GIOCANO I BAMBINI

Inquadra con il tuo smartphone il codice a lato ed entra nel sito del Castello Sforzesco

**Sforzinda** è uno **spazio di incontro e gioco per i bambini da 4 a 11 anni** e si trova nella piazza d'Armi del Castello Sforzesco, nei sotterranei che circondano la piazza al confine con la Torre del Carmine. Gli spazi sono stati recuperati e restaurati per offrire un luogo dove ritrovarsi e divertirsi imparando. Il Castello per i bambini ospita al mattino attività gratuite per le scuole dell'infanzia. Tutti i pomeriggi, nei week end e durante le vacanze è invece accessibile alle famiglie a 1 euro. Il **Museo archeologico** propone la scuola di geroglifico, mentre il **Museo degli strumenti musicali** offre **laboratori didattici** per scuole e gruppi, con ascolto dal vivo degli strumenti della collezione. **Il costo dei laboratori è di 7,00 euro per il bambino e il suo accompagnatore**.

2

# ZONA NORD EST

**DA NON PERDERE: il giardino segreto.** Nel cuore di Milano c'è un magnifico giardino, nascosto all'interno di uno dei palazzi più belli. Si tratta dell'**Orto Botanico di Brera**, che ospita più di 3.000 specie vegetali e una serra disegnata dal Piermarini. Tra le chicche, **due ginko biloba secolari, tra le più antiche d'Europa, un tiglio alto 40 metri e una selva di piante officinali**. Ideale per un appuntamento romantico, per arrivarci bisogna attraversare il labirinto di corridoi dell'Accademia oppure prendere la scorciatoia ed entrare direttamente da via Fiori Oscuri 4. Forse per preservare il fascino del luogo, sono stati scelti orari di apertura bizzarri: **si può visitare gratis ogni giorno**, ma purtroppo mai di domenica. Pochi lo frequentano, molti ne ignorano l'esistenza: è il giardino segreto dei milanesi.

# QUARTIERE BRERA

## FAI LA SPESA GIUSTA

Ogni lunedì e giovedì l'appuntamento è con il **mercato rionale di via San Marco.** Per tutte le tasche ci sono pollo arrosto e patatine, e a pranzo te la cavi con meno di 5 euro.
Frutta e verdura non hanno prezzi particolarmente convenienti rispetto a quelli del supermercato, ma la qualità è sicuramente migliore.

## MANGIA BENE E BEVI MEGLIO

**El...Beverin** di via Brera prevede un'interessante soluzione low cost per la prima colazione: un bicchiere di latte e una 'michetta' a 1,00 euro. Davvero per tutte le tasche.

Per una cena veloce (e abbastanza economica) la **Pizzeria Sibilla** di via Pontaccio è un'ottima meta. Il locale è piuttosto

### STORIE E PERSONE

**Macondo.** "Macondo era allora un villaggio di venti case di argilla e di canna selvatica costruito sulla riva di un fiume dalle acque diafane...". Così Garcìa Màrquez ce lo descrive all'inizio di *Cent'anni di solitudine* . Nello stabile d'angolo in via Castelfidardo, una ex fabbrica ed ex casa del Fascio, da dove partì la marcia su Roma, nel 1977 apre ufficialmente Macondo. È un **ritrovo giovanile alternativo fondato da Mauro Rostagno** e da altri reduci del movimento studentesco in fase di disimpegno.
La clientela è trasversale e variopinta, una tribù di zingari metropolitani: ci sono gli intellettuali, i sottoproletari, i ragazzini scappati di casa, i radical-chic, i poveri e i ricchi. E poi arrivano i libri, gli happening, le mostre di pittura. L'esperienza è improvvisamente interrotta da una vicenda giudiziaria che ne coinvolge i promotori. Dopo il processo e la successiva svolta mistica, il locale chiude per riconvertirsi a centro per i seguaci del guru indiano Osho. Un posto così a Milano non si era mai visto e, forse, non si vedrà mai più.

## L'ECO DEL RISPARMIO

**Pranzo al sacco.** *Lunch* al bar? No grazie, è tornata la *schiscètta*. È in corso una rivoluzione dei costumi e dei consumi: la crisi degli ultimi tempi ha definitivamente sdoganato il pranzo al sacco. Da *schiscià*, che significa schiacciare, la schiscètta è un portavivande, inseparabile compagno di operai, muratori e manovali negli anni Cinquanta e Sessanta. I panini al bar sono diventati troppo cari? Il pranzo si porta da casa e con i buoni pasto si fa la spesa. La moderna schiscètta è diventata ormai un rito, una filosofia di vita, una svolta generazionale e anche un modo per riappropriarsi dei (pochi) spazi verdi della città, come il giardino del CAM di via Garibaldi, che con la bella stagione si popola di impiegati che in pausa pranzo vengono a godersi il primo sole.

piccolo e si mangia su tavoli di legno, condividendo lo spazio con giovani in giacca e cravatta, studenti e habitué del quartiere. La pizza è ottima, alta come quella napoletana e preparata con ingredienti di qualità, ma vale la pena provare anche le uova "alla Sibilla", passate nel forno a legna. Il conto è sui **20 euro**, bevande a parte.

La vera ancora di salvezza per chi è alla ricerca di un posto in zona dove mangiare con pochi spiccioli è **Lo'S**, il **take away cinese** aperto fino a tardi che sta proprio nel portone accanto. La voce più costosa del menù sfiora i **4,20 euro** e potete mangiare a sazietà con **5 euro**. In più, ordinando telefonicamente una ventina di minuti prima si trovano i piatti già pronti senza dover attendere.

In zona ci si può fermare a bere una birra o un drink al **Chinese box** di largo La Foppa. Il piccolo locale, gestito da una coppia di gemelli cinesi che ti accolgono salutandoti in milanese stretto, è un **osservatorio privilegiato** sulla fauna del ben più costoso bar di fronte, dove si alternano starlette, residui della Milano da bere, veline, calciatori, ex naufraghi televisivi e paparazzi. Da non perdere, soprattutto come occasione di indagine antropologica.

Girato l'angolo, il **Bar Manhattan** di via Volta è uno dei locali storici del quartiere, noto per il vasto assortimento di birre. Il **giovedì sera "paghi uno e bevi due"** e se, dopo aver approfittato della promozione, avete bisogno di mangiare qualcosa, andate sul sicuro ordinando hamburger e patatine (8,50 euro).

La stessa sera, dalle 18.00 fino alla chiusura, la birra media costa 4 euro (doppio malto e artigianali comprese) e il sabato si beve a prezzo più che ragionevole con i cocktail a 5 euro. Nella zona è difficile parcheggiare: meglio lasciare a casa l'automobile!

## SHOPPING & BEAUTY

Lunedì e giovedì al **mercato di via San Marco** ci sono le scarpe firmate e i maglioni di cachemire del mercato di Forte dei Marmi. Non sono low cost in assoluto ma, per gli stessi articoli i negozi praticano prezzi decisamente più elevati.

La terza domenica di ogni mese sono una cinquantina i banchi che espongono tra via Fiori Chiari, via Brera, via Madonnina e via Formentini per il **Mercato dell'antiquariato di Brera**. Meno conosciuto e più raccolto rispetto a quello dei Navigli, questo mercatino è una vera chicca per gli appassionati di modernariato, vestiti, libri, gioielli e vetri.
I **gioielli etnici** antichi li trovi in via Brera sul **banco di Simone Buitoni,** che importa direttamente l'argento lavorato a mano dai Karen, tribù nomade del Triangolo d'Oro. I prezzi vanno **dai 3 euro** in su e c'è lo sconto assicurato per chi si presenta con la guida.

Da **ResQ** in piazza del Carmine puoi scovare **capi vintage** a

## UN'ORA PRIMA TI VORREI

Inquadra con il tuo smartphone il codice a lato ed entra nel sito del Piccolo Teatro.

**Teatro last minute.** Il **Piccolo Teatro (Largo Greppi, via Rivoli 6, via Rovello, 2)** viene incontro a chi vuole "godersi lo spettacolo" senza spendere una fortuna: sul sito ogni giorno a partire dalle ore 12.00 vengono messi in vendita i biglietti rimasti per lo spettacolo serale, a un prezzo last minute. I biglietti devono poi essere ritirati in biglietteria un'ora prima dell'inizio dello spettacolo. Sarebbe contento il suo mitico direttore Paolo Grassi, che in gioventù aveva teorizzato la necessità di un teatro per tutti, un servizio pubblico "alla stregua della metropolitana".

## STORIE E PERSONE

**Un farmacista intrapredente.** In via Fiori Oscuri una targa ricorda il farmacista, imprenditore e mecenate Carlo Erba, illustre antenato del regista Luchino Visconti. Nel 1837 Erba prese in gestione l'Antica Farmacia di Brera, che tutt'ora esiste, e partecipò ai primi esperimenti che riguardavano l'uso terapeutico della cannabis, avviando nel 1849 il commercio di preparazioni galeniche a base di canapa. Nel 1853 aprì il primo laboratorio farmaceutico in Italia e poco dopo, forte del successo commerciale ottenuto, fondò quella che col tempo diverrà la più grande industria chimico-farmaceutica del paese: la Carlo Erba.

prezzi ottimi. Ci sono abiti firmati, golf di cachemire, impermeabili di Burberry, cappotti di sartoria anni Sessanta e Settanta, guanti, cappelli e accessori a partire da 10/15 euro, basta cercare.

Inquadra con il tuo smartphone il codice a lato ed entra nel sito di Madina.

Se invece siete amanti delle profumerie, da **Madina** in via Tivoli vendono cosmetici per tutte le tasche. Con i prodotti della linea base è possibile rinnovare la trousse con pochi euro: matita occhi o labbra a 1,90, rossetti da 3,40, cipria, terra e ombretti da 3,90. Periodicamente sono previste promozioni interessanti, come la **rottamazione del trucco usato**.

## SPAZIO ALLE CULTURE

Passando in corso Garibaldi, talvolta può capitare di sentire un valzer o una mazurka provenire dal numero 27: sono gli appuntamenti del **C.A.M.** (Centro Aggregazione Multifunzionale) dedicati al ballo liscio, che ogni volta fanno il tutto esaurito. Oltre ai **pomeriggi danzanti** vengono organizzati concerti, **rassegne cinematografiche**, **laboratori teatrali**, visite guidate e **corsi di ogni genere**, dal tango argentino agli scacchi, dalla meditazione ai corsi di italiano per stranieri, tutti con **accesso gratuito** e senza limiti di età.
In via Palermo, al numero 10, si legge un'insegna curiosa: **Pelota**

**Jaialai**. Questa è l'ultima traccia dell'entusiasmo di Milano per lo sport nazionale basco, la pelota, che si gioca in due squadre lanciando una palla (pelota) contro una parete. Per cinquant'anni lo sferisterio ha acceso gli animi con il tifo e le scommesse. Oggi è visitabile, gratis, soltanto in occasione di sfilate ed eventi di design.

Inquadra con il tuo smartphone il codice a lato ed entra nel sito della Fondazione del Corriere della Sera.

Per chi ama approfondire argomenti di attualità, politica, storia e sociologia, la **Fondazione Corriere della Sera** – nata con lo scopo di custodire e valorizzare il patrimonio del quotidiano di via Solferino e degli archivi del gruppo RCS – organizza periodicamente seminari e conferenze con ospiti importanti, **tutti ad ingresso libero**, anche se è necessario prenotare.

## ARTE E ARCHITETTURE A KM 0

Inquadra con il tuo smartphone il codice a lato ed entra nel sito della Pinacoteca di Brera.

Proprio nel cuore del quartiere si trova uno dei più importanti musei italiani: la **Pinacoteca di Brera**.
Al centro del cortile spicca la statua bronzea che raffigura Napoleone nelle vesti di Marte. Fu proprio Bonaparte a decretare la fortuna del museo ordinando di far convergere lì tutte le opere confiscate dagli eserciti napoleonici nel resto d'Italia, a imperitura gloria della capitale del Regno d'Italia.
Con soli **6 euro** del biglietto di ingresso (ma il prezzo può salire a 10 euro in occasione di mostre temporanee) si possono ammirare alcuni dei più importanti capolavori dell'arte italiana dal XIII al XX secolo, tra cui Mantegna, Raffaello, Caravaggio e i Futuristi, oltre alle opere delle importanti collezioni milanesi Jesi e Vitali.
Forse non tutti sanno che **la Pinacoteca prevede alcune aperture straordinarie gratuite**: ad esempio il 14 febbraio, giorno di San Valentino, le coppie entrano gratis, mentre l'8 marzo tocca alle donne a usufruire dell'ingresso gratuito.
Sono aperti al pubblico e sempre visitabili **a ingresso libero, l'osservatorio astronomico e il magnifico orto botanico** (la descrizione è nell'introduzione alla zona).

Girato l'angolo vi aspetta il **Museo del Risorgimento**, che custodisce dipinti, stampe, sculture e cimeli da Napoleone all'Unità d'Italia. **L'ingresso** nella magnifica sede di Palazzo Moriggia **è gratuito dopo le 16.30 e al venerdì pomeriggio**, conviene approfittarne per andare a vedere il primo tricolore italiano.

## STORIE E PERSONE

**La Zanzara del Liceo Parini.** In via Goito 4, una traversa di via San Marco c'è il Liceo Parini. Nel 1966 uscì sul giornale scolastico *La Zanzara* un'indagine sui giovani e la sessualità che suscitò grande scandalo. Guardando le foto dell'epoca, colpisce come gli adolescenti assomigliassero in tutto e per tutto ai loro genitori: i ragazzi sono serissimi nei completi scuri e le fanciulle indossano twin set e gonna al ginocchio. Ma qualcosa sta cambiando e tempo due anni arriverà il '68 a stravolgere tutto e a mandare definitivamente in soffitta i tailleur e le cravatte: capelli lunghi, eskimo e jeans a zampa diventeranno le divise dei giovani. Nasce per strada, prima che sulle passerelle e nei negozi, la moda unisex.

# QUARTIERI ISOLA E GARIBALDI

## FAI LA SPESA GIUSTA

Chi passa all'Isola il **martedì** o il **sabato** non può rinunciare a un giro al **mercato**. Le quotazioni delle merci in vendita si basano, come a Wall Street, sulla legge della domanda e dell'offerta: **verso l'orario di chiusura, in genere, è facile spuntare prezzi migliori**. Dopo aver visto i banchi di piazza Minniti, vi convincerete che non sempre è necessario spendere una fortuna per una cena a base di pesce: se sceglierete alici, sarde e pesce azzurro basteranno pochi euro e ne guadagnerete in salute. **Il banco in via Borsieri vende prodotti alimentari sottocosto**, che scadono entro sei mesi: ad esempio si può comprare un panettone Bistefani a 2 euro e una confezione di caffè Segafredo a 1 euro. **In via Angelo della Pergola** c'è la bancarella dei **detersivi e dei prodotti per la casa a partire da 1 euro**, mentre in via Garigliano (già che ci siete!) potete afferrare al volo un paio di jeans Levi's a 15 euro.

## MANGIA BENE E BEVI MEGLIO

C'era una volta un bar della mala. Pare che di qui passasse anche il boss Francis Turatello, detto Faccia d'angelo. Oggi è il **Nord Est Caffè** di via Borsieri e ospita periodicamente concerti, reading, presentazioni. Non si può dire che sia economico, quindi attenzione a quello che ordinate, ma ha un grande vantaggio: basta prendere anche solo un caffè e si può trascorrere la mattinata a **sfogliare tutti i giornali a disposizione** per la rassegna stampa, da Il Foglio a L'Unità.

Se siete in giro potete fermarvi a mangiare alla **Trattoria La Cantinetta**, un vero punto di riferimento per chi all'Isola ci vive o ci bazzica. L'inesauribile Luca ai tavoli e la "mamma" in cucina assicurano porzioni abbondanti e piatti onesti a **10 euro prezzo fisso**, compresi acqua e caffè. Non appena migliora il tempo il marciapiede di piazza Archinto è colonizzato dai tavolini, perfetti per godersi il primo sole di Milano. La Cantinetta è imbattibile anche **per l'aperitivo o lo spuntino**: birra Moretti grande e pane e mortadella a 3,50 euro. È bene sapere che **il vero isolano ordina il "cinesino"**, una misteriosa bevanda di colore rosso, la cui ricetta rimane un segreto.

Se per caso dovete invitare a cena qualcuno, andate sul sicuro e provate la **pizzeria La Coccinella**. Questo piccolo ristorante con una manciata di tavoli e un dehor in piazza Minniti propone una delle pizze migliori di Milano. Prezzi contenutissimi, **meno di 10 euro per pizza e birra**, ma **attenzione agli orari**: da lunedì a venerdì è aperto a mezzogiorno, nel weekend è aperto solo la sera. Nel periodo estivo, invece, è aperto tutti i giorni.

Per chi ama la pizza alta e soffice tipo quella napoletana in fondo a via Taramelli c'è **Pizza & Sfizio**. Il signor Gennaro, partenopeo di Santa Lucia, la serve in una saletta arancione con in **sottofondo tutti i successi della canzone napoletana**. Il conto difficilmente supera i **15 euro**.

Non fatevi ingannare dal locale un po' spoglio, allo **Stuzzichino** di via Porro Lambertenghi si mangia con **15 euro** senza rimpianti. Nonostante il cuoco sia egiziano, il piatto forte è la paella.

Alla **Trattoria da Tomaso** di via De Castilla si possono gustare i classici della cucina milanese in compagnia dei migliori **maghi e prestigiatori** in circolazione. Il menu prevede: trippa, ossobuco, cassoeula, cotoletta, baccalà e polenta. A **pranzo**, un primo e un secondo costano **12 euro**.

Spostandosi in via Imbonati, la **Trattoria Manfredi Amilcare** offre una cucina casalinga in un ambiente un po' anni '50. Con **15 euro** si ordina dal primo al dolce e ti sembra di stare a casa dalla mamma, invece ti trovi in una delle zone più multietniche di Milano.

Per una cena veloce vi segnalo l'**Indian's Snack** uno dei migliori **take away** che abbia provato. Ottimi i samosa e i chicken roll a 1 euro, il kebab e il pollo al curry (4 euro). È possibile ordinare un piatto unico con un misto di verdure, pollo e riso per soli **6 euro**.

Vale la pena spingersi un po' più in là, verso Niguarda, per ritrovarsi in piena Sicilia. Basta arrivare in via Murat 6, alla **Rosticceria Golfo di Mondello**. Il bancone in vetro nel piccolo locale di tifosi del Palermo mostra tutti i classici dello street food siciliano: trionfi di sfincione, parmigiana di melanzane, pane e panelle, pane c'à meuza (panino con la milza), cannoli e cassate a prezzi imbattibili, **il cannolo costa 1,50 euro e il cannolicchio 1 euro**.

Deviando verso via Farini, si raggiungono due storiche **pizzerie**: **Da Franco**, ottima pizza e cucina pugliese, e **Da Martino**.

STORIE E PERSONE

**Babbi Natale a luglio.** Nel luglio 2010 l'Isola ha ospitato il set del film *La Banda dei Babbi*, interpretato dai comici Aldo, Giovanni e Giacomo. L'ambulatorio veterinario dove si svolgono molte scene del film è al numero 9 di via Pollaiuolo. Le luminarie e le decorazioni, appese per esigenze di scena, hanno regalato al quartiere un'insolita atmosfera natalizia in piena estate.

Quest'ultimo è famoso per la **pizza al trancio** (margherita/marinara/napoli **3,50 euro**; farcite: da 4,50 a 6,50 euro) e primi buoni e abbondanti (da 5 a 6 euro). Alla sera il locale fa due turni tassativi e un post-it sul muro di fianco al tavolo ti ricorda che alle 21.00 bisogna alzarsi. I tavoli sono pochi, meglio prenotare.

In zona Porta Volta il posto migliore dove fermarsi per assaporare l'atmosfera "vecchia Milano" è, senza dubbio, il circolo dell'**Associazione Combattenti e Reduci**, che ha sede dentro l'antico casello daziario. Entrarci è come fare un tuffo nel passato: i vecchi quadri alle pareti, il biliardo, il campo per le bocce.
La clientela è cambiata, ma i prezzi sono ancora abbordabili.
Nei pomeriggi d'autunno è bello fare una sosta per assaggiare **castagne e vino rosso** e giocare a briscola, mentre d'estate si mangia nel cortile interno, all'ombra di uno splendido glicine.
**Si può affittare** per feste private, rigorosamente low cost.

Tra bar e locali, questa è una delle zone più vivaci della città. Per ravvivare la serata più difficile della settimana, Il bar **Frida** in via Pollaiuolo propone i "lunedì a tutta birra": **media chiara scontata a 3,50** euro con buffet. Gli altri giorni, happy hour a 5 euro.

Il vicino **Lucky bar**, gestito da ragazzi cinesi agguerritissimi e stakanovisti, promette di fare concorrenza: **birra media a 2,50 euro**, grande a 3,50 e, vero termometro della convenienza milanese, **spritz a 2,50 euro**, un prezzo più unico che raro al di fuori dei confini della Serenissima.

In zona, inoltre, è facile cogliere l'opportunità di ascoltare buona musica, un suggerimento anche per chi non può o non vuole permettersi i prezzi del famoso Blue Note: **al Wasabi i concerti blues sono tutti gratuiti**, si paga soltanto la **consumazione,** che ammonta a **5 euro.**

## HOTEL E OSTELLI

La **Pop-casa** di via Menabrea, costruita su 2 piani, ha poche stanze e può ospitare un massimo di 5 persone. Le camere sono minuscole, ma carine e pulite e si ha a disposizione la cucina, il soggiorno in comune e il Wi-Fi gratuito. Nel complesso è molto moderno, pulito, funzionale ed economico: si va dai **40 euro per una singola ai 70/80 per la doppia**. Dicono che i proprietari siano gentili e disponibili, ma non sono in molti ad averli incontrati: spesso si comunica con bigliettini e buste appese al muro e per farti aprire all'arrivo devi mandare un sms con il codice della prenotazione.

Completamente diversa è la soluzione che propone l'**OstellOlinda**, che ha sede ad Affori presso l'ex Ospedale Psichiatrico Paolo Pini. Immerso nel verde, a dieci minuti dal centro città in metropolitana, l'ostello propone camere per tutti i gusti e tutte le tasche in una cornice assolutamente insolita per Milano. Fermarsi qui è davvero un'esperienza unica: non solo puoi incontrare persone provenienti da tutto il mondo, ma hai anche l'occasione di interagire e collaborare alla riabilitazione di chi ha problemi di salute mentale.
Sono a disposizione degli ospiti **free internet**, fornelli, forno, frigorifero e tutto il necessario per cucinare un buon pasto da consumare in compagnia nell'ampia sala da pranzo.
Le camere singole costano 30 euro per notte, le matrimoniali 50 e **un posto in camerata meno di 20 euro**.

## SHOPPING & BEAUTY

Nel quartiere si possono trovare negozi vintage per tutte le tasche. Tralasciamo quelli più esosi e puntiamo subito al low cost: da **Live in Vintage**, piccola bottega in via Tahon de Revel assediata da negozi per appassionati di moto, si trovano **griffes** (Saint Laurent, Ungaro, Mila Schön e Moschino...) e pezzi di sartoria degli anni Sessanta, Settanta e Ottanta **a prezzi accessibili**. Se non si ha fortuna con la taglia, ci si può dedicare agli **accessori**: spille, cinture, scarpe, borse, cappelli e bijoux, **dai 15 euro in su**.

Un altro indirizzo da tenere in considerazione è **Particelle Complementari**, che si affaccia sul cortile del frequentatissimo locale Frida. A metà tra il negozio e il laboratorio, si basa sulla filosofia del recupero e del riciclo. **Non tutto è low cost, ma si possono fare buoni affari**.

Se invece avete finito lo shampoo, **De Simone**, all'angolo tra via Farini e via Alserio, è il posto che fa per voi. Il negozio rifornisce i parrucchieri e vende **prodotti per la cosmesi** a prezzi abbordabili. Ad esempio il kit completo per la depilazione fai da te, composto da applicatore elettrico, cera, strisce e crema emolliente, costa circa 20 euro, senza contare il notevole risparmio sulle sedute dall'estetista.

All'**Isola dei Libri** di via Pollaiuolo ogni mercoledì alle ore 18.00 si sferruzza in compagnia, un po' come in uno "knit cafè". Ma non è un corso, **ci si incontra liberamente e gratuitamente**.

## SPAZIO ALLE CULTURE

Nel cuore dell'Isola ha da poco inaugurato l'**Incubatore per l'Arte**, l'edificio che sostituisce la vecchia Stecca degli artigiani. Al suo interno sono ospitate otto associazioni, tra cui Architetti Senza Frontiere, Controprogetto e Gas Isola Critica, che portano avanti non solo **attività culturali e artigianali**, ma anche promozione del **volontariato** e azioni in difesa dell'ambiente.

## T'AGGIUSTO IO

**Bici e mobili fai da te.** Riparare la bicicletta all'Isola non è un problema: basta andare alla **Ciclofficina**. Non è soltanto un laboratorio per l'autoriparazione delle bici, ma soprattutto un covo per ciclisti urbani e amanti del fai da te. I ricambi sono a prezzi di costo, a patto che sia tu stesso ad aggiustarti la bici. L'associazione +bci mette a disposizione gli attrezzi, i pezzi-base (cavi, guaine, camere d'aria, ecc.), ma soprattutto l'esperienza e tanti buoni consigli.
Vuoi aggiustarti l'armadietto? Farti le mensole da solo con il legno recuperato? Allora basta andare nella stanza accanto e bussare alla porta di **Bricheco**. Questo è il regno per gli appassionati del bricolage e del riciclo, un luogo aperto a tutti coloro che vogliono provare a costruirsi i mobili da soli. Ma tranquilli, se non siete capaci troverete sempre qualcuno disposto ad aiutarvi.

I due laboratori si trovano in **via De Castillia 26** presso l'Incubatore per l'Arte.

Il piano terra è occupato dai laboratori, mentre di sopra c'è un grande open space per riunioni, incontri e esposizioni di quanto prodotto durante tutte le attività.

A completare il tutto ci sono i **nuovi giardini pubblici**: più di tremila metri quadrati di verde da **via De Castillia** a via Confalonieri, con una nuova area giochi attrezzata per i più piccoli. Tutto a disposizione degli abitanti del quartiere e di chiunque frequenti la zona.

Fotografa con il tuo smartphone il riquadro a lato e entra nel sito del Cinema Anteo.

In zona Garibaldi c'è il rifugio dei cinéphile milanesi: l'**Anteo**. In perfetto equilibrio tra la multisala e il cinema d'essai, l'Anteo non delude mai la sua vasta platea di affezionatissimi spettatori. Contribuiscono al suo successo una programmazione di qualità e l'alternarsi di rassegne e manifestazioni di vario genere, a costi davvero contenuti. Ad esempio, acquistando la **tessera Agis** (è annuale e costa 16 euro) si entra a prezzo agevolato ogni martedì in tutte le sale della città. Comprandola all'Anteo si riceve in omaggio la card Anteo/Apollo. La tessera garantisce l'ingresso al prezzo scontato di **4,50 euro** a tutti gli spettacoli delle sale Spaziocinema, in più al momento dell'acquisto si riceve un biglietto in regalo. Come se non bastasse, grazie alla rassegna "Rivediamoli", tutti i giovedì da ottobre a marzo si possono vedere **i film della passata stagione a soli 2,50 euro**.

Inquadra con il tuo smartphone il codice a lato ed entra nel sito del Teatro della Cooperativa.

Il **Teatro della Cooperativa** di via Hermada, zona Niguarda, partecipa alle iniziative promosse a favore di una mobilità sostenibile e propone la riduzione "a teatro in bicicletta".

**Chi si presenta in bicicletta** e mostra in cassa la chiave del lucchetto o l'abbonamento BikeMi, **può acquistare i biglietti al prezzo speciale di 10 euro**, anzichè 18. Sono previsti sconti anche per coloro che si presenteranno in cassa con il **biglietto** obliterato (fa fede l'orario prossimo allo spettacolo) **o l'abbonamento ATM** (annuale o mensile).

Aderiscono all'iniziativa anche: il Teatro dei Filodrammatici, il Teatro della Memoria, il CRT, il Teatro Franco Parenti, Tieffe Spazio Mil, Tieffe Teatro, Spazio Tertulliano, Pacta dei teatri-Teatro Oscar.

## ARTE E ARCHITETTURE A KM 0

Lo stile **Liberty** affiora all'Isola come una traccia nascosta, quasi come se fosse il filo rosso che percorre vie, strade e piazze.
Gli esempi più belli si trovano nell'edificio neogotico al **numero 5 di via Pollaiuolo**, in **via Garigliano**, in **piazza Archinto** e in **via Borsieri**, in particolare nello stabile al 26.

Probabilmente grazie alla sua matrice operaia e artigiana, in zona si contano anche numerose abitazioni tipiche del **razionalismo** milanese. La più bella è **Casa Ghiringhelli** di piazzale Lagosta, costruita dai famosi architetti Terragni e Lingeri negli anni '20. Nel cortile, costruito nel sito dell'antico cimitero della Mojazza, una lapide ricorda la piccola tomba dove fu sepolto il poeta Giuseppe Parini.

In via Tahon de Revel c'è **Santa Maria alla Fontana,** costruita nel XVI secolo nel luogo dove già in tempi antichissimi si trovava una fonte da cui sgorgava un'acqua miracolosa. Per questo nel Rinascimento divenne meta di centinaia di pellegrini che ogni giorno venivano a bagnarsi nelle sue acque. Quasi accanto si trova la **Fonderia Napoleonica**: qui vennero fusi il carro che sovrasta l'Arco della Pace e la statua equestre di Vittorio Emanuele II di Piazza Duomo.

In viale Fulvio Testi, nella bellissima Ex Manifattura Tabacchi, ha recentemente aperto il **MIC, Museo Interattivo del Cinema**. Qui sono custoditi 50 milioni di km di pellicola, 20.000 manifesti, alcuni dei quali rarissimi, 100.000 istantanee e 300 preziosi cimeli. Oltre allo spazio espositivo, in cui hanno trovato casa alcuni preziosi materiali storici della collezione della Cineteca, il MIC può contare anche su una sala cinematografica di oltre 90 posti.
La visita e la proiezione costano solo 5 euro.

Al numero 10 di Corso Como c'è il concept store più blasonato della città: la **Galleria Carla Sozzani**. L'unico modo per avvicinarsi, preservando l'incolumità delle magre finanze, è scartare il negozio, dribblare i tavolini del caffè e dirigersi direttamente al primo piano dove Carla Sozzani, glorioso passato

STORIE E PERSONE

**Missione cucina.** In via Pasubio all'angolo con via Maroncelli ci si imbatte in una targa curiosa: "Questa casa fu frequentata dal presidente Ho Chi Minh durante le sue missioni internazionali negli anni Trenta in difesa della libertà dei popoli". La realtà storica è un po' diversa: dopo essere stato lustrascarpe, tipografo, operaio, montatore cinematografico, contorsionista, interprete e pasticcere con Escoffier e dopo aver viaggiato clandestinamente attraverso Francia, Inghilterra, Usa, Urss, Belgio, Germania, Svizzera e Thailandia, il futuro padre dell'indipendenza vietnamita approda a Milano nel 1933 e trova lavoro all'Osteria della Pesa, come chef o forse come lavapiatti. Non proprio una missione internazionale...

nella moda (Vogue, Elle) e anima dell'intero progetto, ha aperto la sua galleria. La sede **ospita mostre** molto interessanti, soprattutto di fotografia. **L'accesso è libero** e basta iscriversi alla newsletter per essere informati sull'attività e ricevere gli inviti ai vernissage.

### A PIEDI NUDI NEL PARCO

Uno dei più grandi "community garden" di Milano sorge nel parco dell'ex Paolo Pini.
In questa selva di querce, pini e lecci l'associazione il **Giardino degli Aromi** organizza corsi per la formazione di orti-giardini del benessere, per il riconoscimento e l'uso delle piante selvatiche e per l'orticoltura con tecniche sostenibili. Nel libero orto si intrecciano diverse attività, dalla **produzione di piante aromatiche e orticole con vendita diretta** allo **scambio di prodotti con il proprio tempo** trascorso a cooperare sul campo. Gli orti sono curati individualmente o in gruppo non solo dai residenti di Affori, ma da persone che vengono da ogni angolo della città per potare, dissodare e innaffiare in compagnia.

# QUARTIERI CENTRALE E REPUBBLICA

## FAI LA SPESA GIUSTA

Per comprare frutta e verdura a prezzi onesti ogni mercoledì c'è il **mercato di via Zuretti**, poco distante dai binari della Stazione Centrale.

Per chi ha voglia di fare due passi in più non lontano da qui c'è **uno dei mercati più belli della città: quello di via Benedetto Marcello** (vedi Zona Est, Porta Venezia), famoso per il numero di espositori, la varietà delle merci e i prezzi molto convenienti.

## MANGIA BENE E BEVI MEGLIO

Alla **Trattoria Riva**, via Vespucci 7 con pochi spiccioli mangi come a casa dalla mamma e magari ci scappa pure una partita a briscola con i vecchi del quartiere. Ma attenzione agli orari, chiude prestissimo.

La **Focacceria da Pino** di via Fara è perfetta per un pasto veloce: pizza margherita 3,50 euro, focaccia farcita 2,80, bibite 1,70.

## STORIE E PERSONE

**Vita di uno scrittore anarchico: Luciano Bianciardi.** Nel caso di Luciano Bianciardi vita e letteratura si sovrappongono pericolosamente: nato a Grosseto, laureato alla Normale di Pisa, in gioventù è testimone della tragedia di Ribolla, un'esplosione in cui perdono la vita 43 minatori. Giunto a Milano, Bianciardi traduce per Feltrinelli Steinbeck, Faulkner, Miller e Kerouac ed è tra i primi a intuire le contraddizioni e i limiti del precariato intellettuale in pieno boom economico. Nel libro "La vita agra" (1962) narra le vicende di un anarchico toscano che, arrivato a Milano per far saltare il grattacielo della Montecatini e vendicare un incidente in miniera, finisce per integrarsi nella vita della metropoli. Il romanzo è un grande successo: arrivano fama, soldi e il film di Lizzani con Tognazzi. Ma seguiranno cause legali, disillusione, alcol e amarezza. La vita amara di uno scrittore in anticipo sui tempi.

Giusto nel portone accanto, al numero 33, c'è la **Zupperia**. Dopo un viaggio negli Usa i proprietari hanno pensato di portare a Milano questa formula: **le zuppe**, che variano ogni giorno, **costano 4,00 euro** e si possono accompagnare con un po' di vino, che qui viene servito in capienti tazze (2 euro). Notevole anche la colazione con panini dolci, crepes e torte fatte in casa (2 euro la fetta). È disponibile anche il servizio take away con prenotazione online e consegna gratuita nel raggio di un chilometro.

Spostandosi verso Greco, ci si può fermare alla **Cucina popolare del Leoncavallo**. La sua filosofia è: chilometro zero e ricette dal mondo. Nata nella vecchia sede di via Leoncavallo nello spirito di garantire un **pasto a prezzi contenuti**, nella sede di via Watteau propone un mix tra la tradizione mediterranea e i sapori introdotti dai collaboratori di origine straniera. Il risultato è un mix fra piatti lombardi (e non solo) e sapori e spezie di India, Medio Oriente, Eritrea, Equador. Un occhio particolare è riservato alla qualità degli ingredienti, forniti da giovani produttori dell'hinterland milanese. Il giusto equilibrio dei prezzi si mantiene grazie a un'offerta variegata e a ricette che sanno sfruttare tagli di carne o prodotti di stagione considerati "poveri".

## HOTEL E OSTELLI

A due passi dalla metro di Repubblica l'**Hotel a casa mia** offre stanze **singole da 49 euro e doppie da 69**. Pulito, dignitoso e con personale estremamente cortese è una soluzione perfetta per chi si ferma in città qualche giorno. Quando prenotate, chiedete le camere che danno sul cortile interno: sono le più silenziose.

Per chi ha in programma di fermarsi un po' di più la soluzione ideale è questo tranquillo e colorato **appartamento in viale Brianza**, a due passi dalla Stazione Centrale. La casa, affacciata su un tipico cortile vecchia Milano pieno di magnolie, è composta da un'ampia stanza con un letto matrimoniale e un accogliente soggiorno con cucina. Gli ospiti hanno a disposizione tutti i comfort: asciugamani e lenzuola, lavastoviglie, lavatrice, asciugacapelli, impianto stereo, TV, connessione wifi e una fornita libreria specializzata in arte, architettura e food. Se arrivate in automobile non avrete difficoltà a trovare percheggio sotto casa e se siete fortunati troverete una torta al vostro arrivo. La richiesta è di circa **80 euro al giorno (500 a settimana)** ed è prenotabile attraverso il sito www.airbnb.it .

## SHOPPING & BEAUTY

**Al mercatino tra noi e voi** di via Marcora è una **mostra mercato dell'usato** e dell'antiquariato dove acquistare e vendere, con la formula del conto vendita, mobili e accessori per l'arredamento, lampade, lampadari, suppellettili, argenti, bronzi e quadri d'epoca e moderni. Più il tempo passa, più il prezzo scende. Perfetto per arredare casa.

Alla libreria **Feltrinelli Express** della Stazione Centrale è disponibile un vasto assortimento di libri in lingua. Chi non ha problemi con l'inglese, per esempio, può comprare le ultime novità direttamente in edizione economica alla metà del prezzo di copertina dell'edizione italiana.

Non sono molti i casi in cui una donna decide davvero di **darci un taglio**, ma se avete bisogno di un drastico cambio di look potete andare a farvi tagliare gratis da **Jacques Dessange**, alla scuola di orientamento professionale di via Settembrini. Basta avere pazienza (per un appuntamento c'è una lista d'attesa di un mese) e fiducia. **Solo per fanciulle dai 18 ai 45 anni**.

## INDIRIZZI PER DIVERTIRSI

Inquadra con il tuo smartphone il codice a lato ed entra nel sito del Tunnel.

Sotto i binari del treno, pulsa il cuore della **musica underground** milanese. Nato nel 1995 all'interno di un magazzino della Stazione Centrale con tipico soffitto a botte, il **Tunnel** è stato fino al 2002 un punto di riferimento per la cultura musicale milanese e ha ospitato artisti del calibro di Skunk Anansie, 99 Posse, Marlene Kuntz, Vinicio Capossela e Afterhours. Negli ultimi anni la sperimentazione che lo aveva caratterizzato è venuta meno, ma una nuova direzione artistica promette di riportare il locale agli antichi fasti. Dall'house all'electro-indie, i djset migliori li trovi qui e i milanesi lo sanno.

Il **Leoncavallo è il centro sociale più famoso di Milano**, ma nonostante questo non sono in molti a conoscere tutte le attività che promuove. Si va da concerti e serate danzanti di ogni genere agli aperitivi e drink a prezzi abbordabili, con l'opportunità

Inquadra con il tuo smartphone il codice a lato ed entra nel sito del Leoncavallo.

di partecipare alle varie iniziative: djset, jam session e presentazioni di libri. Ma non mancano i laboratori teatrali, le lezioni di italiano per stranieri e iniziative come "I Has English", il corso di sopravvivenza di lingua inglese che prevede oltre alle lezioni frontali conversazioni e roleplay. **Tutto rigorosamente gratuito o a prezzi superpopolari.** Ogni anno in autunno si svolge "La Terra trema", kermesse ideata da Luigi Veronelli che porta al Leoncavallo vini e vignaioli autentici, agricolture periurbane e cibi a filiera zero. Assaggi frontali e acquisti diretti, come recita lo slogan.

## ARTE E ARCHITETTURE A KM 0

Ci siete passati tante volte, troppo di fretta per osservarla bene. In fondo è una stazione ferroviaria. Ma fu il Re Vittorio Emanuele III in persona a porre la prima pietra della **Stazione Centrale** nel 1906, prima ancora che venisse scelto un progetto. E fu soltanto nel 1912 che l'architetto Stacchini vinse la gara per l'edificazione della nuova stazione con un **progetto modellato sulla Union Station di Washington**. A causa della crisi economica dovuta alla I Guerra Mondiale, i lavori subirono una battuta d'arresto e, parallelamente, il progetto cominciò a complicarsi sempre di più. Benito Mussolini diede nuovo impulso alla costruzione, perché voleva che l'edificio rappresentasse la potenza del regime. Nel 1931 la stazione venne ufficialmente inaugurata. Lo strano miscuglio tra Liberty, Art Deco e architettura fascista è stato ironicamente definito **"stile assiro-milanese"**. Negli ultimi anni la stazione è stata restaurata, ma la logistica delle biglietterie e dell'accesso ai binari lascia un po' a desiderare. Sono state ricavate anche ampie aree per negozi e soprattutto catene di abbigliamento, profumeria, oggettistica e libri.

Al lato opposto della piazza c'è il **Grattacielo Pirelli**, realizzato da Gio Ponti nel 1961. Nato come sede dell'omonima azienda di pneumatici, ospita oggi il consiglio della Regione Lombardia. Nel 2002 un aereo da turismo si schiantò contro il 26° piano del palazzo, sventrandolo. Oggi nella stessa sede è stato allestito un "Luogo della memoria", dedicato alle tre vittime dell'incidente. Nel film di Lizzani *La vita agra* (1964) il palazzo è il simbolo della società dei consumi che l'anarchico Tognazzi vuole fare saltare in aria.

## IN FORMA

I muretti e gli scivoli in piazza Duca D'Aosta hanno attirato generazioni di giovani **skaters**, alle prese con salti ed evoluzioni. Se volete cimentarvi, è un'ottima occasione per fare esercizio fisico a costo zero, tonificare i muscoli e migliorare l'equilibrio. Ma occhio a tibia e perone.

Fotografa con il tuo smartphone il riquadro a lato e entra nel sito delle palestre 20Hours & Best Price

Se invece cercate qualcosa di più tradizionale, basta spostarsi un po': in viale Abruzzi c'è una palestra del circuito **20 Hours & Best Price**, famoso a Milano per i prezzi stracciati.
Il centro, oltre alle aree attrezzate con i macchinari, propone tanti tipi di corsi collettivi a ritmo di musica, tra cui stretching, tonificazione, step e pilates. In programma anche lezioni di venti minuti, ideali per chi va di fretta.

## STORIE E PERSONE

**Il ragazzo della via Gluck.** "Questa è la storia di uno di noi anche lui nato per caso in via Gluck". Esuberante e stralunato, Adriano Celentano dagli anni Cinquanta incarna la quintessenza della cultura pop in Italia: cantante, ballerino, attore, predicatore e persino inventore del rap con *prisencolinensinainciusol*. Nel 1966 è già un cantante affermato quando presenta al Festival di Sanremo *il ragazzo della via Gluck*. La canzone, eliminata dopo la prima serata, con il tempo diventa una delle più note e amate del repertorio del molleggiato, anche grazie ai numerosi riferimenti autobiografici. Sembra impossibile immaginarselo oggi, ma qui a due passi dalla Stazione Centrale fino a non molto tempo fa era tutta campagna. Oggi quel brano sembra quasi profetico: già preannunciava la cementificazione selvaggia degli ultimi anni. "Non so no so perché continuano a costruire le case e non lasciano l'erba e se andiamo avanti così chissà come si faràaaa". Eh già.

3

# ZONA EST

**DA NON PERDERE: quattro chiacchiere sull'evoluzione.** Il **Museo di Storia Naturale** organizza gli "happy hour evoluzionistici", **serate a tema** con i migliori naturalisti e docenti italiani **sui temi** della conservazione, **della biodiversità** e della biologia evolutiva. **Sorseggiando un drink si discute e si chiacchiera** senza barriere tra esperti e appassionati, come nella migliore tradizione anglosassone. I fan di Darwin sono avvertiti: consultate il sito del museo, gli incontri di solito si tengono il giovedì. L'ingresso è gratuito con consumazione a 6,50 euro, si consiglia di prenotare. Per i bambini dai 6 anni c'è la "bio merenda": un'avventura scientifica con merenda bio (13 euro a partecipante). Per i più grandi, dagli 8 ai 12 anni, ci sono le "notti al museo" in compagnia degli amati dinosauri.

# QUARTIERE PORTA VENEZIA

## FAI LA SPESA GIUSTA

Per fare una buona spesa in zona non c'è che l'imbarazzo della scelta. Il **mercato di via Benedetto Marcello** (martedì mattina, sabato tutto il giorno) è tra i più grandi e forniti della città. Come spesso capita nei mercati rionali, il "borsino" della frutta e della verdura fa segnare prezzi migliori verso la chiusura, quindi meglio andare in tarda mattinata.
In più, **non è difficile imbattersi in banchi che propongono prodotti "brutti ma buoni"**: frutta un po' ammaccata, brutta ma ancora buonissima, che viene venduta **a prezzi stracciati**.

Nei dintorni potete trovare anche **il mercato di via Kramer (lunedì dalle 8.30 alle 13.00) e quello di via Eustachi**. Qui ogni martedì mattina il marciapiede dal lato dei numeri civici dispari accoglie una cinquantina di bancarelle, dove trovare a prezzi economici tutto il necessario per la spesa quotidiana.
Per esempio, al banco di formaggi di Giovanni trovi caprini, tome piemontesi, caciotte, pecorini sardi, toscani e umbri. Chi ha voglia di qualcosa di sfizioso la prima volta chiede un assaggio del prodotto e la settimana dopo torna quasi sempre sul luogo del delitto...
Anche qui **il pollo arrosto con patatine** dei furgoni-rosticceria è un classico intramontabile per la pausa pranzo: con meno di 5 euro mangi come un re.

## MANGIA BENE E BEVI MEGLIO

Un barman napoletano, uno chef scozzese e un creativo australiano sono l'anima di **Boutique 12 Bistronomy**, un locale da poco aperto al piano terra del'Hotel Mercure di piazza Oberdan.
Posizione strategica, atmosfera leggera e clientela internazionale: questa la formula vincente di un posto dove ci si può rilassare a qualsiasi ora e fingere di non essere a Milano, visto che qui si parla più che altro in inglese...
Tra i piatti sono assolutamente da provare la Caesar's salad, il Cheeseburger e il colossale Club Sandwich, ma la vera arma segreta sono gli ottimi cocktail e le patatine chips fatte in casa.
**A dispetto delle apparenze ce la si cava con 20-25 euro** per cocktail, piatto, acqua e servizio.

**Il prototipo è quello della vecchia latteria** dove una volta, oltre al caffellatte, si poteva mangiare anche qualche piatto casereccio. E in effetti alla **latteria Carlon in via Salvini**, a due passi dalla scicchissima piazza Duse, il tempo si è fermato agli anni Sessanta: c'è la sala stretta e lunga con il bancone della latteria, più la saletta adiacente con una manciata di tavoli di legno. La cucina casalinga dà il meglio di sé nel periodo invernale: i piatti forti sono polpette e purè, trippa, ossobuco, stinco e, in generale, tutto ciò che è in umido. **I primi (zuppe, pasta e fagioli...) costano circa 3,50 euro, i secondi 4 o 5 euro, i contorni 3**. In più trovi ancora i dessert di una volta, che quasi nessuno prepara più: frutta cotta, mele al forno...Tutto è rigorosamente fatto in casa e preparato con amore.

Per gli amanti del genere, un altro indirizzo da tenere presente è la storica **latteria La cicala** di via Bellotti. Un banco, due tavoloni con le tovaglie a quadretti rossi e la simpatia di Anna Cicala, che conduce cucina e negozio: qui si comprano il latte, il pane fatto in casa con il lievito madre e le caramelle sfuse. Ma si può anche mangiare. Il clima è tranquillo e familiare: i clienti apparecchiano e sparecchiano come a casa e condividono il tavolo con sconosciuti, con i quali spesso fanno due chiacchiere. Può capitare di incontrare corpulenti muratori macedoni, russi strampalati, anziani in tweed, artisti, scrittori, colletti bianchi, studenti affamati e ciclisti burberi. Tutto quello che esce dalla cucina è preparato con **ingredienti biologici: pastasciutte, polpettoni e piattoni di verdure.** Quasi tutto è vegetariano, ma c'è anche qualche piatto per accontentare chi preferisce la carne. La serranda si abbassa verso le 19.00, lasciando fuori la cena. In compenso, si può mangiare a qualsiasi ora. Un piatto costa in media 7 euro, il vino 1,50 a bicchiere. Sul tavolo troverete sempre la caraffa d'acqua, gratis, e il pane fatto in casa.

Tra le varie trattorie eritree della zona vi consiglio il **Kilimangiaro** di via Casati. L'ambiente, ristrutturato di recente, non ha perso quel suo fascino un po' spoglio, nonostante le pareti siano diventate improvvisamente zebrate...
Qui preparano uno **zighinì superlativo**, lo spezzatino di manzo piccante condito con il berberè, una miscela di spezie tipica del Corno d'Africa. Si mangia con le mani accompagnandolo con l'angera, una focaccia morbida e spugnosa lievemente acida che serve per afferrare i pezzi di carne e le varie salse di accompagnamento (purea di ceci, verdure, insalata...). Oltre alla qualità del cibo, sarà il sorriso del proprietario a conquistarvi.

Il conto è sui 20 euro, bevande incluse.
In via Melzo ci sono due valide alternative: il **Ristorante Adulis** e **Da Samson,** dove si può ordinare lo zighinì misto con agnello, manzo e pollo, che arriva in un apposito pentolino e raggiunge temperature da altoforno.

Vero caposaldo per mangiare in zona senza spendere troppo è la **Trattoria Sabbioneda da Romolo**. La simpatia ruvida delle signore in sala ti fa sentire a casa e il conto solitamente si aggira **tra i 15 e i 20 euro per una cena di tre portate** (ma è difficile arrivarci, viste le porzioni abbondanti). Buone le fettuccine casalinghe e, in generale, tutti i primi che privilegiano la pasta fresca, ma sono ottimi anche i secondi come brasato e ossobuco. Pare che le patate al forno siano eccezionali, ma sono in pochi ad averle assaggiate: finiscono subito! **Se vi siete dimenticati di prenotare meglio andarci prestissimo**, se no si rischia di rimanere fuori.

Da **Just India**, un accogliente ristorantino indiano in via Benedetto Marcello, potete trovare un'ottima cucina a prezzi ragionevoli.
Il menù, raffinato e gustoso, propone i classici samosa (fagottini ripieni di carne, verdura, spezie), polpettine, piatti di carne e pesce cotti nel forno tandoori, curry e il meraviglioso pane all'aglio.
Il servizio è molto cortese e il conto si aggira sui **12 euro a pranzo e sui 20-25 euro a cena**.

**Per un aperitivo o un dopo cena** ci si può fermare al **Bar Picchio in via Melzo.** È il tipico bar di quartiere di cui è giusto subire il fascino: atmosfera da ritrovo di paese, arredamento anni Cinquanta, bancone con dietro le bottiglie, tavolo da biliardo.
Per l'happy hour vengono serviti polpette, frittatine e altre delizie pugliesi per stomachi robusti. Unica pecca: le bottiglie esposte sono quelle degli alcolici di marca, ma **vi consiglio di andare sul sicuro e ordinare una birra**. Il locale è disponibile anche per feste private, ideale per chi non vuole spendere una fortuna.

## HOTEL E OSTELLI

In zona si possono trovare piccoli alberghi economici e tranquilli, ideali per un breve soggiorno in città.
In molti casi si tratta di villette dei primi del Novecento, quasi tutte con un piccolo giardino interno dove con la bella stagione si può trascorrere qualche momento di relax.

Piccolo e a gestione familiare, **l'Hotel Bagliori** è in posizione strategica tra la Stazione e Corso Buenos Aires e offre un buon rapporto qualità/prezzo: **stanza singola a partire da 50 euro, matrimoniale a partire da 80**. Non aspettatevi un arredamento moderno e atmosfere asettiche, ma apprezzate il delizioso giardino. Vantaggio da non trascurare, a pochi metri c'è un parcheggio convenzionato.

L'**Hotel Salerno** in via Vitruvio è ben collegato, economico e pulito. Per essere un due stelle è dotato di tutti i comfort e il servizio è molto cortese. Le camere sono spaziose e arredate in modo semplice, se preferite una sistemazione più silenziosa è meglio chiedere quelle che danno sul cortiletto interno. **Singola da 50 euro in su, doppia a partire da 60**.

**The Best Hotel** si trova in una bella palazzina liberty in via Benedetto Marcello, una zona verde a due passi dalla Stazione Centrale. È piuttosto spartano, ma il servizio 24/24 e il grazioso giardino interno fanno dimenticare eventuali pecche. **Stanza singola da 50 euro**.

A pochi passi di distanza una valida alternativa è l'**Hotel Due Giardini**. Le camere sono semplici e funzionali e se siete fortunati potete prenotarne una con il balcone. L'albergo offre WiFi gratuito, reception 24/24 e una ricca colazione servita nel giardino interno, quando il tempo lo permette. **La doppia costa sui 90 euro,** ma con booking.com è facile trovare offerte ancora più convenienti. **Attenzione: l'aria condizionata si paga a parte.** Da tenere presente in caso di trasferte estive.

## SHOPPING & BEAUTY

Qui c'è una delle vie più note dello shopping milanese: Corso Buenos Aires, affollato soprattutto di catene di abbigliamento low cost, per le quali valgono le precauzioni elencate all'inizio della sezione Tutti gli indirizzi. Ma in zona ci sono anche un paio di mercati in cui vale la pena andare a curiosare e dei negozi con vere opportunità low cost.

Il martedì al **mercato di via Eustachi** potete trovare vestiti usati, oggettistica vintage e vecchi fumetti da collezione.
Il **mercato di Benedetto Marcello**, oltre che per la spesa è la meta ideale anche per chi vuole svecchiare il guardaroba o

## STORIE E PERSONE

**I Bagni di Diana.** Nel 1896 i fratelli Lumière girarono il loro primo film in Italia e la pellicola oggi è conservata alla Fondazione Cineteca Italiana (Mic, Viale Fulvio Testi. Vedi Zona Nord Est). L'opera è dedicata ai Bagni di Diana, prima piscina pubblica della città e d'Italia. Inaugurata nel 1842, poteva vantare una vasca di 100 x 25 metri, 120 cabine, un caffè, un ristorante e un magnifico giardino. All'inizio l'ingresso al complesso, modernissimo per l'epoca, fu riservato agli uomini e le donne furono ammesse solo per qualche ora al mattino dopo un bel po' di proteste. Quando arrivò l'acqua potabile nelle case, la fortuna dei Bagni di Diana declinò e lo stabilimento chiuse definitivamente nel 1908.
La piscina fu sacrificata per il progetto dell'albergo Kursaal Diana, oggi l'Hotel Diana Majestic. Ci si divertiva, al Diana, finché fu teatro di un avvenimento che lasciò scioccata tutta la città. Era la sera del 23 marzo 1921 quando durante una rappresentazione dell'operetta "La mazurca blu" di Franz Lehar un bomba scoppiò provocando 21 morti e 80 feriti, nei giorni turbolenti che aprirono la strada alla dittatura di Mussolini.

concedersi qualche sfizio rispettando la filosofia low cost: cercate il **banco con i vestiti di Zara a 5 euro** all'altezza di via Scarlatti.

Per le fanatiche di **trucchi e makeup** in Corso Buenos Aires c'è il punto vendita della catena **Kiko**, il posto ideale per sentirvi sempre impeccabili anche con pochi spiccioli. Qui trovate smalti a partire da 3 euro (molto resistenti e in moltissime tonalità), **mascara da 3,90**, matite occhi e labbra da 2,90, lipgloss da 3,90.

**Vara**, lo storico negozio di articoli per auto e moto in viale Tunisia, **ha una sezione dedicata ai caschi di fine serie**: qui puoi comprare le migliori marche a prezzi più che abbordabili (casco da città a partire da 50 euro).

Da **Bloodbuster** trovi **tutto il cinema** dalla B alla Z. Aperto dal 1999, il B-movie store di Milano è un luogo bizzarro dove gli assassini guantati di Dario Argento convivono felicemente con Lino Banfi e Alvaro Vitali, i poliziotti delle città violente anni Settanta imperversano, le grida di Godzilla e le revolverate di Sartana riecheggiano tra città popolate da vampiri, licantropi e zombi. Per gli appassionati c'è un'ampia scelta di dvd, vhs, vinili, poster, gadgets, libri e riviste di cinema, fumetti noir, horror e sexy anni Sessanta – Settanta. Molto interessante la **sezione dedicata all'usato con dvd a partire da 4,50 e vhs da 50 centesimi.** Ma i ragazzi di bloodbuster sono anche scrittori, grafici ed editori indipendenti di una serie di interessanti monografie che spaziano dall'horror ai musicarelli.

In via Panfilo Castaldi c'è un **negozio di dischi** come ce n'erano una volta (e non ce ne sono più), un posto dove trascorrere i pomeriggi per scovare il vinile che stavate cercando da tempo. **Nashville è il paradiso dei collezionisti**, che qui trovano dischi di musica classica, jazz, blues, funk e, soprattutto, rock. E lo sanno bene gruppi come Baustelle e Negrita, che pare bazzichino il negozio. Ci sono **LP e CD** davvero per tutte le tasche, **a partire da 50 centesimi**, e compravendita dell'usato. "I know it's only rock'n'roll, but I like it", per dirla con i Rolling Stones.

Alla libreria **L'Atlante** di via Tadino 17 trovi **libri rari ed esauriti di cultura contemporanea**, che spaziano dalla letteratura al cinema, dall'arte alla politica, dalla psicoanalisi alla sociologia. Qui si vendono libri usati a prezzi contenuti, mentre nella sede di via Ingegnoli (quartiere Lambrate) si organizzano diversi corsi, tra cui sceneggiatura e scrittura creativa. La prima lezione è sempre gratuita, basta prenotarsi via mail a info@atlante.it.

Proprio accanto, alla **Libreria Popolare**, chi si presenta con la tessera Arci può usufruire di sconti interessanti. Libreria indipendente e spazio aperto alla circolazione delle idee dal 1974, organizza periodicamente incontri, iniziative e presentazioni. Inoltre, è sede del Gruppo carcere Mario Cuminetti, un'associazione di volontari che da alcuni anni si occupa di socializzazione e formazione nelle carceri di San Vittore, Bollate e Opera.

## INDIRIZZI PER DIVERTIRSI

La zona Porta Venezia, un tempo deserta e popolata in prevalenza da un sottobosco illegale, è ora divenuta una delle aree più gettonate del divertimento nottambulo, soprattutto nei dintorni di via Panfilo Castaldi, via Felice Casati e via Lecco. Qui tra palazzi liberty, botteghe etniche, rivenditori di fumetti e manga, empori dell'usato e bar gay friendly, hanno aperto locali di ogni tipo e per

Inquadra con il tuo smartphone il codice a lato ed entra nella pagina facebook dell'Atomic

tutte le tasche. "Rock the casbah!" direbbero i Clash. Inaugurato nel 1995, l'**Atomic Bar** è un punto di riferimento nel panorama underground milanese: qui la colonna sonora non è mai convenzionale, ma si ascolta **indie rock, elettro, new wave, rare groove**. Diversi dj si alternano alla console ogni sera (i giovedì con Morgana sono assolutamente da non perdere!). Frequentato da un pubblico alternativo e cosmopolita, qui la formula è da sempre: ingresso libero, consumazione facoltativa e nessuna selezione alla porta. Spesso tappa finale delle peregrinazioni notturne nella zona, il locale ha visto passare negli anni gente come Paul Weller, Nick Cave e Joe Strummer dei Clash. Un vero tempio del rock.

In principio era un ristorante a conduzione familiare, oggi lo **Zoom** si è convertito in un pub a due livelli con mattoni a vista, arredamento vintage, buona musica e consumazioni a prezzi popolari. Al piano terra c'è solo il bancone, ma il clou del locale è la sala sotterranea che **ogni sera si anima con djset o musica dal vivo,** con una programmazione che spazia dall'elettronica al reggae, dall'indie rock all'elettro funk. Per gli amanti di James Brown, la serata funky è il venerdì. **Ingresso libero e consumazione a 7 euro**.

Inquadra con il tuo smartphone il codice a lato ed entra nella pagina facebook dell'Lelephant

Si viene al **Lelephant**, locale gay friendly kitsch e spartano, in attesa di andare a ballare, ma spesso si finisce per restare qui tutta la sera. Magari si arriva per l'aperitivo e ci si ferma per i djset di musica dance, commerciale e trash. I cocktail sono discreti e l'**atmosfera queer è divertente e rilassata**.

Entrare al **Circolo Sala Venezia** di via Cadamosto è un po' come viaggiare con la macchina del tempo. Si tratta di una bella balera di una volta, anche scuola di ballo, che ogni tanto si presta a eventi speciali. Prenotando in anticipo, si puo' anche **cenare a prezzi contenuti con ballo liscio e revival Settanta e Ottanta in sottofondo**. Proprio qui si è dato convegno tutto il bel mondo dell'arte contemporanea in occasione della festa per il lancio della rivista "Toilet Paper", l'ultimo progetto di Maurizio Cattelan. Sempre qui Kim Rossi Stuart, pantalone a zampa e sguardo sornione, fa la sua entrata in scena nei panni del bel Renè nella sequenza iniziale di "*Vallanzasca - gli angeli del male*" di Michele Placido.

## SPAZIO ALLE CULTURE

Inquadra con il tuo smartphone il codice a lato ed entra nel sito dello Spazio Oberdan

Un punto di riferimento per gli amanti del cinema è lo **Spazio Oberdan**, la sala della Fondazione Cineteca Italiana. Al piano terra c'è una sala proiezioni da 200 posti a sedere (i più scomodi della città), con un palco in grado di ospitare piccoli spettacoli musicali, presentazioni di libri, conferenze e incontri. La sala è attiva per circa 270 giorni all'anno, con una media di 750 proiezioni a stagione, che comprendono film classici, ma anche lungometraggi e documentari presentati in anteprima. Interessanti le rassegne, anche per le scuole e i bambini, e le mostre al piano terra. **Il biglietto di ingresso costa 5,50 euro, più 3 euro per la Cinetessera annuale**. Una buona notizia per gli studenti: i tesserini delle Università valgono come Cinetessera dell'anno in corso.

Inquadra con il tuo smartphone il codice a lato ed entra nel sito del Teatro Elfo Puccini

Tre sale, diciassette camerini, un foyer e una caffetteria. Il **Teatro Elfo Puccini** è tutto questo, ma anche molto di più. Qui più di trent'anni fa ebbe inizio l'avventura di un gruppo di ragazzi che sarebbero arrivati all'Oscar: Gabriele Salvatores alla regia e la sua squadra di amici sul palco (Gigio Alberti, Claudio Bisio, Antonio Catania...). Era un periodo di grandi fermenti e l'Elfo divenne un vero fenomeno di costume. Negli anni questo è rimasto un posto accogliente, con una programmazione di qualità a prezzi accessibili. Il teatro propone interessanti **abbonamenti con biglietti a partire da 10 euro (7 ingressi a 70 euro)** per gli spettacoli della sala Bausch, lo spazio dedicato ai nuovi talenti.

La bella palazzina liberty di via Frisi, fino al 1932 sede del cinema Dumont, oggi ospita la **Biblioteca Venezia.** Nella sala di studio

(25 posti) ci sono postazioni specifiche dedicate agli ipovedenti, con videoingranditore, e ai non vedenti, con la barra braille e la sintesi vocale. Oltre al servizio di consultazione e prestito di libri, periodici, audiovisivi e multimediali, la biblioteca offre un'ampia sezione dedicata ai ragazzi e ai bambini.

## ARTE E ARCHITETTURE A KM 0

È da **Porta Venezia** che, secondo le cronache antiche, arrivò la peste in città ed è proprio da qui che Renzo fa il suo ingresso a Milano nei "*Promessi Sposi*". Siccome **era la porta che guardava verso Vienna**, negli anni del dominio austro-ungarico fu interessata da una serie di rifacimenti, il primo dei quali fu affidato a Giuseppe Piermarini, già impegnato nella realizzazione dei vicini Giardini Pubblici e nella sistemazione a passeggiata dei vicini Bastioni. L'aspetto attuale risale alla metà dell'Ottocento, quando mutò definitivamente la concezione della porta cittadina. Non più struttura difensiva o semplice sede del dazio, Porta Venezia divenne un vero e proprio monumento, il cui scopo principale era aumentare il prestigio della città.

Passeggiando nei dintorni di via Melzo e via Spallanzani non possono sfuggire alcuni tra gli esempi più belli del **Liberty milanese**. Particolarmente famosa è **Casa Galimberti** in via Malpighi 3, decorata con un mosaico di piastrelle in ceramica che raffigura una serie di fascinose fanciulle, alternate ai classici motivi floreali, come perfette ninfe della Belle Epoque. Poco lontano, nella **Casa Guazzoni** di via Malpighi 12, cemento e ferro costituiscono al tempo stesso struttura e decorazione. Qui una teoria di putti, impegnati a giocare tra i tralci d'uva, sostiene i balconi ornati di eleganti colonne in ferro battuto. Divertitevi a osservare la serie di teste femminili che ornano il primo piano: a prima vista sembrerebbero tutte uguali, ma cambiano impercettibilmente volto ed espressione.

Inquadra con il tuo smartphone il codice a lato ed entra nel sito della Gam

Alla **Galleria d'Arte Moderna l'ingresso è sempre gratuito.** Il museo ha sede nella magnifica villa edificata tra il 1790 e il 1796 dal conte Barbiano di Belgiojoso. Passata nelle mani dei francesi, divenne la residenza del governatore di Milano Gioacchino Murat, che la rese il sontuoso scenario di pranzi e feste da ballo. Nel 1804 Melzi d'Eril la donò a Napoleone, da allora è nota come "Villa Bonaparte". Dopo l'abbandono seguito all'Unità d'Italia, la Villa venne restaurata dal Comune di Milano e, a partire dal 1921, divenne sede della Galleria d'Arte Moderna di Milano. Con i suoi duemila dipinti e settecento sculture è il Museo dell'Ottocento per eccellenza, e testimonia l'evoluzione dello stile dal neoclassicismo al divisionismo. Qui si possono ammirare opere di maestri come **Appiani e Segantini,** passando per **Hayez, Medardo Rosso e Previati**. Oltre alla collezione Grassi, con tele dell'Ottocento italiano e francese, al piano terra è visitabile la collezione Vismara, che raccoglie capolavori di **Modigliani, De Pisis, Carrà, Morandi, Sironi, Picasso, Matisse, Renoir**.

Il **Museo di Storia Naturale**, fondato nel 1838, è il museo naturalistico più grande e importante d'Italia, con le sue 23 sale, gli oltre 80 diorami e quasi tre milioni di pezzi. È il più antico museo civico milanese ed è oggi il centro delle attività del Giardino delle Scienze, che comprende due grandi laboratori didattici, Paleolab e Biolab, e il Civico Planetario Ulrico Hoepli. Nel 1943 un bombardamento angloamericano provocò l'incendio dell'edificio

## OGGI MI VOGLIO ROVINARE

**Treccine da star. Il Triangolo della Moda di via Melzo 28** è un salone di bellezza piuttosto spoglio con un'intera vetrina occupata da decine di parrucche colorate, Quando entri Queen Vivien ti accoglie con la sua simpatia travolgente. Un po' psicoterapeuta, un po' sciamana, Vivien vi affascinerà con curiose teorie sul legame tra l'acqua milanese, ricca di calcare, e l'elevata incidenza della calvizie tra gli abitanti della città. Dimenticate la fretta, si viene qui per rilassarsi e per provare l'ebbrezza di una vera pettinatura afro. Per le **treccine** si va dai 50 euro in su, a seconda della lunghezza dei vostri capelli, mentre i **baby dread** (piega che imita i dreadlocks giamaicani, per chi vuole cambiare look per una serata speciale) costano circa 30 euro. Ma esiste un margine di trattativa... l'importante è stabilire il prezzo prima di cominciare.
Quando **Lenny Kravitz** è nei paraggi per un concerto pare che non perda occasione per venire qui a farsi dare una sistematina ai capelli. Le fan sono avvertite.

Inquadra con il tuo smartphone il codice a lato ed entra nel sito di Assodidattica museale

che distrusse molte fra le collezioni più importanti, ma dalla metà degli anni Cinquanta le raccolte tornarono ad arricchirsi grazie a nuove campagne di ricerca e a consistenti acquisizioni. Oggi il Museo propone un ricco calendario di attività, con mostre, feste di compleanno a tema, notti al museo e appuntamenti speciali per grandi e piccini. L'ingresso al museo costa 3 euro e con il biglietto si ha diritto a uno sconto per visitare la vicina oasi delle farfalle. **Si entra gratuitamente il venerdì dalle 14.00 e tutti i giorni l'ultima ora.**

Se riuscite a malapena a individuare l'Orsa Maggiore è ora di fare un salto al **Civico Planetario Hoepli.** Situato nei giardini di Porta Venezia, venne inaugurato nel 1930. Il progetto, realizzato dell'architetto Piero Portaluppi, fu commissionato dell'editore svizzero Ulrico Hoepli, che lo donò alla città. Il Planetario è uno dei più grandi d'Italia (19,6 metri di diametro, con una capienza di 375 posti) e **il biglietto d'ingresso costa 3 euro**. Qui si organizzano **osservazioni guidate del cielo**, che si svolgono generalmente tutti i sabati e le domeniche pomeriggio (ore 15:00 e replica 16:30) e la prima serata di attività di ogni mese, con l'identificazione delle costellazioni principali e i fenomeni astronomici di base. Sono adatte a i neofiti del cielo, a chi si avvicina per la prima volta all'astronomia o a chi desidera ammirare lo spettacolo del cielo stellato. Per fare finalmente un figurone la notte di San Lorenzo...

## A PIEDI NUDI NEL PARCO

Nel giardino della **Villa Belgiojoso Bonaparte** ci sono tempietti, sculture di arte moderna, pagode, antiche rovine e un laghetto artificiale disegnato in modo da non consentire mai una sua veduta unitaria, così da suggestionare l'immaginazione dell'osservatore. L'ingresso è riservato ai bambini sotto i 12 anni e agli adulti in loro compagnia.

Nei **Giardini Indro Montanelli**, dove le mamme portano a spasso i bambini e le studentesse verso sera fanno jogging, un tempo c'era lo zoo. Qui c'erano giraffe, bertucce, leoni e ippopotami, ma la

## STORIE E PERSONE

**A spasso nella casbah con Manzoni.** Se vi trovate in zona Porta Venezia, approfittatene per fare un'inconsueta gita manzoniana "S'immagini il lettore il recinto del lazzeretto, popolato di sedici mila appestati, quello spazio tutt'ingombro, dove di capanne e di baracche, dove di carri, dove di gente; quelle due interminate fughe di portici..." Così il Manzoni nei "Promessi Sposi" descrive il luogo dove erano confinati gli ammalati di peste, proprio dove Renzo finalmente ritrova Lucia. Il Lazzaretto, così com'è stato realizzato dal 1489 al 1509, era un grande quadrato con al centro una chiesa e lungo i lati 288 camere di 8 braccia per 8 braccia ciascuna (circa 4,75 metri). Pare che questi numeri abbiano attinenze con la Cabala e nella forma stessa del Lazzaretto si sono viste somiglianze con la moschea di Omar a Gerusalemme o con il caravanserraglio di Kashan in Persia. Insieme al Castello Sforzesco, rappresentava una delle maggiori strutture esterne alle mura e fu demolito tra il 1882 e il 1890 a causa dell'aumento della richiesta di lotti edificabili in città. Quello che resta delle celle lo si può vedere in via San Gregorio, mentre la chiesa di San Carlo al Lazzaretto, che un tempo ne rappresentava il fulcro, si trova oggi in un piccolo slargo erboso, seminascosta tra gli alti edifici di viale Tunisia, proprio all'altezza di via Lecco. Tornando a tempi più recenti, il Lazzaretto è da sempre un quartiere d'immigrazione. Negli anni settanta con le prime avvisaglie di flussi migratori provenienti dalle ex colonie italiane, questo luogo si guadagna il soprannome di "casbah" e diventa un punto di riferimento per la comunità eritrea ed etiope: vengono aperti i primi locali e ristoranti, come il bar Asmara e le trattorie che ancora oggi sono luogo di ritrovo per chiunque viva e frequenti questa zona.

vera star era l'elefantessa Bombay che dava spettacolo suonando l'organetto e allungando la proboscide verso i bambini. Lo zoo venne smantellato nel corso degli anni Ottanta e definitivamente chiuso nel 1992, ma verso i Bastioni di Porta Venezia sono ancora visibili le gabbie degli orsi scavate nella roccia. Un inconsueto safari metropolitano che i milanesi ricordano ancora con un pizzico di nostalgia.

## IN FORMA

Una vasca da 33 metri, una da 20 e una tribuna da 680 posti, questo offre la **Piscina Cozzi,** da sempre considerata

**l'università del nuoto milanese**. Questa imponente piscina coperta fu inaugurata il 3 maggio 1934 e intitolata al martinitt medaglia d'oro Roberto Cozzi, caduto in guerra nel 1918. L'impianto fu costruito con criteri tecnologici d'avanguardia per l'epoca, tanto da essere considerato un modello in tutta Europa, degno di ospitare competizioni di livello internazionale. Grazie alla sua posizione strategica, a due passi da Corso Buenos Aires e da Piazza della Repubblica, la Cozzi accoglie ogni giorno centinaia di persone, alcune iscritte ai corsi e alle varie attività organizzate, altre alla ricerca di un momento di relax in pausa pranzo o dopo l'orario di lavoro. I prezzi sono davvero alla portata di tutti: **4 euro per l'ingresso nei giorni feriali, 5 nei festivi.**

Inquadra con il tuo smartphone il codice a lato ed entra nel sito dell'Associazione Amici delle bocce.

Per gli amanti del gioco delle bocce, tornato di gran moda, l'appuntamento è ai **giardini di via Morgagni.** Per informazioni basta rivolgersi all'Associazione Amici della bocce, che gestisce i campi e che ha anche un sito in cui si trovano tutte le indicazioni utili per praticare questo sport tanto antico quanto rilassante e divertente.

## IL MOMENTO MIGLIORE PER...

Il **Festival Notturni in Villa** è il tradizionale appuntamento dedicato alla musica che anima le calde serate dell'estate milanese: tra giugno e luglio ogni weekend l'elegante **giardino di Villa Reale in via Palestro** ospita una serie di concerti che spaziano dalla musica classica al jazz, passando per i ritmi balcanici e l'elettronica. La linea artistica della manifestazione si contraddistingue per le scelte raffinate, che privilegiano progetti trasversali e di contaminazione: ne derivano accostamenti inediti, rivisitazioni curiose e prolifici incontri tra musicisti che provengono da ogni parte del mondo. **L'ingresso costa circa 5 euro** e si può acquistare il carnet da otto concerti per 30 euro. Trovi tutte le informazioni su: www.amicidellamusicamilano.it

# QUARTIERE LORETO

## FAI LA SPESA GIUSTA

Inquadra con il tuo smartphone il codice a lato ed entra nel sito di Mamma Natura

In un ambiente luminoso e minimal fare acquisti diventa divertente e sostenibile. Da **Mamma Natura** in via Padova si fa la **spesa alla spina**: ci sono moltissimi prodotti, tutti sfusi e venduti a peso. Niente packaging, etichette e pubblicità, solo contenitori di vetro in cui i prodotti diventano i veri protagonisti. Qui si può comprare davvero di tutto: dal vino (Barbera a 2,62 euro al litro) alla pasta, dai cosmetici (crema viso a 14,50 euro, gommage corpo a 10,50 euro) ai detersivi. Ma ci trovi anche saponi, cereali, spezie e moltissime varietà di tè, infusi e tisane. L'obiettivo è risparmiare e, contemporaneamente, ridurre il proprio impatto sull'ambiente. Mica male, visti i tempi che corrono. In più, sul sito del negozio trovi preziosi consigli su rimedi naturali e ricette sfiziose che impiegano i prodotti venduti nel negozio.

Se volete una buona bottiglia di vino da accompagnare alla cena di stasera passate da **Perbacco** in via Pecchio. In questa piccola vineria con le botti di acciaio a vista troverete una vasta scelta di vini (bianchi, rossi o rosè) venduti sfusi. **Merlot, Refosco, Tocai, Cabernet e Raboso** provengono dai colli trevisani e **costano circa 2,50 al litro**. Potete presentarvi con il vostro contenitore da riempire o acquistare direttamente in loco bottiglie, dame e damigiane di vario formato.

**Via Petrella** è la zona dei **minimarket con prodotti alimentari indiani e bengalesi**: ottimi per acquistare spezie e riso sfuso a prezzi molto convenienti.

## MANGIA BENE E BEVI MEGLIO

Vero angolo di paradiso accanto ai binari della ferrovia, la **Bocciofila Caccialanza** è fedele a se stessa da quando ha aperto nel 1969. L'ideale è venire qui con la bella stagione, per prendere un aperitivo a prezzi calmierati tra gli alberi o fermarsi a mangiare nel grande cortile sui tavoli con le tovaglie di carta. Il menù prevede primi robusti come le pappardelle al ragù e tra i secondi cotoletta, costata e grigliata di carne. I prezzi sono modici (il conto è sui 15/20 euro, bevande escluse) e si respira un'aria da sagra di paese. Oltre al campo per le bocce, fino al tramonto è aperto un piccolo giardino attrezzato con giochi per i bimbi. Da non perdere le **serate con l'orchestra dal vivo e il ballo liscio**.

A prima vista sembra un bar qualunque: due vetrine affacciate su viale Monza e un'insegna che recita **San Filippo Neri società cooperativa**. Poi ti accomodi nel giardino interno sotto un pergolato di glicine e **con poco più di 10 euro mangi dal primo al caffè**. Qui trovi giovani impiegati e vecchi pensionati con il bianchino d'ordinanza.

Era il primo di dicembre del 1982 quando, in una tranquilla parallela di viale Monza, nasceva **Al Tempio d'Oro**. Oltre a essere ristorante e birreria, questo locale dall'atmosfera accogliente e rilassata **è un punto di ritrovo per nottambuli di ogni genere**, che non vogliono spendere una fortuna. Fuori non c'è una insegna vera e propria, qui si viene grazie al passaparola. Quando la sede dell'emittente era in via Pasteur, lo frequentavano quotidianamente i redattori di Radio Popolare e proprio qui nel maggio del '94 venne ufficializzata la nascita di Emergency. Oggi non sono rare le notti dove puoi incontrare artisti come Khaled e Michael Franti che cercano di riprendersi dalle fatiche dei loro spettacoli. Il menù offre un mix di ricette dal mondo ed echi mediterranei: **piatti unici a 15 euro, primi sui 7 e secondi tra 8/10 euro**. Da frequentare anche per i ricchi aperitivi (7 euro, con un generoso buffet).

Bancone di legno, pareti bordeaux, manifesti della Malamilano, poster di film poliziotteschi e colonna sonora funky: questo è il **Ligera**, l'enoteca di via Padova che prende il nome dalla malavita milanese. Entrare qui è come fare un tuffo negli anni Settanta, impressione ben confermata dal look di Federico, uno dei proprietari, che vi accoglierà con Ray-Ban a goccia, baffi e basettoni. Non si viene qui solo per gli **aperitivi (birra da 3 euro, cocktail a 5)**, ma anche per la **musica dal vivo, le esposizioni di artisti emergenti**, le rassegne letterarie e le performance teatrali.

Se cercate buona cucina in un ambiente vivace e popolare il ristorante **La Giara** di viale Monza è quello che fa per voi.

La sua cifra distintiva è l'**aspetto ruspante** e il servizio spiccio, ma **simpatico**. Non importa che i proprietari in realtà siano siciliani, il menù parla decisamente pugliese: i cavalli di battaglia sono le orecchiette (con cime di rapa o con sugo di involtini), i panzerotti fritti, le burrate e grandi piatti di carne alla griglia. **Il conto viaggia sui 20/25 euro**.

Se preferite l'etnico il ristorante **Mar Rosso** di via Marco Aurelio il giovedì propone per le tavolate numerose (almeno 10 persone), **il buffet con ottime specialità eritree a 15 euro**.

Decisamente diverso nell'aspetto dalle classiche trattorie cinesi (l'arredamento minimal, con i divisori di mattoni grigi e le lampadine che piovono dal soffitto, ha ben poco di orientale), il **Mong Kok** di via Padova conferma la sua originalità proponendo una cucina ben diversa da quella a cui siamo abituati. Per fortuna. Qui **per 10/15 euro puoi mangiare melanzane ripiene di carne,** ottimi gamberi con sale e pepe, ravioli di gamberi alla griglia, puntine di maiale fritte e una serie di piatti di verdura, che variano in base all'offerta di stagione. Una pecca: il servizio non è efficientissimo, ma glielo si può perdonare.

Tavoli quadrati, vecchio bancone di marmo, biliardo e cortile all'aperto per la bella stagione: l'**Arci Martiri di Turro** è un vero circolo old style. Qui tutto sembra essersi fermato agli anni Sessanta, **l'ombra di vino costa 70 centesimi** e puoi ordinare una spuma senza destare ilarità o sguardi di riprovazione. Dal lunedì al venerdì si pranza a base di cucina casalinga, mentre a cena nel weekend ci sono salumi dop e bistecche a prezzi onesti. L'Arci organizza anche: concerti di canti popolari sardi, proiezioni, concerti e karaoke...

## SHOPPING & BEAUTY

Inquadra con il tuo smartphone il codice a lato ed entra nel sito di Cargo

In una bellissima struttura anni Venti dove sino a qualche anno fa si fabbricava l'Ovomaltina, oggi trovi tutto per la casa: mobili, casalinghi, libri, profumi, candele, tappeti e un intero settore dedicato alle piante tropicali. La filosofia di **Cargo** è proporre **prodotti artigianali con un buon**

## L'ECO DEL RISPARMIO

Inquadra con il tuo smartphone il codice a lato ed entra nel sito delle fontanelle.

**Milano da bere.** Non mi riferisco né a un noto amaro, né ai rampanti anni Ottanta. Più semplicemente parliamo di acqua pubblica. È gratis, non inquina e basta aprire il rubinetto. Per trovarla anche quando non siete a casa **cercate i draghi verdi**, le fontane pubbliche sparse per la città. Chiamate anche vedovelle, dal 1931 sono tutte uguali: in ghisa, alte un metro e mezzo e dipinte di verde. In questa zona, ad esempio, c'è la fontanella di Piazza Argentina. Per sapere dove sono tutte le altre (anche nel resto d'Italia) basta visitare il sito. Dai, andiamo a bere al bar del drago verde, che offre il Comune! (Cioè noi).

**rapporto qualità/prezzo** grazie a un accordo che coinvolge direttamente i produttori e il distributore. Per essere certi dell'esito low cost al primo acquisto si può richiedere la **Cargo Card**, che consente di usufruire di ulteriori promozioni, finanziamenti e inviti a eventi speciali. In alternativa, per tenersi informati su sconti e offerte, basta consultare la loro pagina facebook o il sito web.

In anni di attività di sgombero di cantine e solai rimaneva sempre qualcosa di cui i clienti volevano disfarsi: così è nato il **Mercatino di Alex Traslochi, in zona Turro**. Sono moltissime le occasioni che potete trovare nel reparto dell'usato: mobili, arredi completi, antichità, elettrodomestici, quadri, libri, dischi e vecchi giocattoli. Dal modernariato al vintage.

Il **Grande mercato dell'Usato** si trova in via Asiago e, anche in questo caso, il negozio è legato a un'attività di sgomberi e traslochi. In questo ampio spazio ci si perde tra quadri, mobili, specchi, lampade, vasi, foto d'epoca, elettrodomestici, servizi da tavola e oggetti di ogni tipo. Vale la pena dare un'occhiata alle **cucine di seconda mano**, quasi nuove e molto convenienti. In più, grazie alla formula del contovendita, puoi portare qui tutto quello che non ti serve e provare a guadagnarci qualcosa. Se non sapete come fare per portarvi a casa e/o montare ciò che avete acquistato, potete usufruire, con un extracosto, del servizio di consegna e montaggio.

## INDIRIZZI PER DIVERTIRSI

Se una sera passate da Viale Monza vale la pena fare un salto al **Disco Bar Ragoo**. Eh sì, si pronuncia proprio così. Come il sugo delle fettuccine davanti a cui un paio di amici hanno deciso nel lontano 1999 di dare il via a una nuova avventura. Piccolo, affollato, ma sempre divertente, il Ragoo è **l'ideale per ballare fino a tardi**, soprattutto d'estate quando si può uscire nel cortile che dà sulla Martesana, che il locale condivide con lo Zelig Cabaret. Nessuna door selection, **atmosfera rilassata, djset e musica dal vivo a ingresso libero**. Il costo dei cocktail è allineato ai prezzi medi di Milano, ma le quantità sono generose. Il disco di chiusura è sempre "Pugni chiusi" dei Ribelli e appena parte si corre a ordinare l'ultimo giro di shot. Se arrivate in tarda serata, occhio al parcheggio! Non è sempre facile trovarlo in zona.

## SPAZIO ALLE CULTURE

Pareti scrostate, vecchi macchinari e avanguardia: questo spazio ex industriale in via Assab all'1 ospita **mostre, presentazioni e workshop**. Situato in un edificio che è stato per quarant'anni sede di una nota azienda grafica milanese, la Gea - Grafiche Editoriali Ambrosiane, **Assab one**, oltre a organizzare mostre ed eventi, produce e promuove progetti culturali e artistici.
Assab, il nome di un porto africano, è diventato nel tempo un luogo di incontro e di scambio tra culture differenti, aperto al quartiere e alla città. La tessera associativa garantisce al costo di **5 euro l'ingresso per un anno intero.**

Negli anni Settanta il **Circolo Ponte della Ghisolfa** era uno dei luoghi più vivaci della città, a livello culturale e politico. Da qui sono

## T'AGGIUSTO IO

**Bici in ordine al Ponte Giallo.** Se vi ritrovate con la bici in panne vicino a via Padova, spingetevi fino all'**Anfiteatro della Martesana nel parco tra via Agordat e via Bertelli.** Qui nel 2010 un gruppo di appassionati ha aperto la **Ciclofficina Ponte Giallo**. Molto frequentata dagli abitanti del quartiere, soprattutto con la bella stagione, la ciclofficina ogni tanto organizza anche aste di biciclette e mercatini per lo scambio o la vendita di pezzi di ricambio.

partite le campagne a sostegno di Pinelli e Valpreda. Poi sono arrivate le degustazioni di cibi e vino di Luigi Veronelli e gli spettacoli di Paolo Rossi e Marco Paolini. Oggi, oltre al dibattito politico, il circolo propone **presentazioni di libri, iniziative ecologiste e proiezioni a ingresso gratuito** o con sottoscrizione volontaria.

Il **Circolo Familiare di Unità Proletaria** nasce nel 1945 per creare un ritrovo ricreativo popolare nel rione di Gorla. Negli anni Cinquanta nella sala del circolo si ballava cinque volte alla settimana e il martedì c'era il Ballo Ambrosiano, dove il caposala con un campanello chiedeva il cambio dama. Diventata nel 1966 la discoteca Tricheco, ha ospitato Equipe 84, Patty Pravo, Gino Paoli, Sergio Endrigo. Oggi l'attività del Circolo si svolge nel salone-bar al primo piano: durante il giorno lo spazio è a disposizione dei soci anziani e non, mentre alla sera si svolgono diverse iniziative come concerti jazz, ballo liscio e tango argentino. Da non perdere **l'appuntamento del lunedì con il cineforum, rigorosamente a ingresso libero**. Il bar del Circolo è aperto tutti i giorni (attenzione, chiude dalle 12.30 alle 15.30): qui trovi non solo spume e cedrate, ma anche **vini e liquori a prezzi calmierati.** Il tutto giusto accanto al tempio della risata, lo Zelig.

## ARTE E ARCHITETTURE A KM 0

Dal 2003 in via Giorgio Jan è aperta al pubblico la **Casa-Museo Boschi Di Stefano**, che espone una selezione di circa trecento delle oltre duemila opere che i coniugi Antonio Boschi e Marieda Di Stefano hanno donato al Comune di Milano nel 1974. **L'ingresso è gratuito** e si possono ammirare dipinti di **Carrà, Fontana, De Chirico, Sironi, Martini e De Pisis**, dal primo decennio del XX secolo alla fine degli anni Sessanta. Al Museo del Novecento (vedi Zona Centro) si può vedere un modellino dell'appartamento, ricostruito come una casa delle bambole.

Meno noto dei Navigli, più suggestivo del Lambro, la **Martesana** è il canale voluto da Francesco Sforza nel 1457. Un tempo era navigabile e costituiva una via fondamentale per i traffici commerciali della città, ora è in parte interrato, ma sbuca inaspettatamente verso piazza Costantino, il centro dell'antico borgo di Crescenzago. Qui **la strada pedonale è circondata da vecchie case** altre al massimo tre piani, con i muri gialli e le persiane verdi. Un paesino di campagna a pochi minuti dalle vie dello shopping. È stata anche creata una **pista ciclabile** da via Melchiorre Gioia a Cassano d'Adda, che vale senz'altro la pena di percorrere da soli o in compagnia, pedalando con lentezza per apprezzare la rilassante atmosfera bucolica.

### A PIEDI NUDI NEL PARCO

Nel vecchio borgo di Gorla c'è un giardino suggestivo, diventato un luogo d'incontro tra diverse etnie e generazioni: è il **parco di Villa Finzi**. Il parco venne fatto costruire nel 1829 dal conte Batthyàny, ufficiale degli Ussari, come splendida cornice della sua villa, oggi sede di un centro sociale per la terza età. Il parco di Villa Finzi è un'oasi di verde perfetta per un po' di jogging o per rilassarsi con gli amici o in compagnia di un buon libro. Inoltre, le guardie ecologiche del Comune organizzano periodicamente **visite guidate gratuite** alla scoperta dei segreti del parco, come il **Fontanile dell'Acqualunga e il Tempio della Notte** (forse ghiacciaia, forse rifugio per incontri amorosi al riparo da sguardi indiscreti).
Tra le bellissime piante del giardino spiccano un ippocastano maestoso (Aesculus hippocastanum) e un rarissimo gelso da carta.

### DOVE GIOCANO I BAMBINI

Ai primi del Novecento il **Parco Trotter** era il galoppatoio di Milano. Oggi è un bellissimo spazio verde di più di 100.000 metri quadrati, incuneato fra via Giacosa e via Padova.
Il Comune di Milano nel 1919 comprò l'area per un milione di lire dalla società che gestiva l'ippodromo per creare una "scuola all'aperto", un esperimento didattico che prevedeva orti, una fattoria con maiali, mucche, asini, pecore e capre, galline, frutteti, uno stagno e una piscina. Dopo un perido di abbandono, oggi il parco è diventato un luogo dedicato ai bambini, grazie all'associazione **La Città del Sole Amici del parco Trotter.**
Moltissime le attività organizzate: dal teatro al giardinaggio, dai corsi di italiano per stranieri al Gas (gruppo di acquisto solidale) del Sole.
Le **Mamme del martedì**, per esempio, organizzano il **Parco in festa:** ogni settimana giochi, laboratori e merende a tema (da settembre a novembre e da marzo a giugno, il martedì dalle 16.30 alle 18 davanti alla Stanza delle scoperte.
Durante l'inverno i laboratori proseguono all'interno del Padiglione Grazioli), mentre la domenica ci sono gli spettacoli del T.n.T (Teatro nel Trotter), il cui biglietto d'ingresso costa 6 euro.

Inquadra con il tuo smartphone il codice a lato ed entra nel sito del Giardino del Sole

Il **Giardino del Sole** è il community garden del Parco Trotter. Propone **attività di giardinaggio e ortocultura** ai bambini e a tutti i cittadini che vogliono partecipare. I lavori sono coordinati da un esperto, ma tutti collaborano in base alle proprie capacità e al tempo che hanno a disposizione.

## STORIE E PERSONE

**Tutte le lingue del mondo.** Per alcuni è una banlieue invivibile, per altri un esempio di integrazione riuscita. Per tutti, semplicemente, **via Padova è l'area più multietnica della città**. In principio questa era la zona di fabbriche e laboratori artigiani che ai primi del Novecento attirarono manodopera specialmente dalla Brianza, da Bergamo e da Mantova. Dopo la seconda guerra mondiale fu la volta dei meridionali e dei veneti, mentre dagli anni '80 in poi sono approdati gli stranieri: **filippini, cinesi, egiziani, peruviani, senegalesi, marocchini e indiani.** Perché via Padova accoglie tutti, vecchi italiani e giovani immigrati, e nel periodo di Natale le luminarie si accendono di auguri in tutte le lingue del mondo. Si viene qui per viaggiare senza muoversi da Milano.

# QUARTIERE CITTÀ STUDI

## FAI LA SPESA GIUSTA

Per la spesa quotidiana di frutta e ortaggi conviene fare un giro al **mercato di via Ampere**, che si tiene ogni giovedì. A circa metà della via sulla sinistra si trova un piccolo furgoncino mobile con uno spiedo e un bancone colmo di bontà: oltre al classico pollo ci sono ottimi stinchi, spiedini e altre specialità da rosticceria. In più potete trovare una vasta scelta di salumi e formaggi a prezzi onesti.

Ogni venerdì mattina al **mercato di via Canaletto** potete comprare insalate croccanti, pomodori succosi e frutta di stagione. Da non perdere anche il banco che vende dolciumi a prezzi stracciati.

## MANGIA BENE E BEVI MEGLIO

Per fare un viaggio nel tempo basta avventurarsi in via Pellizzone, via privata a due passi da Piazzale Susa. Un glicine inerpicato su una palazzina liberty vi dice che siete arrivati all'**Albero fiorito.** In questa magnifica trattoria con i pavimenti in graniglia e i tavoli di legno scuro tutto è rimasto come cinquant'anni fa e anche i prezzi sono d'altri tempi. La clientela è un campionario di varia umanità e, se siete fortunati, vi può capitare di condividere il tavolo con qualche habitué. Di solito c'è una scelta di tre primi, tre secondi e qualche contorno, le ordinazioni si scrivono direttamente su dei foglietti e il pane si paga al pezzo.
**La cucina vi farà sentire a casa**: sarde impanate o in saor, frittatina di cicoria, arrosti e tutto il repertorio della cucina della nonna, innaffiato da robusti vini friulani come il Raboso, il Refosco e il Tocai. Mi raccomando, non lasciatevi sfuggire i dolci fatti in casa! Al momento del conto, una grappa al bancone non si rifiuta mai. **Occhio agli orari**: per essere sicuri di mangiare è meglio presentarsi non oltre le 12.30 a pranzo e le 19.30 a cena.

**Prezzi stracciati in un ambiente spartano e naïf**, questo è il segreto del successo di **Crono**, la trattoria in via Pascoli dove regna sempre il buon umore. Merito dei proprietari Roberto e Massimo, due fratelli di origine casertana, che gestiscono sala e cucina con piglio istrionico. **Con 10 euro (primo, secondo, acqua o ¼ di vino) si pranza** con cibi semplici e porzioni abbondanti. Alla sera, oltre al menù a prezzo fisso, c'è anche qualche piatto da ordinare alla carta. Se vi capita provate le zuppe, soprattutto quella di scarola.

Da **Il Capriccio** in via Piccinni si può gustare una buona **cucina siciliana in un contesto popolare.**
L'ambiente è piuttosto semplice, ma il servizio familiare è attento e sorridente. Fusilli alla Norma, involtini di spada e melanzane ripiene sono tra i cavalli di battaglia del locale, ma anche le pizze non sono male. E il conto? Tranquilli, è sui **20 euro bevande escluse.**

Il **Mandarin 2** di via Donatello ha fama di essere **uno dei migliori ristoranti cinesi di Milano.** Gestito da una famiglia italo-cinese, serve ottimi piatti con grande cortesia. Il menù è sterminato e conviene approfittare del servizio premuroso per farsi consigliare.
I piatti sono quelli classici, ma rimarrete sorpresi dall'ottima esecuzione: involtini primavera, ravioli, spaghetti Shanghai (con verdure e pesce), maiale in agrodolce ... Il conto è un po' più alto rispetto ad altri ristoranti cinesi (si aggira sui **15/20 euro, bere a parte**), ma ne vale la pena.

## T'AGGIUSTO IO

Inquadra con il tuo smartphone il codice a lato ed entra nel sito della ciclofficina Ruotalibera

**Tutti a ruota, purché libera. Ruotalibera** è una **ciclofficina autogestita** che ha sede nel cortile della Facoltà di Agraria, in **via Celoria 2**. Ogni mercoledì e venerdì dalle 16 alle 19.30 si può passare di qui per sistemare la propria bici e scambiare due chiacchiere con altri appassionati delle due ruote. Essendo gestita su base volontaria da studenti, gli orari sono estremamente flessibili...ma se la trovate chiusa non disperate, basta provare a fare un salto nelle aule studio o nella biblioteca di facoltà e troverete certamente qualcuno disposto ad aprirvi. Ruotalibera offre anche un servizio di **bikesurfing agli studenti di passaggio in città.** È una sorta di noleggio gratuito (basta versare una cauzione - una volta per tutte - di 40 euro, che verranno restituite alla riconsegna della bici) che vuole essere un chiaro incentivo alla mobilità sostenibile.

Tra le cucine asiatiche quella di Seul è quella che si avvicina di più ai gusti occidentali, eppure non sono molti i ristoranti coreani in città. Il primo ad aprire a Milano è stato il **Gin Mi** (significa "gusto vero"), avviato nel 1986 da un ex funzionario della Samsung, il signor Cho. In questo ristorante essenziale e luminoso si può gustare una cucina sana, leggera e povera di grassi. Da non perdere gli **antipasti**: frittelle di soia, tofu stufato, pesce impanato e soprattutto il kimchi, il piatto tipico a base di verze, rape, cipolle tagliate a pezzi e fermentate in acqua per alcuni giorni. I **secondi a base di carne di manzo vengono preparati in tavola davanti ai commensali** in diversi tipi di pentole, che cambiano a seconda della cottura: la carne può essere saltata (bulgoghi), stufata o bollita ed è sempre accompagnata da verdure e soia. In alternativa si possono assaggiare ricchi piatti a base di pesce, tofu o gnocchi. Attenzione qui niente vino, solo birra o liquore coreano. **Per una cena completa si spendono circa 25 euro.**

Da **Mens@sana**, gastronomia vegana in via Teodosio, **chi arriva in bici ha diritto a uno sconto del 10%.** Tutto quello che ordinate qui non contiene grassi animali, uova o latticini. Eppure è buono. Con circa 10 euro potete pranzare con sformati di verdura, primi a base di riso, orzo, kamut e dolci che (sorprendentemente) non fanno ingrassare. **Ci si può fermare a mangiare qui o si possono ordinare piatti da asporto.** Il punto vendita è gestito dalla cooperativa sociale Il Nostro Futuro, che si occupa del reinserimento di persone affette da disagio psichico.

Se a notte fonda sentite dire: "andiamo dalle **luride** di viale Argonne?" non si tratta di una proposta equivoca. Vi stanno semplicemente invitando a mangiare un panino nel **baracchino di fronte al mercato comunale coperto**, amorevolmente chiamato così dai milanesi. I più coraggiosi ordinano il "completo", un sandwich gigantesco farcito di ogni cosa presente sul banco. Ricordatevi che non c'è dentifricio o caramella che tenga...il giorno seguente il "completo" vi farà inevitabilmente compagnia.

## HOTEL E OSTELLI

L'ostello **Ciao Bella Milan** è una piccola struttura in via Balzaretti, molto accogliente e pulita. Situato in una classica villetta anni '30 con giardino, l'ostello ha una confortevole sala comune dove ti aspetta sempre una tazza di caffè. Lo staff è estremamente disponibile (e internazionale) e gli ospiti possono usufruire

Inquadra con il tuo smartphone il codice a lato ed entra nel sito dell'ostello Ciao Bella Milan

liberamente dell'angolo cottura. L'ostello dispone di quattro camere spaziose: **un posto letto in camerata costa circa 22-25 euro, la singola 35-40 euro.** I prezzi dipendono un po' dal periodo e da quanto si prenota in anticipo. Se siete consumati backpackers portate con voi il sacco a pelo: le lenzuola comportano un extra di 5 euro. **Attenzione! Si paga in contanti all'arrivo: pochi, maledetti e subito.**

## SHOPPING & BEAUTY

Vi si sono di nuovo smagliate le calze? Al **mercato di via Ampère** del giovedì c'è **il banco che vende collant di tutti colori a prezzi scontati.** Conviene fare scorta!

Al **Salvagente Bimbi** di via Balzaretti le mamme glamour troveranno **capi di abbigliamento da 0 a 16 anni delle migliori marche.**
In seicento metri quadri di open space sono esposte grandi firme nelle linee bimbo con sconti medi del 40 / 60 % rispetto al negozio: Armani, Il Gufo, Blumarine, D&G, Polo Ralph Lauren, Fred Perry, Moschino sono solo alcuni dei marchi in vendita.
Non tutto è low cost, ma cercando si possono fare buoni affari. Per esempio, per le scarpe ci sono ottime occasioni su ultimi numeri e fine serie.

**Io e il legno è il paradiso del bricoleur.** Impossibile sbagliare: quando vedrete un apache, una mucca e Jimi Hendrix che occhieggiano dal muro di un'officina in via Calzecchi capirete di essere arrivati. All'interno c'è una scelta vastissima di scarpiere, scaffali, ripiani, librerie, armadi, porte e finestre, viti, bulloni, cavi, vernici e attrezzi. Inoltre nel laboratorio si possono ordinare pannelli di legno tagliati su misura.
Dal ferramenta al bricolage, dall'arredamento ai serramenti, dall'idraulica al colorificio: in un solo negozio trovate tutto quello che serve a prezzi onesti. Vale sempre la pena dare un'occhiata agli articoli in offerta. Qualche esempio? **Trapano da 32 euro, seghetto alternativo da 22 euro, levigatrice Bosch a 57 euro.** Vendita all'ingrosso e al dettaglio. Consultando il sito potete tenervi aggiornati sulle offerte.

La **Libreria Cortina** è dal 1947 un punto di riferimento per lettori e specialisti di varie discipline, soprattutto nel settore scientifico. La sede di via Pascoli effettua **compravendita di libri usati**, una salvezza per gli studenti delle vicine Università.

## DOVE GIOCANO I BAMBINI

La ludoteca **Il Pifferaio magico** è situata in un **open space di circa 600 metri quadrati** al primo piano di una scuola elementare. Qui i bambini trovano a disposizione libri e giocattoli adatti a ogni età, che si possono anche noleggiare. Ma il pezzo forte sono i **materassi e la piscina di palline** dove tuffarsi. Le educatrici promuovono giochi per sviluppare le capacità di esplorazione, iniziativa e socializzazione. Come nell'altra ludoteca comunale, l'Arcobaleno (via Feltre 68/1), si richiede un **contributo annuale di 53 euro per nucleo familiare**.

## IN FORMA

Costruita negli anni Sessanta e recentemente ristrutturata, la **Piscina Bacone** è uno degli impianti storici di Milano e offre due vasche coperte (una da 25 x 12,5 metri e l'altra per bambini, da 12 x 5 metri) con tribuna e una palestra. Qui vengono organizzati corsi di nuoto (anche per bambini), acqua fitness, sport acquatici e acqua gol. **L'ingresso nei giorni feriali costa 4 euro, sale a 5 nei weekend e con 40 euro è possibile fare l'abbonamento mensile.** Durante la settimana purtroppo la piscina chiude presto (15.45 d'inverno, 17.00 d'estate), ma sono previste apertura serali il venerdì (20.30-22.30). Last but not least, in zona si trova parcheggio abbastanza facilmente.

I fan delle arti marziali possono cimentarsi con il **Taekwondo**. Questa disciplina, nata in Corea come tecnica di difesa, pare che oggi sia una delle più seguite e praticate nel mondo.
Nella palestra di via Giovanni Villani in zona Piola, la Scuola di Arti Marziali Coreane **A.S.D Tiger** organizza corsi per adulti a partire da 165 euro a trimestre, più la quota di iscrizione annuale di 30 euro. Per assicurarsi il benessere fisico, mentale e spirituale.

# QUARTIERI LAMBRATE E ORTICA

## FAI LA SPESA GIUSTA

Ogni sabato al **mercato di via Valvassori Peroni** trovi, oltre a frutta e verdura, alcuni banchi con **ottimi formaggi**. Se il livello del vostro colesterolo non desta preoccupazione, potete deliziarvi con le "tome" piemotesi e lombarde proposte, con un buon rapporto qualità/prezzo, dalla bancarella che trovate sulla destra, entrando da via Bassini, mentre l'azienda agricola Casarotti vende provole e mozzarelle di bufala che provengono direttamente dagli allevamenti di Cassano d'Adda. In fondo al mercato, dando alle spalle a via Bonardi, trovate i banchi con il **pesce fresco.**

## MANGIA BENE E BEVI MEGLIO

La **Trattoria La Cappelletta** in via Bertolazzi è la pietra miliare della **pizza al trancio**, croccante e super condita, e dello gnocco fritto nel distretto di Lambrate e zone limitrofe. I camerieri, gentilissimi, sono sempre pronti a dispensare un sorriso e generalmente in un quarto d'ora si trova posto. Ultimamente i prezzi sono un po' aumentati, quindi bisogna fare un po' di attenzione per essere sicuri dell'esito low cost. Ma ordinando **gnocco fritto** (10 euro) non si sbaglia mai.

I proprietari della **Trattoria Fratelli Fiorito** in via Conte Rosso dicono di non avere bisogno di pubblicità, perché il loro locale non ha nulla a che vedere con le solite trattorie. A dire la verità la cucina casalinga non si discosta dai classici della tradizione milanese, ma gli ingredienti sono senza dubbio scelti con cura. **A mezzogiorno** (il ristorante è aperto solo a pranzo) si spende **9,50 euro per il menù completo**, si scende a **7 euro per un primo e un contorno**. Il prezzo è contenuto e la qualità è buona. Ulteriore nota di merito: d'estate si mangia nel cortile sotto a un bel pergolato.

Per un pasto veloce o uno spuntino l'indirizzo imprescindibile è **Pizza Mundial** in piazza Bottini 2, meta prediletta di studenti e pendolari. Il nome evoca i mondiali di calcio dell'82, quelli in cui la nazionale italiana trionfò, ma qui si esulta per ben altro: pizze e focacce vendute a prezzi imbattibili. La **focaccia genovese costa 80 centesimi, i panzerotti 1,70, la farinata 1,30 e il trancio di pizza 2,20 euro** (ogni due porzioni la bibita è in omaggio). Inutile soffermarsi sulla qualità delle pizze, sul loro gusto, la consistenza, il tasso di unto: Pizza Mundial è da anni una vera e propria istituzione nel quartiere.

Siete stanchi del cliché del pub finto irlandese? Al **Pub Birrificio di Lambrate** in via Adelchi gli arredi sono quelli classici english style, ma **la birra parla orgogliosamente milanese**. Nel laboratorio se ne producono di tutti i tipi: le classiche (Lambrate, Domm, Ligera, Ortiga, Porpora...), quelle stagionali disponibili solo in determinati periodi (Mi su no, Drago verde, Brighella...) e quelle speciali, prodotte esclusivamente in base alla disponibilità delle materie prime necessarie (Magut, Beccamort, Salta-Foss...). **I prezzi partono da 3,50 euro**. Conosciuto dagli avventori storici come "Lo Skunky", questo locale, a metà tra un pub inglese e una nave pirata, è un punto di riferimento non solo per il quartiere Lambrate, ma per tutti gli amanti della birra artigianale. Gli habitué hanno il loro boccale personale, custodito al Birrificio e pronto all'uso ad ogni loro visita. Nella succursale di via Golgi, che ha aperto i battenti nel 2011, potete accompagnare la birra con qualche piatto sostanzioso, come stinco al forno e stufato, preparato utilizzando il mosto o la birra. **A cena si spende sui 20 euro, a pranzo ci si ferma a 12 euro**.

## L'ECO DEL RISPARMIO

**Panettone low cost tutto l'anno.** Allo **Spaccio Le Tre Marie in via San Faustino 46**, di fianco allo stabilimento dolciario, si trova il punto vendita dei prodotti commercializzati dal noto marchio milanese. Panettoni e pandori raggiungono le quotazioni minime nei mesi di gennaio e febbraio, ma non possiamo dimenticare le brioche, un altro prodotto di punta, e tanti dolci da forno, cioccolato, torte gelato e alcune specialità regionali, come la pasta di mandorle e il cioccolato modicano. Qui la torta "sbrisolona" costa meno di 2 euro ed è più che accettabile. Completano l'offerta pasta, sughi ed altri prodotti alimentari. In generale, I prezzi vanno da 1 euro in su e il risparmio è del 30-40% rispetto al negozio. C'è anche un angolo bar per concedersi una pausa veloce per brioche e caffè a prezzo scontatissimo.
**Se invece siete intolleranti al glutine, l'indirizzo giusto è via Porpora 147**: l'outlet tratta cibarie dolci e salate senza glutine, come pure senza zucchero o lattosio, di vari brand.

**IL MOMENTO MIGLIORE PER...**

**Visitare Lambrate.** Tutti gli anni in aprile il **Salone del Mobile**, la più importante fiera del mondo dedicata al settore, annuncia l'inizio dell'anno del design. A partire dal 2010 il distretto di Ventura Lambrate si è affermato come uno dei luoghi più interessanti della **Design Week** milanese: all'interno di una ex area industriale rimessa a nuovo vengono esposte le novità dei migliori designer provenienti da tutto il mondo. Creatività, qualità, sperimentazione: queste le parole d'ordine del progetto. Esposizioni, presentazioni e happening attirano più di 60.000 visitatori in questo quartiere che per sette giorni diventa il cuore del design mondiale.

Al **Tatanka** di via Olivari tutti i martedì e i mercoledì dopo le 21.00 la birra alla spina è in promozione a 2,99 euro.

Inquadra con il tuo smartphone il codice a lato ed entra nel sito di LaBaleradell'Ortica

Per quanto riguarda l'Ortica, spiace deludere coloro che si aspettano di vedere citato il Gatto Nero, ma nonostante la fama e l'aura mitica che circondano quest'antica trattoria, il conto non permette di farlo rientrare nel novero degli indirizzi low cost. Meglio puntare direttamente su **LaBaleradell'Ortica** di via Amadeo, scritto proprio così, tutto attaccato. "Abbiamo visto che la gente ci chiamava così..."spiega Marina, la figlia dei proprietari. Qui ti sembra di stare nel centro di un paesino, con la chiesa di San Faustino e il monumento ai caduti. Infili il cancello e ti trovi in un altro mondo. Storico dopolavoro ferroviario nato negli anni Sessanta, ha riaperto i battenti grazie a una nuova gestione: **non solo bocciofila, quindi, ma anche bar e trattoria a conduzione familiare.** Il menù recita così: "Oggi mamma la cuoca ha preparato per voi..." Il misto di primi a sorpresa con secondo a scelta tra i classici arrosto, polpette o vitello tonnato costa 15 euro. Se prendete gli arrosticini (omaggio al papà abruzzese) il conto sale a 18. Sono compresi caffè, acqua e vino a volontà. O meglio, finchè non sei ubriaco, ci tengono a precisare. **In estate il locale si trasforma in balera** per ballare il liscio e il boogie woogie **con musica dal vivo (tutte le sere, ingresso con consumazione 7 euro).**

È un abituale punto di ritrovo per un pubblico over 60, ma pare che lo abbiano già scoperto gli hipster...

Affermare che non ci siano differenze tra i dolci siciliani, palermitani o catanesi che siano, sarebbe una leggerezza imperdonabile alla **Pasticceria Eoliana in via Ortica**. In effetti qui i dolci di ricotta hanno un sapore un po' più neutro, ma i cannoli sono riempiti al momento e questo merita un encomio. Quelli piccoli costano 1 euro, i grandi 2. Da non perdere le granite al caffè o alle more di gelso, da provare con il proverbiale maritozzo (1,50 per la brioche, da 3 a 4 euro con la granita) e la panna.

Se non vi dispiace pranzare "vista treno", potete provare la **Trattoria sarda La Brocca** in via Cima. Ambiente (e conduzione) familiare e, soprattutto a mezzogiorno, prezzi modici, La Brocca è molto frequentata da chi lavora in zona. Tra le specialità ci solo la carne alla griglia, il pesce (il venerdì) le torte. Di tanto in tanto si può mangiare con la formula "all you can eat".

## SHOPPING & BEAUTY

Il **mercatino Baddarò** è un piccolo e (per ora) sconosciuto punto di smercio di **vestiti, stoviglie, giochi e oggetti vari.** Entrate al civico 150 di via Porpora, attraversate il cortile e sul fondo troverete uno spazio di circa 140 metri quadri con cumuli di vestiti accatastati quasi fino al soffitto. Chi porta qui quello che non gli serve più sostiene un progetto sociale di recupero del disagio psichico portato avanti dalla onlus Il Borgo in Città. Il negozio, gestito dai responsabili dell'associazone con l'aiuto dei ragazzi della comunità, è frequentato da una clientela disparata: abitanti del quartiere, stranieri, anziane signore e stylist alla ricerca di qualche pezzo originiale. I prezzi sono da esercito della salvezza: **i vestiti costano 1 euro, le giacche 3, i giacconi e i cappotti 5.** Cercando si può trovare sicuramente qualcosa di interessante, ma bisogna armarsi di santa pazienza. Particolare attenzione meritano gli accessori (soprattutto guanti, cinture e cravatte), ma si possono fare buoni affari anche con coperte, tende e lenzuola, alcune delle quali, benchè usate, sono ancora in ottimo stato.

La sartoria **Kamal** di via Valvassori Peroni, oltre a piccole riparazioni, confeziona abiti su misura in lino, jeans, lana e cotone. I prezzi? Circa **26 euro per una gonna, 36 euro per i pantaloni donna e 45 euro per quelli da uomo**. Il consiglio è scegliere bene la stoffa, portare un modello da copiare, stabilire il prezzo e affidarsi ai sarti indiani, noti per l'abilità e la rapidità di esecuzione. Si realizzano anche vestiti per bambini.

## SPAZIO ALLE CULTURE

La **Biblioteca Valvassori Peroni** offre una ricca sezione di libri (tra cui costosi volumi d'arte), disponibili anche per il prestito. Inaugurata nel 2009, ha tutti pregi di uno spazio moderno e funzionale: **un cortile per la lettura, un'area dedicata agli ipovedenti, tanti pc e un mucchio di riviste**. La biblioteca partecipa al progetto del Comune di Milano "Ci vediamo TUTTI in biblioteca!" La sperimentazione Twb (tv e web), rivolta agli adolescenti e ai giovani adulti, consiste nella realizzazione di una web tv che documenti il territorio di Lambrate e promuova le attività della biblioteca.

Inquadra con il tuo smartphone in codice a lato ed entra nel sito del Teatro dei Martinitt

**Il Teatro Martinitt di via Pitteri** sorge in un edificio da poco ristrutturato che fa parte dello storico complesso dei Martinitt. In una zona in cui non ci sono altri teatri, propone abbonamenti a partire da 10 euro a spettacolo.

In via San Faustino 5, in un vasto bar dove è possibile anche pranzare con un menù molto spartano, ha sede il **Circolo Mix**, che organizza corsi, concerti e incontri culturali, il tutto gratis o a prezzi molto convenienti. Un esempio: 10 lezioni del laboratorio di arti marziali costano 30 euro. Il bar è anche un verace punto di ritrovo per la gente del quartiere, con accanite briscole tra pensionati.

Inquadra con il tuo smartphone il codice a lato ed entra nel sito del Cowo di via Ventura

**Cowo** è una rete di spazi per la condivisione del lavoro con diverse sedi a Milano e in Europa. Un desk, una buona connessione internet e un gruppo di professionisti in gamba, sono gli ingredienti base del coworking, che si traduce in un'ottima opportunità per coltivare una rete di relazioni professionali e, allo stesso tempo, raggiungere una certa economia

### T'AGGIUSTO IO

**Et Voilà-Sartoria rom Taivè.** Le camicie si accumulano nella cesta e non riesci a portarle alla stireria sotto casa? Devi fare il cambio di stagione e hai bisogno di una mano per dare una rinfrescata al tuo guardaroba? Vuoi accorciare i pantaloni nuovi che hai appena comprato? Oggi basta una telefonata: "et voilà!" è il nuovo servizio di stiro e piccola sartoria a domicilio per Milano proposto dal laboratorio Taivè. Taivè (filo in lingua rom) è la **sartoria di via Wildt 27b** gestita da donne rom che offre un servizio di stireria e piccole riparazioni con un ottimo rapporto qualità prezzo. Il progetto è sostenuto da Caritas Ambrosiana allo scopo di offrire un'occasione formativa e di lavoro alle donne kosovare, macedoni e romene dei campi rom.

di gestione. Al Cowo in via Ventura 3 **la postazione di lavoro costa circa 200 euro al mese e prevede la possibilità di ricevere ospiti e clienti per riunioni**. Durante il Salone del Mobile offre free coworking a tutti coloro che si prenotano via mail: sono disponibili alcuni desk gratuiti e una connessione Wi-Fi aperta ed efficiente.

### ARTE E ARCHITETTURE A KM 0

Anche se a un primo sguardo appare come un quartiere periferico che accoglie e smista migliaia di pendolari ogni giorno, nel passato **Lambrate era il luogo di villeggiatura prediletto della piccola nobiltà**. Lo testimonia **Villa Busca Serbelloni**, meglio nota come la Palazzetta. Si tratta di un'antica villa di campagna costruita nel XVIII secolo, con un ampio portico a tre arcate a cui corrisponde il magnifico loggiato del piano nobile. Peccato che giusto davanti ora ci sia un benzinaio.

Più avanti un agglomerato di vecchie case e cascine ristrutturate crea un paese a sé: è **il centro storico dell'antico borgo di Lambrate**, autonomo fino al 1923. All'angolo con via Dardanoni si trova **Villa Folli**, un'antica casa padronale XVII secolo, e qualche passo più avanti c'è una cappelletta votiva, forse edificata ai tempi della peste. Passata indenne attraverso i secoli, la cappelletta non crollò nemmeno durante la seconda guerra mondiale quando, in una calda notte di agosto del 1943, una bomba forò il tetto e si adagiò sull'altare senza scoppiare. Cosa che, comprensibilmente, fece gridare al miracolo gli abitanti della zona.

Camminando tra via Ortica, via Amadeo e via San Faustino, ogni tanto si sentono suonare le campane: sono quelle del piccolissimo **Santuario dei Santi Faustino e Giovita,** detto anche Madonna delle Grazie. Durante la Seconda Guerra Mondiale venne chiuso e sconsacrato. Diventò poi un'officina per la riparazione delle auto fino a quando negli anni '50 gli abitanti dell'Ortica riuscirono a ottenerne la riapertura. Qui trovarono rifugio i milanesi sfuggiti alle persecuzioni di Federico Barbarossa, come testimonia un affresco proveniente dalla chiesa: un ex voto raffigurante la Madonna con il bambino datato 1182. Quando nel 1979 fu necessario staccare l'affresco dal muro, fu scoperto un graffito che si riferisce proprio a questo esilio forzato.

Oltre il ramo della ferrovia c'è la seicentesca **Cascina Cavriano**. Di proprietà dell'Ospedale Maggiore, nel 1967 fu acquistata dal Comune di Milano assieme ai 24.955 metri quadrati di fondo agricolo. **È l'unica cascina all'interno di Milano ancora in attività** e la famiglia Colombo si tramanda di padre in figlio la conduzione del podere da quasi tre secoli. **Oggi è un agriturismo** e nel piccolo spaccio si possono comprare a prezzi ragionevoli **frutta e verdura a chilometro zero**.

### A PIEDI NUDI NEL PARCO

Inquadra con il tuo smartphone il codice a lato, entra nel sito della Fondazione e consulta il caledario dei corsi.

Dalle sterpaglie di una cascina abbandonata è sbocciato l'**Orto Botanico Cascina Rosa**. Il giardino, gestito dall'Università degli Studi di Milano, è stato pensato non solo come sostegno alla ricerca, ma anche come tentativo di avvicinare nun vasto pubblico alla scoperta delle specie vegetali. Potete andarci da soli o in compagnia di qualche volontario pronto ad aiutarvi a riconoscere le piante di quest'oasi nel cuore dell'Ortica. Sono da segnalare i **corsi di cucina e alimentazione che la Fondazione Istituto Nazionale dei Tumori organizza alla Cascina Rosa**: per imparare l'arte della prevenzione e della cura con il cibo e le proprietà terapeutiche degli alimenti. Perché siamo quello che mangiamo.

"Faceva il palo nella Banda dell'Ortica, faceva il palo perché l'era el so mestèe ..."

Nota ai più grazie all'esilarante canzone di Jannacci sulla celebre banda del quartiere, l'Ortica era una frazione del comune di Lambrate. Il nome deriva forse da "orto" oppure "ortaglia, mentre altri sostengono che "Ortica" compaia per la prima volta verso la fine del Seicento per indicare non un terreno ma una celebre osteria che, sopravvissuta ai secoli e ai cambi di proprietà, è oggi conosciuta come la trattoria del Gatto Nero. La sua storia è segnata dai treni e dai binari: a metà circa dell'Ottocento, con la costruzione della linea per Treviglio, la zona diviene sede di snodi e svincoli ferroviari e del deposito delle locomotive. L'isolamento del quartiere, che per tanti anni non ebbe un tram per il centro (il primo fu il numero 28 nel 1931), fu da un lato un limite ma dall'altro la sua fortuna: qui si respira un po' l'aria di paese. Case piccole, gente che si conosce, piazzetta tranquilla. Vale la pena di farsi un giro in zona.

Nel dopoguerra questa zona era tutta popolata di baracche e proprio qui vicino, tra via Peroni e via Tajani, è stato girato "Miracolo a Milano" (1951), il capolavoro di Vittorio De Sica.

Il **Parco Lambro**, il più grande di Milano, è uno dei luoghi preferiti dai milanesi. Creato a est della città negli anni Quaranta come polmone verde sul modello del tipico paesaggio della campagna lombarda, ha attraversato anni di abbandono e degrado. Oggi ospita il **concrete park più bello della città**: sempre aperto e gratuito, facile e divertente, il **Lambro Skate Park** ha diverse altezze e occupa una superficie di circa 400 metri quadrati. Il sabato e la domenica pomeriggio si riempie di skaters amanti della velocità e "figli dei figli dei fiori" che si rilassano nei prati che lo circondano. Se siete poco allenati è meglio arrivare la mattina o il primissimo pomeriggio, prima che gli skaters più smaliziati si sveglino e vengano ad assaporare ogni centimetro di curva e di coping. E quando si posa la tavola, partono birre e grigliate. Proprio qui **al Parco Lambro nel 1976 si è svolto** l'ultimo grande happening giovanile a Milano: **il Festival pop organizzato dalla rivista underground Re Nudo.** Praticamente una Woodstock in salsa meneghina. Tra gli artisti che si esibirono davanti a un pubblico di 150.000 persone c'erano Finardi e gli Area, la crema del rock milanese. A un certo punto i giovani proletari cominciarono a contestare gli spettacoli e i prezzi delle merci in vendita negli stand, fermarono i concerti, aprirono con la forza i camion e distribuirono a tutti patatine, gelati e polli. L'esproprio venne celebrato con danze collettive che ricordavano i riti pagani dell'antichità. Per dirla con gli Area di Demetrio Stratos: "Gioia e rivoluzione".

## IN FORMA

Inquadra con il tuo smartphone il codice a lato ed entra nel sito dell'AS Rugby Milano

Il campo di via Valvassori Peroni è **il tempio del rugby milanese**. Una tradizione gloriosa fatta di sfide leali, di sportività vera e, anche, di iniziative benefiche. L'**AS Rugby Milano** ha portato la palla ovale tra le mura del Beccaria, insieme ai valori etici e sportivi che sono da sempre prerogativa di questo meraviglioso sport. Qui non esistono trucchetti, contestazioni, rancori e altre piccinerie: alla fine di ogni partita si festeggia sempre tutti insieme, vincitori e vinti. Se volete provare, fatevi avanti. Ci sono squadre per tutte le età.

A cavallo fra Città Studi e Lambrate, la **piscina Giulio Romano** di via Ampère si trova immersa in un piccolo parco e si frequenta con la bella stagione, dai primi di giugno a fine settembre. Pare che in passato venisse qui a farsi una nuotata anche il famoso poeta Salvatore Quasimodo. Progettato nel 1929 da Luigi Secchi, lo stesso architetto della Cozzi, l'impianto è formato da una grande vasca rettangolare di 4.000 mq che può ospitare fino a 2.000 persone. Nel parco ci sono anche un chiosco, il solarium attrezzato con un servizio di noleggio lettini e ombrelloni e un'area giochi per bambini.

Se cercate una palestra o una scuola di ballo all'Ortica, vi dovete avventurare in uno spoglio cortile interno in via Pitteri 8. Qui in una ex struttura industriale, tra piccoli laboratori e studi fotografici, trovate la palestra **Level2** e la scuola di ballo **Asd Ballo e Benessere**. La palestra è piccola e spartana, ma lo staff è molto attento e preparato. Contrattando si possono ottenere sconti sulle tariffe, già modiche. La scuola di ballo propone corsi che vanno dal liscio al boogie woogie, con "uscite" tutti i venerdì sera nelle sale da ballo. Let's dance!

# QUARTIERI PORTA VITTORIA E CINQUE GIORNATE

## FAI LA SPESA GIUSTA

In centro a Milano a volte fare la spesa senza spendere una fortuna può sembrare un'impresa... In questa zona per comprare bene a poco si può andare al **mercato di piazzale Ferdinando Martini**, che si tiene ogni **mercoledì mattina**. Oltre a frutta, verdura e alimentari, si trovano merci di ogni tipo: dalle tende ai vestiti, dagli utensili per la casa a piante e fiori.

Al **giovedì**, invece, conviene passare al **mercato di via Calvi.** Noto ai milanesi soprattutto per i banchi di abbigliamento, è ottimo anche per i generi di prima necessità. Occhio ai prezzi: gli affari migliori si fanno nei banchi che hanno l'aria più semplice e senza pretese...

**Negozio leggero** è il primo franchising che contiene i prezzi pensando all'ambiente. Direttamente da Torino arriva una piccola catena che propone una spesa senza imballaggi, quindi più leggera. Nel punto vendita di via Anfossi i **prodotti si comprano alla spina**: dai legumi (lenticchie decorticate 2,90 all'etto) alle spezie, dai saponi ai cosmetici (detergente viso 4,80 euro), dai detersivi ai prodotti per l'infanzia.

## MANGIA BENE E BEVI MEGLIO

**Da That's Vapore** in Porta Vittoria hanno deciso di premiare il merito: **chi si laurea con lode o supera un esame a pieni voti non paga.** Basta presentarsi entro una settimana con il libretto universitario. Tutti gli altri possono ordinare cibi leggeri, cotti al vapore sul momento e serviti in tavola in piccoli cestini. Il locale, funzionale e colorato, è frequentato soprattutto durante la pausa pranzo, ma la cucina funziona anche di sera. **I piatti costano dagli 8 ai 12 euro.**

Meta prediletta dai giovani avvocati e spesso tappa conclusiva delle peregrinazioni notturne è il **Baracchino del Tribunale**. I panini costano 4,50-5 euro e sono giganteschi. Il Boschetto (hamburger farcito) è una vera e propria istituzione.

Davanti alla Rotonda della Besana c'è un piccolo locale dove sorseggiare un'ottima birra artigianale: l'**Hop**. L'atmosfera è intima e rilassata: pavimenti e tavoli in legno, un bel bancone di ferro battuto e prezzi onesti. **Qui si bevono le birre crude (da 3,50 euro)** prodotte dal Birrificio di Lambrate, che hanno nomi strettamente meneghini: Sant'Ambroeus, Magut, Domm...

Giusto dietro l'angolo c'è il **Mom Cafè**, sempre molto frequentato. Sebbene i costi dei drink siano allineati alla media della città, vale la pena segnalarlo per il buffet dell'happy hour molto ricco e, udite udite, non tossico. Vengono serviti a ciclo continuo piatti preferibilmente vegetariani, cucinati con cura e con ingredienti di qualità: al prezzo di un aperitivo potete tranquillamente cenare senza rischiare un principio di ulcera. **Al mercoledì ordinate la birra: è in sconto**, altrimenti consiglio di provare il negroni sbagliato, uno dei migliori della città. I proprietari a volte sono piuttosto ruvidi: non prendetevela, fa parte del gioco.

In viale Montenero al numero 42 c'è ancora un **bar e bottiglieria** di una volta. Nel locale stretto e lungo si respira un'atmosfera verace e popolare. I prezzi dei vini vanno dai 2,50 ai 4,50 euro al bicchiere, ma potete anche ordinare direttamente una bottiglia da dividere con gli amici, contando su un po' di assaggi da spizzicare al bancone. Alla faccia dei pretenziosi "wine bar"!

Sempre nello stesso viale c'è un angolo dove sembra sempre di stare all'Oktoberfest: è la cucina di **Kapuziner Platz**, aperta solo la sera e fino all'una di notte, che sforna a ciclo continuo würstel, canederli e costine di maiale accompagnati da boccaloni di birra tedesca **(birra media 3,95 euro)**.

Immaginatevi un fast food dove mangiare cibi sani ed equilibrati, con una spiccata predilezione per le verdure. Impossibile? Provate a farvi un giro al **Lattughino** di via Anfossi. Il menù prevede una serie di piatti unici che spaziano dalle insalate (buona la Caesar's con aggiunta di pollo alla griglia) agli hamburger e sandwich serviti con contorno di patate al forno. Completano l'offerta qualche zuppa e alcune portate vegetariane. I prezzi, a parte poche eccezioni, si aggirano sui **10 euro a pietanza** e se il servizio a volte non è propriamente fast glielo si può anche perdonare. Il take away prevede la consegna gratuita nelle zone di Milano comprese nel sistema delivery della catena.
Per saperne di più e scegliere "a distanza" potete consultare il sito.

Il **Bar Giorgio** di via Anfossi, all'angolo con via Bezzecca, **sembra uscito direttamente da un racconto di Stefano Benni.** Luci al neon, arredamento retrò e atmosfera da Bar dello Sport, è molto frequentato dagli studenti del vicino IED che a pranzo ordinano **primi piatti a 3,80 e secondi a 5 euro**. Con meno di 5 euro puoi avere un pasto completo a base di hamburger, coca cola e caffè oppure hot dog e birra.

**Al Chiosco di Piazzale Libia** si differenzia dai suoi omologhi sparsi per la città perché **rimane aperto tutto l'anno.** Molto frequentato da mamme e bimbi piccoli, è un punto di riferimento anche per i pensionati che frequentano il vicino campo di bocce. Oltre a **buoni panini e tramezzini (da 3,50 euro)** d'estate si possono trovare anche angurie e meloni. Ma questi ultimi, ahimè, sono poco consigliabili: infatti hanno prezzi tutt'altro che low cost (4 euro una fetta d'anguria!).

## STORIE E PERSONE

**L'inchiesta Mani Pulite.** Il Palazzo di Giustizia, sede del Tribunale di Milano, fu edificato tra il 1931 e il 1940 su progetto di Marcello Piacentini. L'architettura severa, concepita per soddisfare le esigenze celebrative del regime, è arricchita da numerose decorazioni che rappresentano il tema della Giustizia, come i bassorilievi di Fausto Melotti che ornano i tre portali d'ingresso su via Freguglia e le opere di Mario Sironi, Carlo Carrà e Arturo Martini. Proprio qui nel 1992 partì l'inchiesta di Mani pulite, che spazzò via la classe politica che aveva governato il Paese per 40 anni. Così racconta Enzo Biagi: "Tutto era cominciato un mattino d'inverno, il 17 febbraio 1992, quando, con un mandato d'arresto, una vettura dal lampeggiante azzurro si era fermata al Pio Albergo Trivulzio e prelevava il presidente, l'ingegner **Mario Chiesa**, esponente del Partito Socialista Italiano. Lo pescano mentre ha appena intascato una bustarella di sette milioni, la metà del pattuito, dal proprietario di una piccola azienda di pulizie che, come altri fornitori, deve versare il suo obolo, il 10 per cento dell'appalto che in quel caso ammontava a 140 milioni." Le indagini, condotte da un pool di magistrati della procura di Milano portarono alla luce un **sistema di corruzione**, concussione e finanziamento illecito ai partiti che coinvolse i più alti livelli del mondo politico e finanziario italiano.

Negli ultimi tempi via Cadore è sbocciata grazie all'apertura di una serie di nuovi negozi e attività, ma gli indirizzi di riferimento per il panorama low cost sono rimasti gli stessi. Ad esempio, **la scelta di vini della Salumeria del Vino è ricca e si attesta su prezzi ragionevoli**. In questo classico wine bar, con bottiglie e salumi in bella mostra, con circa 10 euro all'aperitivo si può ordinare un buon calice di vino con tagliere di affettati al seguito. Se volete una bottiglia, fate attenzione: è prevista una maggiorazione per il servizio al tavolo. A pranzo il menù fisso a 11 euro prevede un antipasto a base di salumi, un primo o un secondo, un calice di vino e il caffè. **Da non perdere le degustazioni guidate e gratuite** che vengono organizzate periodicamente per promuovere vini e cantine. Per prenotare: 02 55184931.

## HOTEL E OSTELLI

Inquadra con il tuo smartphone il codice a lato ed entra nel sito di Zebra Hostel

**Zebra Hostel** è un ostello confortevole e ben servito dai mezzi pubblici. L'arredamento pop, il biliardo e il ping pong contribuiscono a creare un'atmosfera giovane e divertente. Claudio, il proprietario, cerca di offrire ai suoi ospiti tutto quello che avrebbe desiderato durante i suoi viaggi: per esempio essere liberi di uscire o entrare a qualsiasi ora (la reception è aperta 24 ore su 24) o prepararsi dei pasti ogni momento (la cucina è a disposizione degli ospiti e si può fare la spesa nel supermercato proprio davanti all'ostello). Dal suo amore per le zebre è nato lo spunto per l'arredamento inconfondibile. **Il posto letto in camerata da 6, 12, 24 costa circa 20/25 euro.** Nel prezzo sono inclusi **la colazione, le lenzuola e la connessione Wi-Fi.** Zebra Hostel è il posto ideale dove fare nuove conoscenze, ma chi cerca una sistemazione silenziosa è meglio si diriga altrove...

## SHOPPING & BEAUTY

Per chi ama il vintage si consiglia un giro al **mercato di via Calvi** che si tiene ogni giovedì, dove si possono trovare molti banchi di abbigliamento usato. Da non perdere **la bancarella all'altezza del civico 3** che propone **maglieria in misto cachemire a**

**STORIE E PERSONE**

**Le Cinque Giornate di Milano: è successo un '48!** Marzo 1848, Milano insorge contro il dominio austriaco. In città si contano quasi 2000 barricate, fatte con i lastroni stradali, carrozze, materassi, masserizie, armadi, sedie, tavoli, banchi di scuola e panche di chiese. I patrioti scavano trincee per strada, usano passaggi segreti per spostarsi da una barricata all'altra e combattono senza sosta per cinque giorni. Poi gli austriaci si ritirano, la città è in mano agli insorti e il governo provvisorio si affida a Carlo Alberto di Savoia. All'iniziale entusiasmo segue un'amara delusione: dopo la sconfitta dei piemontesi a Custoza, Radetzky rientra a Milano e migliaia di patrioti cercano rifugio in Svizzera. Dopo le Cinque Giornate Porta Tosa prende l'attuale nome di Porta Vittoria.

**partire da 10-15 euro**, mentre all'angolo con via Sottocorno si possono acquistare le pashmine in cachemire e seta importate dal Nepal a 25 euro.

Il negozio **Shabby Chic** di via Cellini merita una visita. Non lasciatevi intimidire dall'ambiente, qui si trovano classici vintage e pezzi di sartoria a prezzi più che ragionevoli. I capi sono disposti con molta cura e sono in perfette condizioni: tra borse, vestiti, foulard, bijoux e accessori da donna e da uomo non avrete che l'imbarazzo della scelta. Il pezzo forte sono gli **impermeabili e i giacconi Burberry e Aquascutum (dai 90 euro in su)**, le giacche in tweed e i vestiti da cocktail e da sera che vanno dagli anni Sessanta agli Ottanta (40-90 euro), ma potete acquistare anche golf in cachemire (da 50 euro), cappelli in feltro Borsalino (da 20-30 euro) e borsette in pelle (da 35 euro). Un ottimo modo per arricchire il guardaroba con pezzi unici, per uno stile ladylike che farebbe invidia ai protagonisti della serie tv "Mad Men".

Le mamme sono avvertite: da **Bibidi Bobidi Bù** in via Anzani potete comprare **abbigliamento per bambini e attrezzature usate** in ottimo stato, dai vestiti ai giocattoli, dalle culle ai passeggini. Il negozio è l'ideale per chi cerca capi firmati.

**Estetica Bellani** in via Morosini 7 è un ingrosso per estetisti e parrucchieri, ma si possono fare anche acquisti al dettaglio. Qui trovi **shampoo, balsamo e tinture per capelli a prezzi**

**concorrenziali** e in confezioni gigantesche. C'è anche un piccolo reparto profumeria con una buona scelta di smalti, cosmetici e solari, ma su questi articoli il risparmio è meno significativo.

**Per mani e unghie perfette**, passate al nail salon l'**Arte mia di via Anfossi.** Gestito da ragazze cinesi, offre trattamenti professionali a ottimi prezzi: 13 euro per la manicure completa, 10 euro per il cambio di smalto.

## SPAZIO ALLE CULTURE

La **Biblioteca** Centrale di Palazzo **Sormani** è una delle più grandi e importanti della città, con un patrimonio particolarmente ricco nelle scienze umanistiche, giuridiche e nelle arti. Magazine, riviste e quotidiani si sfogliano gratuitamente nell'emeroteca. Inoltre, **la biblioteca ospita spesso eventi gratuiti come mostre, presentazioni di libri e conferenze.**

Inquadra con il tuo smartphone il codice a lato ed entra nel sito della società Umanitaria

Alle spalle del Palazzo di Giustizia, in un ex convento francescano del Quattrocento suddiviso in quattro chiostri, ha sede la **Società Umanitaria**, che offre un ricco calendario di manifestazioni ed eventi culturali gratuiti, con un occhio particolare agli over 60. Quasi ogni sera ci si ritrova intorno alle 18.00 per assistere a presentazioni di libri o interessanti conferenze che affrontano ogni volta un tema diverso: politica, attualità, arte, scienza e cultura. In estate, appuntamenti da non perdere per chi resta in città, con una fitta programmazione di cinema, musica, teatro, mostre e performance. **Le mostre e gli incontri pomeridiani sono gratuiti**, per il cinema all'aperto, organizzato con Anteo Spaziocinema, il biglietto d'ingresso è 6,50 euro.

## ARTE E ARCHITETTURE A KM 0

Il Palazzo dei Sindacati, ora **Camera del Lavoro**, è uno degli esempi più riusciti di **architettura fascista** presenti a Milano. L'edificio, con una monumentale pianta a U, si affaccia lungo corso di Porta Vittoria, poco oltre il Palazzo di Giustizia. Nel secolo scorso la progressiva importanza acquisita dal movimento sindacale aveva posto il problema di trovare una sede rappresentativa per i lavoratori milanesi e fu così che l'Unione di Milano dei Sindacati Fascisti dell'Industria bandì nel 1928 un concorso per la nuova sede. Vinse il progetto di Angelo Bordoni, Luigi Maria Caneva e Antonio Carminati. Terminato nel 1933, l'edificio ha subito parecchie modifiche all'indomani della Seconda Guerra Mondiale per rimuovere le testimonianze celebrative del periodo fascista. Oggi è sede della Cgil.

In **via Lincoln** nel 1889 vennero realizzate le prime **abitazioni unifamiliari destinate a operai, artigiani e impiegati.** Il progetto inizialmente prevedeva di far sorgere una "Città Operaia" che si sarebbe estesa in tutta la zona di Porta Vittoria, ma venne interrotto per mancanza di fondi con lo scoppio della guerra. Le villette colorate di questa via di Milano, non più lunga di qualche centinaio di metri, sono le sole a essere state realizzate. Durante la stagione primaverile o estiva, all'ingresso della via sarete accolti da un esplosione di verde e bellissime fioriture.

La **Rotonda della Besana**, un edificio tardo barocco costruito tra la fine del Seicento e i primi del Settecento, **è un'isola segreta nel cuore di Milano**. In origine era un "foppone", cioè il cimitero per i poveri, morti nell'Ospedale Maggiore di Milano. Divenuto famedio nel periodo napoleonico, fu successivamente adibito a caserma, fienile e ospedale per malati cronici. Nel 1939 divenne proprietà del Comune, che dopo il restauro la adibì a spazio verde pubblico e sede di esposizioni e manifestazioni culturali. Il giardino all'interno del complesso monumentale offre una piacevole sosta nel verde nel pieno centro della città.

## A PIEDI NUDI NEL PARCO

Al **giardino della Guastalla** con il primo sole trovate studentesse in bikini e avvocati in pausa pranzo. Sorto nel XVI secolo secondo lo stile del giardino all'italiana, rappresenta un suggestivo angolo di verde nella città, aperto ai cittadini a partire dal 1939. La peschiera con le balaustre di pietra, formata da due terrazze in comunicazione tra loro attraverso quattro rampe di scale, è un vero gioiello barocco.

## DOVE GIOCANO I BAMBINI

Inquadra con il tuo smartphone il codice a lato ed entra nel sito del Muba

Lo storico edificio della Besana è da poco diventato sede del **Museo dei Bambini, il Muba.** L'intero complesso è dedicato al divertimento educativo attraverso installazioni ed esposizioni, dove i piccoli possono imparare attraverso il gioco. L'attività del Muba si basa essenzialmente su **mostre gioco interattive e laboratori organizzati per fasce d'età.** Molta attenzione è dedicata allo sviluppo dei sensi e della manualità, attraverso l'uso creativo dei materiali e dei colori. **Il biglietto di ingresso costa 8/6 euro. Non esattamente low cost, ma** calcolando che comprende 90 minuti di attività con personale qualificato **il rapporto qualità/prezzo è davvero buono.** Si organizzano anche feste di compleanno "creative", nonché visite e laboratori a tema legati alle altre mostre presenti in città.

# QUARTIERI XXII MARZO E FORLANINI

## FAI LA SPESA GIUSTA

Non sarà esotico e colorato come quello di Tokyo o frenetico come quello di New York, ma il mercato del pesce di Milano è lo snodo più importante del Nord Italia e uno dei più grandi d'Europa. Il **mercato ittico di via Lombroso**, in settimana riservato a grossisti e rivenditori, apre al pubblico il **sabato mattina dalle 9.30 alle 11.30.** Per spuntare i prezzi migliori **è meglio andare poco prima della chiusura**: si può riuscire a pagare il pesce anche 1/3 o addirittura 1/4 rispetto al prezzo al dettaglio. Unico inconveniente, **la merce va acquistata in quantità da ingrosso**: ma se un trancio di tonno da un paio di chili non vi spaventa, avete trovato il posto che fa per voi.

Un discorso analogo vale per l'adiacente **mercato ortofrutticolo**: prezzi imbattibili e contrattazione tollerata, ma solo su quantità di cibo notevoli. Per capirci, qui **frutta e verdura si comprano a cassetta** (circa 10 chili): perfetto se avete in programma di farvi in casa la salsa di pomodoro per tutto l'inverno, meno se siete single e abituati a comprare tre mele per volta. Una buona idea può essere mettersi d'accordo con un gruppo di amici per una spesa cumulativa: il risparmio è garantito. L'ortomercato è aperto al pubblico ogni **sabato dalle 9.00 alle 12.00**, se porterete con voi un trolley o un carrellino per trasportare gli acquisti risparmierete i soldi del parcheggio interno.

Al negozio **Fattorie Casaro** in corso XXII Marzo i prezzi non hanno nulla da invidiare a quelli della grande distribuzione. Anzi, in qualche caso sono ancora più convenienti. Qui potete trovare, ad esempio, **il pecorino romano a soli 11,90 al kg** (contro i 13,50 del supermercato), la ricotta salata a 8,90, lo stinco si suino a 1,90 al kg. E il risparmio cresce sulle grandi quantità: il prosciutto crudo è venduto a tranci a 9,80 euro al kg, un vero affare. C'è chi giura di averne incontrato qui anche alcune celebrities... è la crisi, bellezza!

## MANGIA BENE E BEVI MEGLIO

Per un pasto rapido ed economico in zona ci si può fermare da **I due leccesi** in piazza Santa Maria Del Suffragio. Il menu prevede poche voci, ma solo una è imprescindibile: la pizza al trancio, croccante alla base e soffice in alto. In alternativa ci sono parmigiana di melanzane, cannelloni o la pasta al forno. **Il conto è sui 10/15 euro, bibita compresa**. Se trovate fila non scoraggiatevi: il servizio è velocissimo e il ricambio dei tavoli è a ciclo continuo.

Da **Piccola Ischia** in viale Umbria trovate la classica pizza napoletana, servita in un ambiente che sfodera il tradizionale carosello partenopeo a base di sole, mare e foto di Totò. E se avete ancora fame potete contare su crocchette, arancini o panini fatti con la pasta della pizza. E per dolce? Pastiera! **Il conto si aggira sui 10 euro per pizza e bevanda.**

In Viale Corsica 38 c'è **Tigella's**, un tuffo nelle specialità emiliane versione low cost. Per un'ottima cena a base di tigelle calde, salumi, formaggi e gnocco fritto la spesa è di **12 euro**, vini esclusi (l'acqua è gratis).

## SHOPPING & BEAUTY

Ditelo con un fiore, anzi, con molti fiori. Se siete reduci da una spesa al mercato ortofutticolo o al mercato ittico di via Lombroso, non potete non farvi un giro al **mercato dei fiori**. Anche in questo caso, si tratta di un ingrosso che apre al pubblico per la vendita al dettaglio ogni **martedì, giovedì e sabato mattina**. Moltissime le varietà di piante e fiori recisi che vengono vendute a prezzi decisamente competitivi rispetto ai fiorai di Milano. Inoltre, c'è un vasto assortimento di materiali per composizioni floreali e tutto il necessario per il giardinaggio. **Per risparmiare**

### T'AGGIUSTO IO

**Al Parco esposizioni di Novegro trovi i pezzi di ricambio.** La **Mostra-Scambio di Auto, Moto e Ciclo d'Epoca** è una delle più importanti rassegne che si svolgono negli spazi di **via Novegro a Segrate**: sono più di 600 gli espositori che stabilmente la frequentano e più di 30.000 le persone che la visitano. Qui trovate tutto quanto serve a tenere in vita i vostri mezzi d'epoca, dalle auto alle biciclette.Della Mostra-Scambio si tengono tre edizioni all'anno: a febbraio e a novembre (in particolare per le moto) e a maggio (prevalentemente per le auto). **L'ingresso costa 10 euro**.

**davvero bisogna essere disposti ad acquistare quantità considerevoli**, quindi tenetelo presente per la festa della mamma, San Valentino o se avete finalmente deciso di convolare a nozze.

La **Fiera del Libro** è un'enorme libreria remainder che vende fondi di magazzino e **libri di seconda scelta a prezzi stracciati.** Moltissimi dei titoli sono introvabili altrove e spesso ci si imbatte in occasioni davvero irripetibili (tutto Nietzsche, le poesie complete di Majakovskij...). Al primo piano sono esposti magnifici libri d'arte e fotografia con sconti fino al 50-70% rispetto al prezzo di copertina, inoltre c'è un vastissimo assortimento di classici. Il piano di sotto, invece, è il regno dei libri rovinati, ma ancora pienamente leggibili. E potete acquistare i dizionari non recentissimi a metà prezzo.

## INDIRIZZI PER DIVERTIRSI

Inquadra con il tuo smartphone il codice a lato ed entra nel sito del circolo Magnolia

A volte l'unico modo per soppravvivere a Milano è lasciarsela alle spalle appena si può. Per farlo non serve raggiungere mete lontane, basta fare un po' di strada e arrivare all'**Arci Magnolia**, il circolo immerso nel parco che circonda l'Idroscalo. Se avete voglia di divertirvi e ascoltare **buona musica** questo è il posto che fa per voi.
Qui si danno appuntamento tutte le tribù della città e dintorni: hipster con la maglia a strisce e il ciuffo davanti agli occhi, clubbers consumati, rockers della vecchia guardia, studenti universitari, trentenni usciti dall'ufficio, compagnie di liceali in libera uscita, rasta coi capelli fino alle ginocchia e metallari. I fan di Bob Marley non possono perdere **il sabato sera con Vito War**, storico selecter milanese e incontrastato re della dancehall. **I prezzi? Popolari:** cocktail a 5 euro, birra media a 4 euro e ingresso libero (con tessera Arci) a gran parte delle serate. E anche quando del biglietto d'ingresso non si può fare a meno, **il costo oscilla tra i 5 e i 10 euro, mai di più**. Per chi viene preso da un attacco di fame dopo ore a scatenarsi sul dancefloor, la Cooperativa Pecoranera, addetta alla gestione del bar e della ristorazione, offre pizze a 4 euro preparate al momento, patatine, panini e una griglia in funzione fino alla chiusura.

## SPAZIO ALLE CULTURE

Inquadra con il tuo smartphone il codice a lato ed entra nel sito di Macao

Dopo l'esordio alla Torre Galfa e la breve parentesi nel cuore di Brera i ragazzi di **Macao (Nuovo Centro per le Arti, la Cultura e la Ricerca)** hanno trovato una sistemazione presso l'ex macello e sembrano qui per restare. I membri del collettivo hanno preso possesso, ripulito e rimesso in sesto un magnifico edificio con un grande spazio comune al centro, la palazzina liberty in viale Molise 68, che un tempo accoglieva gli uffici del mercato delle carni. Qui si è venuta a creare una sorta di "comune" della cultura: concerti jazz, assemblee pubbliche, teatro off, rassegne cinematografiche, djset, workshop e laboratori di ogni genere e sorta (dallo spagnolo alla fotografia, dall'architettura alla cittadinanza attiva, dalle arti visive a final cut). **Arte e cultura gratis per tutti. E se ci scappa pure una birra, tanto meglio.**

## ARTE E ARCHITETTURE A KM 0

La **Palazzina Liberty** è ciò che rimane del vecchio mercato ortofrutticolo di Corso XXII Marzo, attivo dal 1911 al 1965. Dopo lo spostamento dell'Ortomercato in via Lombroso, la Palazzina rimase abbandonata fino a quando nel 1974 venne occupata e rimessa in sesto da Dario Fo e Franca Rame, che ne fecero un polo culturale. Lo stabile, di proprietà del Comune, oggi ospita la sede della Civica Orchestra di Fiati e della Casa della Poesia, che spesso organizza letture e presentazioni di libri a ingresso libero.

Inquadra con il tuo smartphone il codice a lato ed entra nel sito dello Spazio Wow

Dove fino a trent'anni fa si faceva il panettone c'è il **museo del fumetto WOW** (viale Campania, ex sede della Motta). Qui si mescolano il fumetto e il cinema, i disegni animati e la letteratura popolare. Al piano terra si trovano la biblioteca, il bookshop e il Gotham Cafè, al piano superiore ci sono le mostre, a pagamento (dai 5 ai 7 euro). Al mattino il museo è chiuso perché vi si tengono laboratori didattici.

4

# ZONA SUD EST

**DA NON PERDERE: a tutto dark. Agli amanti del gotico e delle atmosfere dark** suggerisco di entrare nella chiesa di **San Bernardino alle Ossa**. Una volta varcata la soglia, un corridoio tappezzato di ex voto conduce a una cappella con la volta affrescata da Sebastiano Ricci nel 1695. **Le pareti, le porte, i pilastri sono ricoperti da ossa umane**. Tibie, femori, stinchi e mandibole sono appartenuti probabilmente ai morti del vicino ospedale di San Barnaba oppure alle vittime della peste del Seicento, quella descritta da Alessandro Manzoni nei "Promessi Sposi". I teschi chiusi nelle cassette sopra la parte esterna, invece, sono quelli dei condannati a morte. Il re del Portogallo nel 1738 visitò la chiesa e rimase così impressionato dalla cappella da farne costruire una copia perfetta a Evora, nei pressi di Lisbona.

# QUARTIERE PORTA ROMANA

## FAI LA SPESA GIUSTA

Per fare la spesa in zona l'ideale è il **mercato di via Crema**, dove ogni **venerdì** si possono comprare a prezzi onesti frutta, verdura, pesce, ma anche formaggi e "pane cafone" cotto nel forno a legna.

Tutti i **martedì pomeriggio** dalle 15.30 alle 20.00 c'è il **Mercato Agricolo della Cascina Cuccagna**, dove acquistare prodotti di stagione direttamente dai produttori agricoli, che sono in parte gli stessi che il mercoledì mattina si trovano in zona Ripamonti. Ottima l'idea dell'orario pomeridiano, che permette anche a chi lavora di comprare al prezzo giusto prodotti sempre freschi e provenienti dalle aziende del nostro territorio.

## MANGIA BENE E BEVI MEGLIO

Il **Margy Burger** è un'istituzione: ecco dove si veniva a mangiare l'hamburger prima di Mc Donald's. Dagli anni Settanta in poi questo bar in piazza Santo Stefano ha sfamato generazioni di studenti della Statale (e non solo) con i suoi mitici panini **(3,60/5,60 euro)**.

All'**Osteria della Lanterna** di via Mercalli si va per l'ottima cucina casalinga e i prezzi d'altri tempi. Ambra in cucina e la sua mamma in sala offrono, in un'atmosfera da verace trattoria di paese, pasta fatta in casa e alcune specialità friulane (pasta e fagioli, brasati, musetto, prosciutto di Sauris). A cena si spendono circa **20 euro**.

Da **Giulio pane e ojo** trovi prezzi popolari e porzioni abbondanti per una cucina che sciorina tutti gli stereotipi della tradizione romana. Io consiglio di andarci a pranzo e provare la formula primo, secondo, acqua vino e caffè a 10 euro. **Per chi si ferma al primo, sono 7 euro**. Due salette, tanto legno e vecchie insegne alle pareti: il ristorante è esattamente come chi non è mai stato a Roma si immagina una tipica trattoria romana. Il menù prevede tutti i cavalli di battaglia della cucina dell'Urbe: maccheroni alla gricia, spaghetti alla carbonara, bucatini all'amatriciana (rigorosamente al dente), salsiccia alla romana e abbacchio al forno. **Alla sera il conto è sui 25-30 euro, bevande escluse**.
Questa formula funziona talmente bene che i proprietari hanno aperto

altri quattro locali, di cui uno è giusto pochi passi più in là, all'angolo con via Corio: l'**Osteria Casa Tua**. La modalità è analoga: porzioni cospicue e prezzi accessibili, ma qui l'ambiente, mattoni a vista e mobili rustici, è inconfondibilmente toscano. Anche in questo caso, meglio andarci a **pranzo**: ce la si cava con **10 euro**.

In alternativa, sempre in via Muratori, c'è **La Cozzeria**, con prezzi umani e porzioni gigantesche. Questo locale è l'ideale per gli amanti del pesce che vogliono mangiare bene e low cost. L'idea è ricalcata su un classico della ristorazione belga: "moules et frites", cioè: cozze e patate fritte, servite in un locale semplice, dall'atmosfera allegra e disimpegnata. **A mezzogiorno solo primo a 10 euro, solo secondo a 13 e menù completo a 18**. Tutti i menù comprendono l'antipasto del giorno, il dessert, vino, acqua e caffè.

Il **Ristoro Monterosso** è una piccolissima pizzeria al trancio appena fuori dalla metropolitana di Porta Romana. Il posto è tanto piccolo che in tre ci si spintona. Ottima la pizza con la bufala, la focaccia ligure e la farinata di ceci, una vera rarità a Milano. Una volta scelta, la pizza è tagliata in piccoli cubetti e servita in un

## STORIE E PERSONE

**Vallanzasca a Radio Popolare.** È il 30 luglio del 1987 quando il latitante più ricercato d'Italia, Renato Vallanzasca, si presenta in Piazza Santo Stefano agli studi di Radio Popolare dopo un giro per le vetrine del centro. A spingerlo è una vecchia promessa a Umberto Gay, direttore dell'emittente, che aveva conosciuto in tribunale nel corso di diversi processi. "Io tra un po' prendo il volo e sono libero", annuncia Vallanzasca. "Basta, me l'hai detto mille volte. Se esci come minimo mi devi concedere un'intervista", ribatte Gay. E René: "Te lo prometto! Qui davanti a tutti" . E fu così che il bel René, evaso il 18 luglio, un bel giorno arrivò a "Radio Pop". Nel corso di un'ora Vallanzasca si racconta senza remore e svela persino la dinamica della sua rocambolesca fuga dal traghetto che doveva portarlo al carcere dell'Asinara. Renato Vallanzasca fu definitivamente catturato l'8 agosto del 1987 in un viottolo di campagna vicino a Grado, in Friuli. Condannato a quattro ergastoli per un totale di 260 anni di carcere, di cui quasi quaranta effettivamente scontati, è ora in regime di semilibertà.

**Il ventre di Milano.** Dove oggi sorge la **Torre Velasca**, progettata dal famoso studio di architettura BBPR nel 1958, un tempo c'era il ventre di Milano: un groviglio di vie conosciuto come il Bottonuto. Sede dei fabbricanti di bottoni, la zona presto si guadagna la fama di luogo fatiscente e pericoloso, di bordelli e malavita. Ma qui in realtà convivevano miseria e nobiltà, la famiglia Visconti, il sottoproletariato urbano e i locali "esistenzialisti" come il Santa Tecla. Sembra incredibile, ma di tutto ciò si è persa memoria: ora ci sono solo uffici per il terziario avanzato e qualche turista spaesato che cerca di arrivare in piazza Duomo.

---

vassoio con una forchetta. La qualità del cibo è buona e il rapporto qualità/prezzo ottimo.

Dal 1967 il **chiosco di Giannasi** in piazza Buozzi, alla fine di corso Lodi, allieta i milanesi con uno dei migliori polli arrosto della città. Per gustarli si accalcano davanti al bancone operai e impiegati, massaie, studenti e commessi.
Per una pausa pranzo lussuosa bastano mezzo pollo, patatine e coca-cola. Perfetto anche come cibo da passeggio, lo si può consumare sulla panchina sotto gli alberi lì di fronte. E con **meno di 5 euro** la giornata torna a sorridere. Aperto tutti i giorni dalle 7.30 alle 20.00

Per provare qualcosa di più esotico è perfetto **Amico Sushi** in via Piacenza. Il menu a prezzo fisso oscilla tra **11,90 e 13,90 euro**, il servizio a domicilio è gratuito e se prenoti il giorno prima hai diritto al 10% di sconto alla cassa. **Alla sera** si ordina alla carta, ma i prezzi rimangono abbordabili **(tempura misto a 10 euro; 8 pezzi di uramaki a 8 euro; zuppa di miso 2 euro)**.

Ci voleva un ex bocconiano con il pallino per i vini e una lunga militanza in aperitivi per azzeccare la formula perfetta.
All'**Enoteca il Cavallante** trovi un ambiente molto curato, scaffalature in ferro colme di bottiglie ed etichette per tutte le tasche. A questo si aggiunge la simpatia di Sergio, il proprietario, e dell'allegra brigata che lavora con lui. A testimoniare il successo del locale è l'inconsueta scelta del sabato come turno di chiusura, chiaro segno che l'enoteca funziona benissimo anche senza

## STORIE E PERSONE

**I marron glacé della signorina Lucia.** Alla pasticceria Galli, nota ai milanesi per i suoi favolosi marron glacé, nel primo dopoguerra lavorava una giovane commessa di nome Lucia. Era talmente graziosa che presto venne notata dal regista Luchino Visconti, affezionato cliente del negozio, ma fu Miss Italia a portarla al successo. Una mattina Lucia, che aveva sedici anni, ricevette i complimenti dall'edicolante della zona: "Stai proprio bene in quella foto!". Scoprì così che dei suoi amici avevano mandato un suo ritratto a una delle riviste incaricate delle selezioni. Era il 1947 e quell'anno parteciparono al concorso anche Silvana Pampanini, Eleonora Rossi Drago e una giovanissima Gina Lollobrigida. Ma fu Lucia ad aggiudicarsi il titolo. Signore e signori, è nata una stella! Ha inizio la luminosa carriera di Lucia Bosè.

contare sulla clientela del weekend. **La strategia migliore è comprare una bottiglia** da dividere con tutti gli amici.

## SHOPPING & BEAUTY

Da **Napoleone**, in via degli Arcimboldi 5, trovi **abiti fuori moda e sempre di moda**. Questo è un negozio di vestiti orgogliosamente usati, che ha aperto ben prima che il vintage diventasse una parola d'ordine nella moda, dove trovare un vasto assortimento di vestiti, cappotti, camicie e giacche a prezzi ragionevoli. In uno spazio minuscolo sono stipati centinaia di capi di seconda mano da uomo e da donna, un po' come in una Portobello Road in salsa milanese. Per divertirsi di più è meglio non andare con un'idea precisa su quello che si desidera acquistare: non sei tu a scegliere il vestito, è il vestito che trova te.

Le mamme perennemente in crisi alla ricerca di **abitini per la prole** e decise a non spendere troppo per indumenti che presto diventeranno troppo piccoli hanno trovato la loro oasi. In un cortile interno di viale Umbria c'è la **Cotton Factory,** dove si acquistano a prezzi scontati i capi della storica ditta francese Petit Bateau, indistruttibili e con un inimitabile tocco parigino. **Tutine, magliette, biancheria, scarpe, accessori e vestiti da 0 a 18 anni sono in vendita dal 40 al 70 % in meno rispetto**

**al prezzo in negozio**. Al primo acquisto conviene richiedere la tessera per essere avvertiti delle vendite promozionali e usufruire di un ulteriore sconto del 20% su molti articoli.

Dalla pelliccia della nonna ai jeans a zampa, al **Mulino Docks Dora** trovi tutto l'usato a prezzi davvero competitiv. Lo spazio di quasi 500 mq è ospitato all'interno di un vero e proprio mulino, una chicca nella desolata periferia. Ora la filosofia del negozio è un po' cambiata e si è spostata verso la promozione di nuovi marchi, ma resta una meta da tenere presente. Se porti un **vecchio paio di jeans**, anche rotto, ricevi uno **sconto del 20% sull'acquisto di un nuovo paio**.

Il già citato **mercato di via Crema** è da frequentare anche per acquisti di altro genere: per esempio, oltre all'abbigliamento e ai prodotti per la casa, trovi **cosmetici di marca** (Elizabeth Arden, Helena Rubinstein...) **a prezzi ottimi**.

Infine, per gli affezionati dei **mercatini delle pulci**, c'è il **Festivalpark** in viale Puglie. Ogni **domenica**, con la pioggia o con il sole, il mercatino non delude mai. Decisamente "pop" come spirito, richiede occhio allenato e abnegazione nella ricerca. Qui trovi abbigliamento, attrezzi e accessori per la casa molto low cost.

## SPAZIO ALLE CULTURE

La **Cascina Cuccagna**, un meraviglioso stabile del Settecento fino a poco tempo fa in stato di completo abbandono, è stata

### IL MOMENTO MIGLIORE PER...

Inquadra con il tuo smartphone il riquadro a lato ed entra nel sito dell'Orchestra dell'Università di Milano.

**Musica gratis alla Statale.** Un martedì sera al mese si tiene un concerto gratuito nell'Aula Magna dell'Università Statale in **via Festa del Perdono 7**. L'Orchestra è proprio quella dell'ateneo. Un'ottima scusa per visitare in un orario decisamente insolito l'ex Ospedale Maggiore del Filarete.

Inquadra con il tuo smartphone il riquadro a lato ed entra nel sito della Cascina Cuccagna.

restituita alla città grazie a un lungo lavoro di recupero. Il restauro è stato gestito non solo con cura e con gusto, ma anche in maniera partecipata e cercando il sostegno degli abitanti della zona. Questa è una vera e propria oasi in mezzo alla città, un luogo di incontro e aggregazione animato da frequenti **incontri, presentazioni, mostre, mercatini a filiera corta e persino una ciclofficina**. C'è anche un ristorante biologico, ma non è low cost.

Inquadra con il tuo cellulare il riquadro a lato ed entra nel sito del Centro Sociale Vittoria.

Pochi passi più in là, riconoscibile per un gigantesco ritratto del Che che campeggia sul muro d'ingresso, è il **Centro Sociale Vittoria**. Qui è possibile incontrare qualche vetero rivoluzionario (nonché autentico sognatore) e assistere alle proiezioni cinematografiche che di solito si tengono il martedì e il giovedì. **Nei weekend: concerti punk, rock, indie e ska a prezzi popolari**.

## ARTE E ARCHITETTURE A KM 0

**Piazza Sant'Alessandro è il salotto segreto dei milanesi.** Questa piccola piazza, costruita come una quinta teatrale attorno alla bellissima chiesa barocca, è un'oasi di pace a pochi metri dal caos dello shopping. La **chiesa è intitolata a Sant'Alessandro**, soldato della legione tebana convertitosi al cristianesimo e ucciso dopo essere stato imprigionato nel carcere che si trovava nell'attuale via Zebedia. La sua struttura a pianta centrale è una delle ultime sperimentazioni su questo tipo di planimetria, che ha parenti illustri nel progetto di Bramante per San Pietro, prima che si affermino definitivamente i dettami del Concilio di Trento che porteranno al prevalere dell'impianto a croce latina. Pochi passano per questa piazza e spesso a godersela sono solo gli studenti della Statale, che bivaccano sulla gradinata di granito nelle pause di studio. L'Università, infatti, ha una sede proprio qui, in quello che un tempo era il Collegio Sant'Alessandro, costruito nel XVII secolo grazie alla generosità della famiglia Arcimboldi. Successivamente

**STORIE E PERSONE**

**La casa del diavolo.** Belzebù un tempo abitava a Milano, per la precisione al numero 3 di corso di Porta Romana. La leggenda risale ai tempi dell'epidemia di peste del 1630, quella descritta dal Manzoni nei "Promessi Sposi". Fame, carestia, miseria e centinaia di corpi che ogni giorno vengono portati nelle fosse comuni fuori le mura, ma qualcuno in mezzo a tanta disperazione sbatte in faccia ai milanesi lusso e ricchezza, e spende una fortuna in marmi e ori per decorare il suo palazzo. È il marchese Ludovico Acerbi che, tra il fuggi fuggi generale, non fa che dare feste sfarzosissime nel suo palazzo. Ad alimentare le dicerie contribuisce anche la sua abitudine di percorrere le vie della città su una carrozza trainata da sei cavalli neri. In più, nessuno tra i suoi ospiti e servitori sembra essere toccato dal morbo.

La gente mormora e il pettegolezzo si diffonde: chi può essere mai il Marchese, se non il diavolo in persona?

---

l'edificio divenne sede del Ginnasio e del Liceo Imperiale austriaco e in seguito del Liceo classico Beccaria.

Dell'antica **basilica di San Giovanni in Conca**, distrutta dal Barbarossa, sconsacrata dagli austriaci, chiusa dai francesi e definitivamente demolita nel 1949, rimangono la parte absidale visibile in superficie e la cripta della chiesa, l'unica di età romanica ancora esistente a Milano. Al momento della demolizione per costruire l'asse viario via Albricci-piazza Missori, la facciata è stata recuperata dai Valdesi che l'hanno rimontata nella loro nuova chiesa in via Francesco Sforza. L'ingresso è gratuito e l'apertura è garantita dai volontari del Touring Club Italiano.

L'ex Ospedale Maggiore, voluto dal Duca di Milano Francesco Sforza, è ora sede dell'**Università Statale**. Costruito dal Filarete nel Quattrocento, quando Brunelleschi stava rivoluzionando l'architettura a Firenze, il progetto rappresenta uno dei primi tentativi di portare il Rinascimento a Milano. Il risultato finale è una struttura rinascimentale che, sotto sotto, ha ancora tutto il sapore del gotico, con i ricami in cotto che percorrono i chiostri. Il fascino del luogo lo hanno capito ultimamante gli stilisti, che sempre più spesso richiedono i suoi cortili come location per le sfilate.

Qui sono stati girati "Colpire al cuore" di Gianni Amelio con Jean-Louis Trintignant e "Romanzo di una strage" di Marco Tullio Giordana.

L'**Arco di Porta Romana**, che oggi funziona perlopiù come spartitraffico, è del 1596 e fu voluto da Filippo III di Spagna per accogliere la promessa sposa Margherita d'Austria. Si dice che il perimetro delle mura spagnole dall'alto assomigli a un cuore, con la punta rivolta verso Porta romana, proprio come regalo di nozze. Per più di due secoli questo è stato l'ingresso monumentale della città. La porta nella parte esterna è decorata da due bassorilievi che raffigurano delle grosse ostriche con una perla all'interno, forse un'allusione al nome della sovrana (perla in latino si traduce margherita), senza dubbio un curioso riferimento al mare in mezzo al traffico di Milano. Qui un tempo sorgeva la Stazione Funebre, dalla quale partivano i convogli tramviari destinati al Cimitero Maggiore e al Monumentale. Divenuta in seguito centro ricreativo dell'ATM, poi sala da ballo con il nome "Il ragno d'oro", è stata nel 2010 riconvertita a struttura termale.

# QUARTIERE PORTA VIGENTINA

## FAI LA SPESA GIUSTA

Ogni **mercoledì e sabato mattina** all'ex Consorzio Agrario di Milano si tiene il **Farmer Market**, un'ottima occasione per acquistare i prodotti di stagione senza l'aggiunta di costi dovuti al trasporto. Le aziende agricole vendono ortaggi, frutta, carne, salumi e formaggi di propria produzione a prezzi convenienti.
E c'è anche **il latte alla spina a 1 euro al litro**. Qualche consiglio di sopravvivenza: inannzi tutto **è meglio** avere le idee chiare e **arrivare all'apertura**. Come alle poste, più passa il tempo e più si intensifica la coda. Detto questo, è bene lasciare a casa la fretta e godersi le chiacchere in milanese stretto con la massaia in coda davanti a te...

## MANGIA BENE E BEVI MEGLIO

A **La cusina del Des** di via Altaguardia bastano **11 euro per un pasto completo** di robusta cucina casalinga, servito in due sale con i tavoli in legno e la tipica tovaglia a quadretti. La qualità dei piatti è ottima e il servizio è rapido e familiare. Il locale è aperto a pranzo dal lunedì al venerdì; la sera l'apertura è dal giovedì al sabato e, anche se il conto sale un po', il rapporto qualità/prezzo rimane buono.

A pochi minuti dall'università Bocconi, c'è l'**Antica Pizzeria Fiorentina**. Il locale è famoso per la pizza al trancio, ma propone anche qualche piatto tipicamente toscano. È ideale per uno spuntino veloce ed economico, ma attenzione: non accettano bancomat e carte di credito.

Se amate l'etnico dirigetevi al **ristorante cingalese Lucky Seven** di via Pasinetti. Lo spazio del ristorante è stato ottenuto riadattando una vecchia officina, di cui conserva la struttura e i grandi lucernari, ma l'effetto finale è un po' da mensa aziendale.
**A mezzogiorno dei giorni feriali** si può scegliere il menu completo a un **prezzo speciale di 13 euro, compreso un quarto di vino o birra e caffè**; la sera vale la collaudata formula dell'"all you can eat" a 17 euro: tutto il meglio della cucina cingalese è riassunto in due buffet dove attingere senza limiti. Le polpettine di pesce e il pollo sono assolutamente da provare. Il ristorante è da

tenere presente per organizzare **feste di compleanno low cost: chi compie gli anni non paga**.

Alla trattoria **Il Tettuccio** in via Ripamonti l'ambiente è rustico e spartano, ma il rapporto qualità/prezzo è tra i migliori della zona. I piatti del giorno sono scritti a mano sul menù: misto di salumi, tortellini al sugo e in brodo, trippa, pasta all'arrabbiata, lingua salmistrata, braciola e cotoletta, seppie e fritto misto. Ideale per la pausa pranzo, è anche **uno dei pochi posti dove si cena con poco più di 10 euro**. Quando vai a chiedere il conto le prime volte pensi che ci sia un errore, considerata l'esiguità del totale.

## HOTEL E OSTELLI

Inquadra con il tuo smartphone il riquadro a lato ed entra nel sito di Bed 6 Bed

**Bed & Bed** Milano è un b&b in villino ristrutturato in zona Ripamonti. La struttura è molto pulita e accogliente, è aperta giorno e notte con orario continuato e le camere sono spaziose. Sono particolarmente apprezzati dagli ospiti il collegamento Wi-Fi gratuito e l'abbondante prima colazione. Si può prenotare una **camera doppia con bagno privato a partire da 70 euro oppure una camera singola con bagno esterno da 30 euro**.

## STORIE E PERSONE

**La casbah di viale Bligny**. Il palazzo della vecchia Milano al numero 42 di viale Bligny è noto come la casbah. Questo alveare di appartamenti, dove sembra di stare in una *banlieue* parigina, negli anni ha cambiato fisionomia, ma nessuno è ancora riuscito a ricondurlo sul binario della legalità. La fama sinistra il palazzo ce l'ha da quando lo hanno costruito, a fine Ottocento: la *càa dei làder*, così lo chiamavano, perché i ladri entravano dal portone e sparivano dall'ingresso laterale in via Ravizza. Il palazzo è un affascinante cocktail di elementi contrastanti: accanto ad attività poco raccomandabili, vere o solo sospettate, fino a poco tempo fa ha ospitato la libreria Interno 4, la galleria d'arte di Emi Fontana e il pied-à-terre di Maurizio Cattelan.

## INDIRIZZI PER DIVERTIRSI

Inquadra con il tuo smartphone il riquadro a lato ed entra nel sito della Salumeria della Musica

Immaginatevi un salumiere che affetta mortadelle, salami, coppe e prosciutti in una ex fabbrica di catene d'oro in zona Ripamonti, con un gruppo che suona dal vivo e gente che si scatena nel ballo... **Benvenuti alla Salumeria della Musica**: uno spazio dall'atmosfera post-industriale con un grande soppalco, che ospita concerti jazz, soul, funky, blues e rock d'autore. Su questo palco si sono esibiti, tra gli altri, Norah Jones, Joss Stone, Enzo Jannacci, Afterhours... Diventato il nuovo rifugio degli indie orfani della Casa 139, il locale di via Pasinetti è frequentato da un pubblico variegato, dagli adulti ai giovani, dagli appassionati di musica agli universitari.
**Il biglietto d'ingresso parte da 10 euro e può variare a seconda dei concerti.**

## SPAZIO ALLE CULTURE

Inquadra con il tuo smartphone il riquadro a lato ed entra nel sito di Agenzia X

**Agenzia X** è lo spazio di via Ripamonti gestito dalla combriccola di Marco Philopat, scrittore e studioso di cultura underground. È un vero e proprio **laboratorio editoriale** che pubblica libri, organizza corsi di scrittura "teppista"e iniziative pubbliche di promozione culturale, come presentazioni di libri e mostre. Gli eventi, tutti gratuiti, spesso coinvolgono anche il quartiere e il suo tessuto sociale. È anche un ottimo indirizzo per trovare i libri che non passano per i circuiti della grande distribuzione. Agenzia X, inoltre, organizza ogni anno il **festival Slam X** in cui decine di autori e artisti, dai più famosi agli esordienti, si alternano sul palco del COX18 con reading e brevi concerti dalla prima serata fino a notte fonda.

La palestra in cui si allenano Alain Delon e Renato Salvatori in "Rocco e i suoi fratelli" era un tempo la sede dell'Unione Sportiva Lombarda ed è tutt'oggi esistente, anche se ovviamente trasformata: si tratta del **Circolo Arci Bellezza.** Le esigenze

## T'AGGIUSTO IO

**Manutenzione fai da te**. Difficile a credersi, ma anche sui piccoli lavori di manutenzione si può risparmiare: da **Lombardasmir in via San Rocco 18** trovi tutto per idraulica, riscaldamento e arredobagno a prezzi concorrenziali (per esempio uno scaldabagno da 120 litri costa circa 140 euro). Basta avere un po' di manualità, spirito di iniziativa e voglia di montarsi tutto da soli.

di aggregazione e solidarietà di questa originaria "enclave" emiliana nella difficile Milano della prima emigrazione si sono via via mescolate, trasformando il circolo in un centro di incontro tra differenti culture e generazioni. Lunghissimo l'elenco delle **attività, tutte a prezzi popolari.** In questo circolo è anche possibile trovarsi con gli amici per **mangiare e bere in allegria** senza dover impegnare l'intero stipendio. È sempre una festa mangiare al Bellezza, tra i ballerini della Milonga del Tango e quelli delle danze popolari, circondati da capelli lunghi e barbe bianche di chi viene qui dagli anni Settanta e dai volti imberbi degli studenti della vicina università.

È un autentico piacere della vita ascoltare una volta alla settimana della **musica classica dal vivo**, soprattutto se è offerta gratuitamente. Dal 1983 nell'**aula magna dell'Università Bocconi ogni giovedì sera alle 21.00** si tengono concerti di musica classica **a ingresso libero**.

## A PIEDI NUDI NEL PARCO

Inquadra con il tuo smartphone il riquadro a lato ed entra nel sito della mostra mercato Ravizzino.

Con i suoi 60.000 metri quadrati, il **Parco Ravizza** è un'oasi di verde per i milanesi. Delimitato da viale Toscana, via Bocconi, viale Bach e via Vittadini, il parco è intitolato ad Alessandrina Ravizza, femminista ante litteram e benefattrice della città che tra la fine dell'Ottocento e i primi del Novecento si dedicò all'infanzia abbandonata e al problema del diritto allo studio delle donne. Non aspettatevi un parco attrezzato, ma piuttosto il luogo adatto per una breve fuga dal caos della città, magari per sedersi sull'erba e rilassarsi in compagnia di un buon libro. **Da settembre 2012 ogni prima e terza domenica** il Parco si anima per la **mostra mercato "Ravizzino Arte e Mestieri"**. L'appuntamento offre l'opportunità di scambiare oggetti, manufatti e prodotti artigianali. Accanto a fumetti, libri, dischi in vinile, editoria indipendente e manifesti di cinema non mancano le anteprime letterarie e musicali. Per informazioni consultate il sito di Milano in musica.

## DOVE GIOCANO I BAMBINI

I motivi per frequentare la **Biblioteca Vigentina** (corso di Porta Vigentina, 15) sono molti: per esempio la bacheca con le iniziative per i bambini, **le letture animate gratuite e i laboratori creativi** che si organizzano periodicamente. Nella sezione bimbi i libri sono divisi per età e messi su scaffali bassi, così li possono scegliere da soli. La sezione per adulti, oltre avere una buona

## STORIE E PERSONE

**Aiutateci a contestarvi!** Il campeggio di via Ripamonti nacque nella primavera del '67 quando i giovani capelloni milanesi si diedero appuntamento su un terreno accanto al fiumiciattolo Vettabbia. Per la modica cifra di 140.000 lire stipularono il contratto di affitto del campo e fu così che cominciò l'avventura del campeggio, subito ribattezzato dalla stampa New Barbonia o Barbonia City. I giornali si scatenarono contro gli hippies: "Una mamma ritrova il figlio fra i capelloni... e il figlio ritorna" (Novella 2000, maggio 1967), "Sotto le tende c'è un girotondo di ragazzine tenere e spudorate" (La Notte, 31 maggio 1967), "Arriva un padre angosciato ma la sbarbina Adriana non vuol lasciare i capelloni" (La Notte, 1 giugno 1967). Dalle pagine di Mondo Beat, la rivista che promuoveva l'iniziativa, venne lanciato un appello: "Portateci al campeggio di via Ripamonti kg 50 di pasta al giorno. Aiutateci a contestarvi!". All'alba del 12 giugno 1967 la polizia diede il via allo sgombero. Dopo aver condotto gli abitanti delle tende in questura, sull'area del campeggio vennero versati cinquecento litri di disinfettante per ripulire il campo "contaminato" dai capelloni.

**collezione di musica jazz**, ha anche un'emeroteca e nella bella stagione c'è il **giardino di lettura con tavolini e sedie all'aperto**. Per chi si muove in bici, all'uscita c'è una rastrelliera.

## IN FORMA

Inquadra con il tuo smartphone il riquadro a lato ed entra nel sito del Circolo Arci Bellezza.

Ci si tiene in forma divertendosi al **Circolo Arci Bellezza**, da anni un **punto di riferimento per gli amanti del tango** di Milano e non solo. Per i suoi frequentatissimi corsi il costo è di **15 euro a lezione il martedì e 13 euro il giovedì**. E per chi è già esperto, al martedì sera si balla sui ritmi della milonga (ingresso a 5 euro con tessera Arci). Un ottimo modo per fare esercizio, soprattutto per chi è in coppia e/o vuole socializzare.

## OGGI MI VOGLIO ROVINARE

**Sua maestà la brioche**. In un mondo popolato di precotti, sugelati e riscaldati, affondare i denti in un'autentica brioche (o cornetto) artigianale è un piacere che ogni tanto bisogna concedersi. Nelle eleganti pasticcerie artigianali di Milano, il trucco per evitare la rapina è non sedersi ai tavoli: consumata in piedi, al bancone, la magica coppia "cappuccino e brioche" difficilmente supera i 2,50 euro. La mia personalissima preferenza va alle brioches della **pasticceria Gattullo, in Piazzale di Porta Lodovica 2**. Secondo la tradizione questo dolce risale ai tempi dell'assedio di Vienna del 1683, quando l'esercito ottomano sembrava volersi fare strada fino nel cuore dell'Europa. Per celebrare la sconfitta dei turchi da parte delle truppe del re polacco Jan Sobieski, venne inventato un nuovo dolce e fu così che nacque il kipferl, mezzaluna in tedesco, la cui forma rimanda chiaramente al simbolo della bandiera turca. Un ottimo modo per farsi beffe dell'invasore... Per avere il celebre "croissant" bisogna invece aspettare fino al 1770, quando una giovane principessa austriaca, Maria Antonietta, sposa il futuro re di Francia Luigi XVI. E se il popolo ha fame, dategli le brioche!

**STORIE E PERSONE**

**Un'eretica post mortem.** Nell'anno del Signore 1262 spunta a Chiaravalle Vilelmina (o Guglielmina), una donna straniera, colta e carismatica che, oltre a dedicarsi alle opere di bene, disquisisce di filosofia e teologia attirando un certo seguito, soprattutto donne e membri dell'aristocrazia. La sua comparsa è associata alle teorie millenariste di Gioacchino da Fiore, che suddivideva la storia dell'umanità in tre età, associate al Padre, al Figlio e infine allo Spirito Santo, quest'ultima in arrivo a metà del XIII secolo per il rinnovamento del mondo. Guglielma viene considerata l'incarnazione dello Spirito Santo dai suoi seguaci, i guglielmiti. Lei nega, ma senza esito. La Santa Inquisizione la interroga più volte ma non riesce a dimostrare alcunchè. Finchè Guglielma è in vita la comunità non subisce attacchi. Ma vent'anni dopo, nel 1300, si scatena la vendetta della Chiesa: l'Inquisizione con una scusa interrompe il culto, i guglielmiti sono condannati per eresia e alcuni bruciano sul rogo. Guglielma è il primo caso di eretica post mortem.

Per chi preferisce un approccio più soft allo sforzo fisico il Cam di via Ripamonti 288 ospita ogni lunedì e giovedì i corsi di meditazione gratuita dell'associazione **Sahaja Yoga,** presente anche in altre zone di Milano. Pare che gli esercizi utilizzati per risvegliare la nostra energia interiore (kundalini) siano un vero toccasana per gli acciacchi: bastano poche lezioni per far passare emicrania, ipertensione e insonnia. Una pausa di puro relax contro il logorio della vita moderna. Per frequentare gli incontri, tutti a ingresso gratuito, basta telefonare al 339 5453360.

Se il clima lo consente, è davvero piacevole recarsi in bicicletta fino all'**abbazia di Chiaravalle**. Ci vogliono meno di 4 chilometri in una stradina di campagna asfaltata a bassissimo traffico per uscire dal centro abitato in zona Ripamonti e arrivare all'abbazia cistercense, fondata da san Bernardo di Chiaravalle nel XII secolo. Gli interni contengono **affreschi di grande pregio**, restaurati di recente. Grazie alle bonifiche dei terreni e alle opere idrauliche dei monaci che la abitavano, il centro di preghiera, divenuto successivamente una florida azienda agricola, fu fondamentale per lo sviluppo economico della bassa milanese nei secoli successivi alla sua fondazione.

5

# ZONA SUD OVEST

**DA NON PERDERE: primavera di Design.** In aprile, durante i giorni del **Salone del Mobile**, una vera e propria processione di persone attraversa ogni sera il ponte della stazione di Porta Genova per raggiungere il clou della manifestazione: presentazioni, happening, feste, bar improvvisati per strada animano il quartiere che per sette giorni diventa il centro del design mondiale. La **Settimana del Design** si è affermata fin dalla sua prima edizione come uno dei poli cittadini di riferimento per la comunità internazionale del design, grazie al circuito espositivo che alterna star acclamate ad astri nascenti provenienti da ogni parte del mondo.

# QUARTIERE TICINESE

## FAI LA SPESA GIUSTA

Andare al **Mercato di Piazza XXIV Maggio** è un po' come farsi un giro in America Latina: le diverse comunità di stanza a Milano vengono qui a rifornirsi dei prodotti e dei sapori di casa. Lungo la Darsena vendono i peperoncini più micidiali della città e degli ottimi lime per spremute e cocktail. Nei banchi di macelleria si trovano tagli di carne ormai desueti, ma indispensabili per alcune ricette della tradizione lombarda.
Per esempio, il codino e il musetto di maiale per la cassoeula.
E mentre si fa la spesa ci si può rifocillare con le **empanadas** (fagottini con il ripieno di carne, uova e cipolla. **2,50 euro** l'uno), il tipico street food del Sud America.

**Il Cox18 ogni prima domenica del mese organizza un mercatino bio**, dove comprare direttamente dai produttori pane, cereali, frutta e verdura, formaggi, vino, olio. Il mercato aderisce al progetto Terre in Moto, rete milanese dei mercati agricoli e delle autoproduzioni.

## MANGIA BENE E BEVI MEGLIO

Nel **centro culturale Govinda in via Valpetrosa**, a due passi da via Torino, c'è un ristorante indiano rigorosamente vegetariano. Il circolo è gestito dagli hare krishna, meglio noti come "arancioni". Qui il cibo assume una dimensione spirituale: ogni pietanza preparata viene offerta alle divinità. Durante la settimana (attenzione, il sabato è più caro!) a **pranzo con circa 13 euro** si può ordinare un thali, cioè un piatto con vari assaggi di verdure, dhal (zuppa), riso e chapati (focaccia non lievitata). Per accedere è necessario fare la **tessera annuale al costo di 3 euro.**
È aperto anche la sera, ma i costi a cena salgono un po'.

Per bere qualcosa ci si può dirigere **al Luca's Bar**. In questo piccolo locale con una manciata di tavolini all'ombra di Porta Ticinese **i cocktail costano 4/5 euro e le birre da 2 euro in su**, una vera rarità nel panorama della zona. Il Luca's, inoltre, è stato tra i primi a proporre i drink take-away a prezzi popolari, un ulteriore punto di merito che lo ha reso uno dei luoghi più frequentati nei pressi delle Colonne di San Lorenzo.

Il **Bar Rattazzo**, anche nella nuova sede di via Vetere (la storica al numero 83 di Corso di Porta Ticinese oggi ospita un negozio di vestiti) **è il porto sicuro delle bevute low cost in zona**. Aperto da Piero Rattazzo (ancora oggi dietro al bancone) nel 1961 come modesta vineria, negli anni è rimasto fedele a se stesso. A partire dal 1971 il bar diventa il punto di ritrovo del movimento studentesco. Qui ci sono passati tutti: Capanna, Sofri, Bompressi, Tobagi, Toni Negri, Curcio, Ferrara, Lerner e Mentana (che ai tempi faceva l'anarchico). Ci veniva pure Vallanzasca, quando il Parco Vetra era un ritrovo di balordi. Ancora oggi, quando si è nei dintorni si finisce sempre per passare da qui, un po' per le Peroni formato famiglia, un po' per i **cocktail a prezzi pop (happy hour 4/5 euro) e per le mitiche polpette**. Un'oasi nel cuore della movida di Ticinese.

Piccolo e sempre strapieno, il **Berlin** di via Gian Giacomo Mora offre **buoni cocktail a costi contenuti (6 euro) e ottimi panini (4 euro)** dai nomi eloquenti: "Dogo Gang", "Marracash", "Popolare". Eh sì, avete capito bene.
Questo è da anni il **salotto buono dell'hip hop milanese** e alcuni noti esponenti della scena musicale lo hanno eletto a seconda casa. Con l'iniziativa "Alla faccia della crisi" il bar propone una serie di promozioni, come l'**hot dog in regalo a chi ordina una birra media il giovedì**.

Sempre in via Gian Giacomo Mora, sotto le mentite spoglie di un pub, si cela una trattoria a conduzione familiare all'insegna della cucina lombarda: **La Crota Piemunteisa**. A pranzo è frequentata da studenti, impiegati e muratori, mentre la sera da coppie e tavolate di amici attirati dalla **cucina casalinga e dalla**

## % UN'ORA PRIMA TI VORREI...

**Fuori tutto antifame.** A due passi da piazza Vetra **il forno/ pizzeria Bella Taranto ha deciso di prendere provvedimenti contro la crisi: dalle 15.00 alle 17.00 tutto quello che rimane viene venduto a 1 euro**. Un'ottima scusa per concedersi una merenda a base di focacce, panzerotti, tranci di margherita, panini farciti, arancini e crocchette. Come se non bastasse, ci sono anche promozioni per chi si ferma a pranzo: panino e birra a 3,50 euro oppure pizza margherita e bibita a 2,50 euro.

**gestione postpunk**. Un classico da ordinare: **le polpette con il purè.** I prezzi sono più che umani, soprattutto a pranzo.

In piazza XXIV Maggio c'è una meta **per gli appassionati di hamburger: Trita**. In questo piccolo locale di un bianco abbagliante, con qualche sgabello e un perimetro di mensole su cui mangiare, **la carne** dell'hamburger (una enorme polpetta da più di 200 grammi) **viene macinata sotto gli occhi del cliente**. Lattuga, pomodoro, cipolla e cetrioli sono compresi nel prezzo, eventuali aggiunte (bacon, formaggio, salse...) costano 0,75 centesimi. **I prezzi? Da 6,50 euro in su, a seconda del tipo di carne**. Attenzione, se ordinate la pregiatissima wagyu, che viene dal Giappone, i prezzi crescono esponenzialmente.

Il **Kiosko** di pesce di piazza XXIV Maggio è un **punto di riferimento per lo street food milanese**. Trovarlo non è difficile, basta seguire l'odore di friggitoria. Era e resta un pescivendolo, ma nel periodo estivo fermarsi qui per l'aperitivo con un bel fritto misto è l'ideale per illudersi di non essere a Milano.

L' insegna in via Alessi recita **"Bar Trattoria"**, ma gli habitué dicono di andare **"dalla Lina"**. Qui si viene **per passare una serata in un posto di una volta**: luci al neon, calcetto, vecchie insegne di liquori ingiallite, tovaglie a quadretti coperte dalla plastica trasparente e pubblico con un età media sopra i 60 anni. Appeso al muro un cartello recita: "Non gettare liquidi in aria. Danneggia l'elettrico". Tenetevi pronti a partite di calcio balilla e bianchini, imprecazioni in milanese e tombola a premi sotto Natale. Sebbene sia una trattoria, **meglio andarci dopo cena**... magari per provare uno dei liquori sconosciuti che popolano la vetrina del bar (3 euro). Per chi invece non ha grandi pretese culinarie, c'è il **menù fisso a 10 euro** (immancabile la pasta e fagioli), si arriva a 15 con vino, acqua e caffè.

Amata birreria in zona Tibaldi, il **Tipota** è da vent'anni un rifugio di anime erranti della zona sud di Milano.
**Ottime birre alla spina (da 3 euro, oppure conviene optare per il litro a 9!)**, cocktail a 6 euro, vino al calice a 2,50 e stuzzichini a ciclo continuo. Nel locale alto e stretto su due livelli chi dice "Ci penso" in realtà sta ordinando un panino con il prosciutto di Praga (4,50 euro).
Last but not least, il bar ha un'ampia scelta di giochi da tavolo ed è anche un punto bookcrossing, l'attività di scambio di libri che consente di leggere e senza spendere. Da trascorrerci le ore...

Da **MiPi** in corso San Gottardo si mangia la pizza napoletana, ma in miniatura. Le **mini-pizze (da 2,30 a 3,30 euro)** entrano in un forno elettrico a tapis roulant e quando escono sono pronte per essere servite. Un'idea divertente per un pasto veloce e sfizioso.

Più avanti, al numero 38, c'è **la pizzeria più vecchia della città: l'Antica Pizzeria da Giulio**, anno di nascita 1925. Servizio rapidissimo e ambiente popolare, qui ci si ferma per una buona pizza al trancio. In alternativa, il menù propone una lunga lista di piatti come spaghetti alla carbonara, lasagne, merluzzo fritto e pollo al forno. **Il conto è sui 20 euro, bere a parte**.

Nascosto in un cortile di ringhiera al 41 di Corso San Gottardo, **Pepe propone "cucina al vassoio"**. Il servizio è self service, ma i piatti sono ottimi e tutti cucinati al momento. A pranzo (il locale è sempre chiuso la sera) si può scegliere tra zuppe, pasta al forno, cotoletta alla milanese, pesce fresco alla griglia... **e il conto è sui 10 euro**. Quando il tempo lo permette, si mangia all'aperto.

Da **Cocke**, in via Pavia, **trovate una delle migliori pizze sottili della città**. In alternativa ci sono pochi piatti, ma gustosi, come la tagliata di carne e la scamorza al forno. Nel locale, che si compone di una manciata di tavolini su un pavimento di sampietrini lucidi, un bel bancone e il forno a legna, il servizio è cortese e sorridente e il conto si aggira sui **15/20 euro, escluse le bevande**.

Alla **Trattoria da Teresa** in via Pavia 3 si mette in tavola una cucina ruspante e semplicissima, che ha tutti i sapori della Puglia. Da non perdere la purea di fave e catalogna all'aglio, le classiche orecchiette alle cime di rapa e salsiccia e patate. I prezzi sono abbordabili (**i primi sono sui 5,50-6 euro, i secondi su 8-10**) e le porzioni abbondanti.

Alla **Trattoria della Gloria** in via Pichi il menù ha poche voci e tutte di stagione.
L'origine dei due proprietari crea un mix di influenze campane e friulane: prevale l'anima partenopea con le linguine in colatura di alici, la pizzottina fritta, la pastiera, ma in inverno si affiancano i robusti piatti che provengono dalla tradizione friulana (il frico, la pitina con la polenta, i brasati).
I prezzi vanno dai 7 ai 9 euro a piatto, tranne rare eccezioni.
A pranzo l'esito low cost è assicurato: **si mangia** primo, secondo, contorno e acqua **con 11 euro**.

**Il posto più losco.** Vicolo Calusca, il posto più malfamato di Milano dove le guardie non entravano mai, si apre ancora oggi in corrispondenza del numero 106 di corso di Porta Ticinese.
Ai tempi del dominio spagnolo, quando la Darsena era il decimo porto in Italia per capienza, questo era il regno della malavita e, come tutte le zone portuali che si rispettino, la zona franca dove si poteva comprare ogni cosa, dalle merci alle persone, a buon mercato. L'etimologia del nome è incerta. Si dice che derivi dalla casa di appuntamenti che sorgeva all'inizio del vicolo, proprio davanti a Sant'Eustorgio, conosciuta con il soprannome di Cà Losca, poi semplificato in Calusca. **Anticamente era conosciuto come il "vicolo dei nani", perché pare che nel XVI secolo vivessero qui tutti i nani della Corte Sforzesca**, che facevano il bello e il cattivo tempo nel quartiere, forti dell'impunità assicurata dai potenti signori della città. Nel Novecento la strada ha mantenuto la sua fama, ma per altri motivi: nel 1972 Primo Moroni, intellettuale e libraio, ha aperto qui la libreria Calusca, che in poco tempo è diventata un punto di riferimento per la sinistra milanese. Da qui sono passati marxisti leninisti, scrittori, anarchici, malavitosi, situazionisti, operai, registi e studenti. Oggi la libreria e l'archivio di Moroni sono ospitati all'interno del centro sociale Cox 18.

Se avete voglia di una cotoletta come si deve passate al **Brutto Anatroccolo** di via Torricelli.
Piatti semplici, ambiente popolare e prezzi onesti: questa la chiave del successo pluriennale di questo locale. Il clima da osteria e l'**atmosfera ferma agli anni Settanta** lo rendono perfetto per una serata tra amici. Qui si mangia sulle tovagliette di carta e si paga solo in contanti, ma **il conto raramente supera i 20 euro.** La Coca Cola è bandita dal locale, qui si ordina il chinotto!

**In primavera**, quando il clima migliora, il bellissimo cortile di ringhiera del **Frizzi e Lazzi** di via Torricelli **diventa la meta prediletta** per trascorrere una serata in allegria. Il bianchino a prezzi modici e gli ottimi panini conciliano le chiacchiere mentre il tempo vola via, leggero.
Questo luogo magico è fortemente sconsigliato a chi non abbia almeno un po' di Lebowski nell'animo.

## HOTEL E OSTELLI

Inquadra con il tuo smartphone il codice a lato ed entra nel sito dell'Ostello Burigozzo 11

**L'Ostello Burigozzo 11** offre sistemazioni per tutte le tasche in un **ambiente lindo e accogliente**. A gestirlo è la Cooperativa sociale La Cordata, che da anni opera nel settore dell'ospitalità e collabora al reinserimento lavorativo di persone in difficoltà. **I costi vanno dai 21 per un posto letto ai 70 euro per la camera doppia**, Wi-Fi gratuito e cucina sono a disposizione degli ospiti. Un'ottima soluzione low cost, ma senza rinunciare a un servizio di qualità. Prima di prenotare, vale la pena visitare la sezione dedicata alle offerte del sito.

## SHOPPING & BEAUTY

Più che un negozio, questa antica bottega al primo piano del civico 57 di via Torino sembra un vero e proprio museo dell'occhiale: nelle vetrine sono esposte centinaia di montature, da quelle di Dior degli anni Sessanta agli occhiali a chiave di violino che portava Andy Warhol. Aperta nel 1931 come stampa e sviluppo foto, **Foto Veneta Ottica** ha affiancato la vendita di occhiali a partire dagli anni Cinquanta. Poco è cambiato con il passare degli anni: ci sono ancora i bellissimi pavimenti con le marmette di graniglia e un angolo allestito come un vecchio studio fotografico. I cassetti di legno custodiscono centinaia di modelli vintage di tutte le epoche, dagli ovalini in metallo sottile alla Cavour ai modelli a farfalla degli anni Sessanta, dalle montature in tartaruga alla Onassis a quelle rotonde alla John Lennon. I prezzi? Più che abbordabili, se si pensa che **per una magnifico occhiale degli anni Dieci si spendono circa 45/50 euro**. È bene sottolineare che **le montature non sono usate, ma nuove e in perfette condizioni** e possono essere utilizzate con lenti da vista e da sole.

**Per la cancelleria** e certa "attrezzatura" domestica un buon indirizzo è **Tiger in via Nerino**. Da alcuni già ribattezzato l'oasi del superfluo, questo store danese è una sorta di Ikea dell'oggettistica e a giudicare dalla fila alle casse sembra che la formula stia riscuotendo un discreto successo. **Nei due piani del negozio trovate merci varie a prezzi davvero stracciati**, ma senza la sciatteria dei negozietti "tutto a un euro": dai giochi per bambini alla cartoleria (scatole di pennarelli, evidenziatori e matite a 2 euro), dai cosmetici (smalti di tutti i colori a 2 euro) agli impermeabili (poncho a 3 euro), dagli accessori per la casa all'angolo dove comprare tutto per organizzare una festa con i fiocchi (piatti, tovaglioli di carta, palloncini, festoni, trombette...) e prima di passare alle casse c'è il corner con le leccornie del Nord Europa. **È l'ideale anche per comprare dei pensierini** di Natale o regali da portare alle festicciole dei bambini (una macchina in legno da montare e colorare costa solo 4 euro). Superare i 10 euro è davvero raro, ma la vera sfida è uscire da qui senza aver comprato nulla che non fosse, se non necessario, almeno utile.

In corso di Porta Ticinese si possono fare buoni affari, soprattutto per quanto riguarda le calzature. **Mauro Leone** ha due punti vendita nella via. Quello che ha due vetrine al numero 103 ha prezzi più convenienti. Le ragazze milanesi vengono per comprare i modelli basic o la scarpa di stagione senza spendere una fortuna. **Qualche esempio? Stivali in pelle da 79 euro, décolleté da 75 e ballerine da 40 euro.** Il negozio ha orari flessibili per consentire lo shopping anche a chi lavora.

## STORIE E PERSONE

**Via dell'Ironia.** È questa la toponomastica alternativa che nell'ultimo anno va accompagnando **Corso di Porta Ticinese, che si sta trasformando in un originale esperimento di street poetry.** Così ogni saracinesca si è trasformata in superficie creativa, su cui si srotolano testi umoristici, citazioni, versi, battute, pensieri. "Via dell'ironia non è un'utopia", "via dell'utopia e l'apatia se ne va". L'idea è nata dall'incontro di giovani artisti, poeti, scrittori, pittori e musicisti con un negoziante della strada, proprietario della gioielleria Tam Tam, come tentativo di tornare a "vivere" la via e di restituire alla strada la sua funzione di luogo di incontro tra le persone, di scambio di idee e di proposte. Il progetto è in continuo divenire, perché i muri sono di chi legge non di chi scrive: cercate nella via il portone dove sono affissi titoli di libri e frammenti di romanzi e troverete degli spazi bianchi riservati alle proposte dei passanti. Ma perché dedicare una strada proprio all'ironia? Forse perché, di questi tempi, sembra un modo provocatorio, ma efficace, di combattere la crisi.

**Lolita, il negozio al civico 96, è il paradiso delle ballerine**. Ce ne sono di tutti i colori e per tutti i gusti a poco più di 30 euro. Inutile dire che in periodo di saldi si riescono a spuntare prezzi davvero vantaggiosi, conviene farne una scorta! Tra gli altri modelli in vendita ci sono anche stringate, car shoes e stivali di ogni tipo. Quelli da biker in pelle costano circa 69 euro.

Da qualche estate sono tornate prepotentemente di moda le **espadrillas**, un classico degli anni Ottanta. Nate come scarpa di corda da poco prezzo, come spesso capita dall'oggi al domani hanno raggiunto cifre ingiustificabili. Ma **al negozio Calzature Gallon** in piazza Sant'Eustorgio se ne trovano di tutti i tipi al costo più che abbordabile di **6/7 euro al paio**. E in un attimo ci si sente "people from Ibiza", come cantava Sandy Marton.

Gli appassionati cinefili hanno un indirizzo segreto: l'**edicola all'angolo tra via De Amicis e Corso Genova**, giusto di fronte a Cucchi, **vende dvd da collezione a 10 euro circa**. Se non potete più vivere senza la filmografia completa di Tarkovskji o volete riscoprire vecchi classici del neorealismo, questo è il posto che fa per voi. Per la modica cifra di 5 euro si riversano in digitale i film in VHS.

Per quanto riguarda gli enormi store delle catene a basso costo di cui pullula la zona, si rimanda ai consigli contenuti nella sezione Tutti gli indirizzi.

## INDIRIZZI PER DIVERTIRSI

Inquadra con il tuo smartphone il codice a lato ed entra nel sito di Cox18

I graffiti di Blu e del Professor Bad Trip vi accolgono nel cortile del Conchetta. **Cox18 è uno spazio sociale, occupato e autogestito dal 1976**. Minacciati da continui sgomberi, i ragazzi del Cox si impegnano ogni giorno affinché questo posto resti un vero e proprio presidio per chi vive nel quartiere. Concerti, djset, rassegne cinematografiche, iniziative culturali (tra cui la due giorni di libri e musica Slam X, vedi Zona Sud Est, quartiere Vigentino) animano costantemente questo spazio da sempre aperto a tutti. Inoltre, dal 1992 il centro ospita la **libreria Calusca City Lights** e dal 2002 è sede dell'**Archivio**

**Primo Moroni** un fondo documentario inestimabile sulla storia dei movimenti sociali e politici degli anni Sessanta e Settanta fino al cyber punk.

## SPAZIO ALLE CULTURE

Inquadra con il tuo smartphone il codice a lato ed entra nel sito dell'Arsenale

Sito in via Cesare Correnti tra il civico 7 e il civico 11, senza diritto toponomastico, il **teatro Arsenale** è dal 1978 un centro di iniziative artistiche teatrali. La sede è un antico edificio più volte rimaneggiato, la cui prima pietra fu posta nel 1272. Nel corso dei secoli è stato alternativamente chiesa, teatro, collegio e scuola. Qui nel 1974 ci fu il primo outing omosessuale collettivo, organizzato dal Fronte Unitario Omosessuale Rivoluzionario, che scandalizzò i benpensanti della città. Acquistando la Cartarsenale si può assistere agli spettacoli della stagione teatrale al prezzo di 10 euro. **La tessera costa 40 euro, è valida per 4 ingressi ed è cedibile**. Per ulteriori promozioni conviene consultare il sito atrapalo.it dove prenotare biglietti last minute con sconti fino al 50%.

Il **Circolo Cicco Simonetta** non è solo un bar, ma un circolo Arci di promozione sociale e culturale. La finalità del progetto è duplice: fornire uno spazio dove si possano esibire giovani talenti (ma a volte anche artisti affermati) e offrire spettacoli di buon livello accessibili a tutti. Qui, dunque, si organizzano **serate con musica dal vivo**, che privilegiano il jazz e la canzone d'autore, presentazioni di libri, performance con letture sceniche, teatro-canzone, teatro comico e cabaret. E se andate al bar a ordinare da bere, fate caso all'affiche che recita "un risotto vi seppellirà". Pura ironia situazionista.
**L'ingresso è libero con tessera Arci.**

Alla **libreria Interno 4** della Shake Edizioni **batte ancora il cuore punk di Milano**.
Dopo vent'anni passati come avamposto culturale all'interno del famigerato palazzo di viale Bligny 42, la ShaKe torna nel cuore del quartiere Ticinese, in vicolo Calusca. Nel nuovo spazio si continuano a organizzare **incontri, dibattiti e workshop** dedicati alla controcultura e alle realtà alternative italiane e internazionali e non manca un'area espositiva per le mostre temporanee.

Inquadra con il tuo smartphone il codice a lato ed entra nel sito della Shake Edizioni

Il bookshop offre un'ampia scelta di libri, cd e dvd, con un occhio particolare ai testi di riferimento dei movimenti politici e controculturali, dalla psichedelia alle nuove tecnologie, dai fumetti alla musica e letteratura, dal consumo critico, al nuovo fai-da-te, alle medicine alternative.

## ARTE E ARCHITETTURE A KM 0

Le **colonne di San Lorenzo** rappresentano **uno dei rari reperti superstiti della Milano imperiale**. Si tratta di sedici colonne in marmo con capitelli corinzi che sostengono la trabeazione di un palazzo romano del III secolo, forse le grandi terme volute dall'imperatore Massimiano. Le colonne furono trasportate qui nel IV per completare la nuova basilica dedicata a San Lorenzo, all'epoca il più grande edificio a pianta centrale dell'Occidente. Di queste vestigia di un glorioso passato i ragazzi che ogni sera si trovano qui per divertirsi non sembrano curarsi un granché... questo è uno dei pochi luoghi pubblici della città ad essere rimasto un punto di ritrovo, ma l'altra faccia della medaglia vede protagonista chi si lamenta degli schiamazzi notturni e dell'incuria e, periodicamente, propone di transennarlo.

**Esempio tra i più belli del Rinascimento milanese, la chiesa di San Satiro** è nascosta in un andito di via Torino, a due passi da Piazza Duomo. Nonostante le dimensioni ridotte la chiesa, sorta su un nucleo tardo bizantino, è caratterizzata da una monumentalità classica: grandi volte a botte formano i tre bracci della croce. Il quarto, quello di fronte all'ingresso, non c'è, ma è reso attraverso un'illusione ottica sorprendente. Al momento della costruzione non c'era abbastanza spazio per realizzarlo, così la finta abside misura soltanto 97 centimetri invece dei 9 metri e 70 previsti nel progetto. Da questo impedimento Bramante è riuscito a trarre un capolavoro inaspettato: una sorta di 3D ante litteram che ancora oggi lascia a bocca aperta chiunque la visiti. In origine l'interno dell'edificio era dipinto di azzurro e oro, con un effetto ottico e cromatico sbalorditivo.

Si racconta che ancora oggi al **Carrobbio**, nelle ore notturne, ogni tanto si sentano **i lamenti dei malati di lebbra** provenienti da una delle due torri che nel '500 affiancavano Porta Ticinese, soprannominata "Torre dei Malsani", perché nelle vicinanze vi era il lebbrosario dove venivano segregati gli infermi per evitare il contagio. Il termine Carrobbio deriva da Quadruvium, che sta a indicare l'incrocio di diverse vie all'altezza di Porta Ticinese. Per molto tempo questo punto fu considerato il confine tra due mondi, un luogo magico ed esoterico: qui nell'antichità si praticava il culto del dio Mitra e **nel Medioevo si svolgevano le Ordalie, cioè le prove dolorose**, come quella del fuoco, a cui era sottoposto l'imputato per stabilire la propria innocenza o colpevolezza.

Inquadra con il tuo smartphone il codice a lato ed entra nel sito di Forma

Siete dei fan di **Robert Mapplethorpe**? Non vi perdete una mostra di **Robert Capa**? Allora andate a fare una visita alla **Fondazione Forma per la Fotografia**. Nato su iniziativa di Contrasto, una delle più importanti agenzie fotografiche d'Italia, è uno spazio permanente dedicato alla fotografia, animato da un ricco programma di mostre. Si trova all'interno di un'ala interamente ristrutturata dello storico deposito dei tram di via Pietro Custodi, un trionfo di ferro battuto in perfetto stile liberty sorto a fine Ottocento come rimessa da tram a cavalli, che oggi ospita l'intera storia del trasporto su rotaia. **All'attività espositiva Forma affianca anche quella di galleria, con opere destinate alla vendita: le mostre in questa sala sono a ingresso libero**. Per le altre è possibile entrare a prezzo agevolato grazie alle riduzioni concesse ai numerosi enti convenzionati (Atm, Coop, Feltrinelli, Arci...). Per la lista completa, basta visitare il sito.

Nel 1974, lo scultore siciliano Francesco Messina offrì al Comune di Milano ottanta sculture e ventisei opere su carta in cambio di un piccolo studio nel cuore della città: la chiesa sconsacrata di San Sisto. Gravemente danneggiata durante la guerra, la chiesa fu recuperata grazie all'artista, che fece riaprire la cripta e ricostruire l'abside sventrato dai bombardamenti. Recentemente riaperto dopo un restauro, il **Museo studio Francesco Messina** conserva circa ottanta sculture (soprattutto bronzi, ma anche gessi, terrecotte policrome e cere) e una trentina di opere grafiche (litografie, pastelli, acquerelli, disegni a matita). **Si può visitare al sabato e tutte le mattine, escluso il lunedì. L'ingresso è gratuito**.

## T'AGGIUSTO IO

**Riparazioni al mercato.** Per chi ha problemi con la bici, in un piccolo spazio del Mercato Comunale di piazza XXIV Maggio alcuni ragazzi egiziani eseguono riparazioni rapide a prezzi modici. C'è anche una rivendita di usato, ma sulla provenienza non metterei la mano sul fuoco...
L'officina è aperta dal lunedì al sabato dalle 8.00 alle 20.00

## A PIEDI NUDI NEL PARCO

A volte per cambiare dimensione basta varcare una soglia. Lo sapeva bene Alice, la protagonista dei racconti di Lewis Carroll che aveva l'abitudine di passare attraverso gli specchi, ma possiamo farlo anche noi semplicemente entrando nel portone **al numero 17 di via De Amicis**. Proprio qui, nascosta in un isolato tra via Conca del Naviglio e via Arena, si trova una piccola e poco conosciuta area verde che comprende al suo interno i resti dell'Anfiteatro Romano. Il **Parco e Antiquarium Alda Levi**, infatti, si trova dove sorgeva un grande anfiteatro a pianta ellittica, lungo 155 metri e largo 125, in grado di ospitare fino a 35.000 spettatori. La struttura fu distrutta dalle invasioni barbariche nel V secolo e le fondamenta furono scoperte soltanto nel 1931 durante una campagna di scavi archeologici che andò avanti fino agli anni Settanta. Se passate di qui **i volontari del Touring vi accompagneranno gratuitamente a visitare l'area**. Per informazioni sugli orari telefonate al numero 02/89400555. Questo è un luogo incantevole dove godersi una pausa di relax sdraiati sull'erba e dimenticarsi il caos della città.

## IN FORMA

Inquadra con il tuo smartphone il codice a lato ed entra nel sito di Sahaja Yoga

Pare che attraverso la meditazione si possa risvegliare, sviluppare e imparare a utilizzare la nostra energia per raggiungere il benessere di spirito e corpo. Tradotto in pratica: dite addio a mal di testa, dolori cervicali, ipertensione e insonnia. Se volete provare, l'associazione **Sahaja**

**Yoga** offre **corsi di meditazione gratuiti** e aperti a tutti in diversi luoghi della città. **Ogni lunedì, per esempio, alle 17.00 al Cam di via Scaldasole si dà inizio alla pratica, basta iscriversi**. Per informazioni su quali siano le altre sedi dove si svolgono i corsi basta visitare il sito.

### * IL MOMENTO MIGLIORE PER...

**Essere bellissime (e bellissimi).** Avete voglia di concedervi un momento di relax dal parrucchiere senza impegnare una fetta del vostro stipendio? Il posto che fa per voi è il **Centro Free Time in via Pavia 3**. Qui **ogni martedì, mercoledì e giovedì shampoo e piega costano 8 euro, taglio e piega 16 euro e i colpi di sole partono da 22 euro**. I prezzi non sono molto più alti di quelli praticati dai parrucchieri cinesi. Free Time è anche centro estetico e negli stessi giorni offre interessanti promozioni su alcuni trattamenti. Qualche esempio? Massaggio anticellulite a 25 euro, pedicure a 16 euro, depilazione completa a 25 euro, anche per uomo (rigorosamente metrosexual).

# QUARTIERI PORTA GENOVA E NAVIGLI

## FAI LA SPESA GIUSTA

L'**Elicriso** è un piccolo spaccio, aperto dal giovedì al sabato, dove comprare **prodotti biologici e macrobiotici** che vengono da piccole aziende del territorio. L'ambiente è intimo e accogliente: più che a un negozio, somiglia alla dispensa di una casa. Qui trovate cereali, legumi (da 3 euro), pasta (da 1,50 euro), riso, olio e miele venduti sfusi, ma soprattutto passate e conserve fatte in casa, altrove introvabili. Non manca anche una piccola scelta di frutta e verdura di stagione. La filosofia del posto si può riassumere così: prodotti di qualità con un alto tasso etico.
Trovarlo non è difficile: si trova nella ex casa occupata all'angolo tra via Vigevano e via Gorizia. Non potete sbagliare, è l'edificio più colorato nei paraggi e un grande mosaico rosso e blu ne incornicia il portone.

A **La Vineria** di via Casale 4 trovi prezzi popolari e spirito allegro. **Il vino sfuso parte da 2 euro** al litro, basta venire con un qualsiasi recipiente vuoto e farselo riempire con uno dei tre bianchi o quattro rossi che vengono spillati da enormi botti in acciaio. E se non ne avete in casa, niente paura: potete prenderli direttamente qui. Dato che ci siete, provate a fermarvi qui **per l'aperitivo** (tutti i giorni dalle 18 alle 22, il venerdì e il sabato fino all'1): **basta 1 euro per un calice**, 5 euro per una bottiglia al tavolo, mentre **panini e taglieri partono da 2,50 euro**. Quando arriva la bella stagione, sedersi intorno alle botti fuori dalla vetrina con un po' di amici a fare due chiacchiere è un lusso alla portata di tutti.

**Voglia di una bella costata?** Vale la pena spingersi verso Gratosoglio per fare la spesa alla **Cascina Gaggioli,** una tipica cascina a corte quadrata che si trova all'interno del Parco Agricolo Sud di Milano. Intorno al nucleo aziendale si estendono i campi coltivati secondo il metodo dell'agricoltura biologica, che producono i foraggi per il bestiame, il riso, il grano e il mais da polenta. Nella Bottega della Cascina si può comprare **ottima carne biologica a prezzi civili (10/15 euro al kg) e poi il riso superfino Carnaroli (da 3 euro)** e le farine macinate a pietra. La scelta si allarga ad altre specialità provenienti da azienda agricole della zona, come salumi, cotechini, culatello, pollame e conigli, formaggi freschi e stagionati, yogurt biologico, vini dell'Oltrepò, birra artigianale, miele, frutta e verdura di stagione. È anche possibile prenotare la vostra spesa: basta chiamare il numero 02/55231905 o inviare una mail a cascinagaggioli@cascinagaggioli.it

**Il mercoledì pomeriggio**, dalle 15 alle 20, **in via Zumbini 6** (Barona) c'è il **mercato agricolo di produttori locali**, dove comprare formaggi, salumi, vino, miele, pane, latticini e ortaggi a prezzi calmierati.

## MANGIA BENE E BEVI MEGLIO

In Ripa di porta Ticinese, c'è un minuscolo locale di cucina greca: la **Ghireria.** Attivo più che altro come asporto, ha anche una piccola saletta dove ci si può accomodare per mangiare un immenso "ghiros pita", il piatto forte del locale. Ma il menù prevede anche: moussaka (pasticcio di melanzane, patate e carne), tiropitakia (fagottini ripieni di formaggio fuso, davvero ottimi!), insalata greca e dolmadakia (carne trita in foglia di vite). **Con 10-15 euro si esce sazi e soddisfatti.**

**Il Cape Town Café è la meta prediletta di chi vuole bere bene,** non solo nel quartiere, ma in tutta Milano. I cocktail sono da 10 e lode, grazie alla formula perfetta che prevede ingredienti di

### IL MOMENTO MIGLIORE PER...

**Il mercato dell'antiquariato del Naviglio.** Ogni quarto sabato del mese il Naviglio si riempie di bancarelle colorate per il mercato dell'antiquariato. Più di trecento espositori espongono sulle sponde del Naviglio Grande, dal ponte di via Valenza a viale Gorizia. Qui trovate mobili, modernariato, orologi, porcellane, argenti, gioielli, bambole, libri, occhiali, radio, bronzi, vetri, fumetti e stampe. I prezzi non sono sempre low cost, ma vale la pena dare un'occhiata, avendo l'avvertenza di arrivare al mattino presto. Chi ama il vintage può andare a colpo sicuro e dirigersi direttamente in via Corsico. **Da Walter Longa, uno dei primi banchi sul lato sinistro dell'Alzaia del Naviglio, trovate vinili di tutti i generi e per tutte le tasche** (dai 5 euro in su), dai Beatles agli Skiantos.

prima qualità, esecuzione magistrale, porzioni generose e **prezzi contenuti (5 euro)**. Davvero non si può chiedere di meglio. Sono assolutamente da provare il Margarita e il Vodka Martini (agitato, non mescolato, proprio come lo ordinerebbe James Bond). Qui non si viene per il buffet dell'happy hour, quindi non stupitevi se trovate solo patatine, cubetti di focaccia e poco di più. Per accaparrarsi un tavolo bisogna arrivare presto, ma se non trovate posto uscite con il bicchiere in mano e mischiatevi alla folla che invade allegramente il marciapiede. Meglio lasciare a casa l'auto, in zona non si trova parcheggio facilmente...

Alla **Tabaccheria della Darsena** in viale Gorizia 5 il cartello recita: "Non si danno informazioni sulla musica diffusa in questo locale". **Peppuccio, il proprietario, è un grande esperto di musica**. Appassionato di jazz e blues, ha suonato per anni in balere e night come batterista in una jazz band (chiedetegli di BB King, con cui è ritratto in una foto esposta nel locale...). Luci al neon e clientela assai etilica, si passa di qui per un pit stop prima di perdersi nei locali della zona (oppure per riprendersi sulla via del ritorno).

## T'AGGIUSTO IO

**Bici usate garantite e scarpe come nuove.** Da **Miraggio Ciclobarona, in via Ponti 21** si effettuano riparazioni e vendita di biciclette a prezzi più che abbordabili. In questa ciclofficina in via Ettore Ponti potete trovare pezzi di ricambio di ogni tipo e una buona scelta di usato garantito. Le bici second hand prima di essere vendute sono controllate e sistemate a dovere: coperture nuove o in buono stato, fili e guaine freni nuove, controllo dei principali movimenti. La disponibilità di modelli varia a seconda del periodo e della fortuna del richiedente, il consiglio è quello di passare periodicamente a dare un'occhiata. Per aumentare l'offerta qui sono sempre alla ricerca di vecchie biciclette in disuso da rimettere in strada, sono quindi ben accette donazioni di "reperti archeologici" dimenticati in cantina e all'apparenza irrecuperabili.

**Alla Clinica delle Scarpe 2 di via Binda 28** eseguono lavori egregi a prezzi congrui. Per esempio, la risuolatura completa costa 25 euro e le vostre scarpe preferite tornano nuove.

**Bianchini e shot a prezzo politico**. Arredamento anni Cinquanta/Sessanta, bel bancone all'ingresso, pavimenti d'epoca, **atmosfera allegra** e costi tutto sommato contenuti: questa è la chiave del successo della **Cucina Fusetti**. Aperto da poco in una via tranquilla a pochi passi dai Navigli, questo piccolo locale con due sole vetrine propone qualche piatto del giorno e classici come le polpette in umido, gli arrosticini abruzzesi e gli spiedini di pesce. Il giovedì si cena con il baccalà (in tutte le salse), mentre il venerdì è la serata dedicata alla Sardegna. **Il conto viaggia sui 20 euro, bevande escluse.** Per i fan del rockabilly da non perdere **il lunedì la serata anni Cinquanta con musica di Elvis e cheeseburger.**

Per una cena in compagnia ci si può fermare da **Woodstock 3** in via Vigevano. In questo locale senza pretese, ma dagli orari flessibili e con un servizio cortese, si può ordinare la classica pizza al trancio o qualche piatto semplice a prezzo contenuto. **Il conto è 15/20 euro**.

**Michele**, pugliese, **e Patrizia**, napoletana, hanno aperto questa **piccola pizzeria** che porta il loro nome in via Vigevano 14. Oltre alla pizza (consiglio quella classica con salsiccia e friarielli), propone un piccolo menu di piatti mediterranei, come spaghetti con vongole o cozze, scialatielli, sartù di riso, cotolette e cime di rapa. Olio e mozzarella arrivano dalla Puglia; il pane e i dolci sono fatti in casa e **la pastiera è assolutamente da provare**. Considerando la zona, c'è un **buon rapporto qualità/prezzo.**

Agli amanti della **pizza napoletana, alta e soffice**, consiglio un giro in Alzaia Naviglio Grande da **I Capatosta**: pare che la loro sia una delle migliori della città, tanto da accogliere i favori di un'esigentissima platea di veraci palati campani. **La pizza è low cost, ma antipasti, dolci e vino non sono regalati**, quindi attenzione a quello che ordinate. Ricordatevi che siamo sui Navigli: meglio non andarci di sabato sera.

Non stupisce che in questo piccolissimo locale in via Ascanio Sforza ci sia spesso la coda: molti accorrono qui da **Burger Wave** per gustare gli **ottimi hamburger a prezzi onesti (4,90-6,50 euro)**. A una prima occhiata il menù sembra a stelle e strisce ma in realtà è orgogliosamente australiano. In lista ci sono i panini di angus, pollo e agnello, con alternative per i vegetariani (polpetta di soia, ceci o verdure). Il motto del locale è "No Kings, no Clowns just damn good burgers!", tanto per essere chiari.

Se passate da via Villoresi, **Na 'ranita** vale una sosta. Se il clima lo consente provate la **granita al limone, alla mandorla o la tipica alle more di gelso (2,50 euro)**.
Da non perdere quelle alla messinese con caffè e panna. Per sentirsi un po' come Marcello Mastroianni nei panni di Don Fefè di Cefalù, il protagonista di "Divorzio all'italiana" di Pietro Germi (1961).

## SHOPPING & BEAUTY

Se amate girare per mercatini, questa è la zona che fa per voi. **La Fiera di Senigallia è una vera e propria istituzione:** generazioni di studenti sono passati di qui al sabato per comprare vestiti, giacconi e zaini. **Il nome deriva dalla città marchigiana** dove ai tempi del dominio dello Stato Pontificio si teneva una delle fiere più importanti d'Italia, e sta a significare che questo in passato era davvero un gran mercato. Dopo le vicissitudini che l'hanno portata a cambiare sede più volte, da qualche anno la fiera si è stabilmente trasferita negli ex magazzini merci della Stazione di Porta Genova, dove purtroppo sconta il fatto di essere nascosta dall'alto muro di cinta che costeggia l'Alzaia del Naviglio. Un tempo qui si radunava la Milano alternativa, oggi ci trovi i metallari e una clientela abbastanza variegata. **Qui puoi comprare fumetti e libri usati, vestiti vintage, mobili, rigatteria e cianfrusaglie.** Il mercato è noto anche per le bici usate, ma non si garantisce sulla provenienza...

Nello stesso posto, **la domenica mattina** si tiene il **mercato delle pulci** che fino a poco tempo fa era in Bonola. Ruspante e molto frequentato, ci trovi vera e propria rigatteria: catene da neve a 20 euro, libri 1 euro, bici, candelabri, lampade, carabattole e dipinti. Per esporre la merce basta un telo per terra. Frugando si fanno buoni affari e si può scovare qualche tesoro tra i mucchi di scarpe spaiate. La clientela è multietnica, ma capita di incontrare anche qualche redattrice di moda che torna a casa soddisfatta con le sporte piene di roba.

Aperto per festeggiare i 30 anni di attività, il **Libraccio Outlet** di Alzaia Naviglio Grande è uno spaccio di libri dove trovare volumi di ogni genere a 2 euro. Interessante soprattutto per gli amanti dei classici o per chi cerca titoli ormai fuori catalogo.

Entrare al **Vintage Shop** al 52 di Alzaia Naviglio Pavese è come fare un tuffo nella **moda degli anni Settanta e Ottanta.**

Nel locale su due piani sono esposti capi di abbigliamento da uomo e da donna **(per le giacche si va dai 10 ai 25 euro)**, piccoli mobili, libri, vinili, accessori e altre curiosità: dalle t-shirt dei Joy Division alle vecchie cornici. **La merce**, oltre ad avere un ottimo rapporto qualità/prezzo, **ha un turnover abbastanza rapido:** il negozio andrebbe visitato quasi ogni settimana, proprio come un mercatino. I più giovani passano di qui per scovare qualcosa di unico, gli over 40 per ritrovare gli oggetti della loro infanzia.

Largo ai vinili! **Da Dischi Volanti sul Naviglio Grande si comprano e si vendono cd e vinili, libri e dvd musicali.** Non importa quale genere ascoltiate, in questo negozio potete trovare di tutto, da Tom Waits ai Led Zeppelin, da De Andrè alla PFM, e ancora Doors, Beatles e Rolling Stones, ma anche band salite alla ribalta in tempi più recenti. Per essere aggiornati sui nuovi arrivi basta tenere d'occhio il loro profilo Facebook. Se avete dei vecchi 33 e 45 giri da vendere, provate a portarli qui: in cambio degli articoli ceduti potete decidere se prendere contanti o altra merce. Nel secondo caso quello che portate viene valutato il doppio o quasi.

**Per chi deve arredare casa**, ma non solo, un indirizzo da tenere presente è il **Mercatino di Milano** in via Imperia 28, una società che dal 1996 si occupa della compravendita di cose usate, ma ancora in buono stato, tra privati. Nel magazzino di 600 metri quadrati potete trovare veramente di tutto: dal soprammobile all'armadio, dal piccolo elettrodomestico al frigorifero, dai vestiti alla bigiotteria, ma anche libri, orologi, quadri, mobili antichi e moderni.

Forte di un assortimento di più di 10.000 prodotti, **Pisotti**, Alzaia Naviglio Grande 98, è **il paradiso degli amanti della cartoleria**, ma implica acquisti di una certa entità. Quaderni, cornici, dvd, evidenziatori, matite, buste di ogni genere e sorta: tutto quello che riguarda cancelleria e cartoleria lo trovi in questo capannone sul Naviglio, ma non mancano anche articoli per la casa. Se per caso passate di qui verso Halloween o sotto Natale non resisterete al richiamo di un'infinità di gadget per le feste... Il negozio effettua vendita all'ingrosso e al dettaglio.

## INDIRIZZI PER DIVERTIRSI

Abbandonata la sede storica dell'Isola, da qualche anno **il Biko è l'avamposto soul-black 'n funk**, e non solo, alla Barona. Questa associazione culturale intitolata all'attivista antiapartheid

Inquadra con il tuo smartphone il codice a lato ed entra nel sito del Biko

Steve Biko è un luogo di scambio e di relazioni, animato da eventi musicali e autoproduzioni artistiche, come concerti e djset di qualità. Ma ci trovi anche cibo etnico, vari laboratori e corsi di ballo. Il lunedì sera, per esempio, insegnano il tango, ma dalle 22.30 in poi partono le danze libere in milonga. Inoltre, se non hai una connessione a casa o se la tua stanza ti sta stretta, puoi venire qui con il tuo pc: la connessione è free per i soci Arci. **L'ingresso è libero con tessera Arci** oppure con sottoscrizione e **le consumazioni hanno prezzi popolari.** Per gli eventi speciali si paga il biglietto, ma non si tratta mai di cifre esorbitanti.

Inquadra con il tuo smartphone il codice a lato ed entra nel sito di The Rocket

È piccolo, è cool ed è quanto di più vicino a un club londinese possiate trovare in città. Tutte le sere a partire dalle 23 al **Rocket si balla** a ritmo di musica (anche live) che va **dall'indie al garage, dall'electroclash al rock, dal pop alla dubstep di Asterix e Medley Station**. Total black alle pareti e una folla di persone che vengono qui per divertirsi, senza spendere un capitale. Ogni martedì l'appuntamento è con l'indie rock party (ingresso gratuito): si arriva presto, alle 22.30, e a mezzanotte e mezza tutti a nanna, che domani si lavora.

Inquadra con il tuo smartphone il codice a lato ed entra nel sito dell'Ittolittos

A prima vista sembra un pub come tanti altri, arredi in legno, sgabelli e birra alla spina. Ma la domenica sera nella sala al piano di sotto dell'**Ittolittos** consumati **ballerini di tutte le età si scatenano a ritmo di swing** con la Ticinum Jazz Band, guidata dal clarinettista e sassofonista Paolo Tomelleri. Da ormai 15 anni questo è l'appuntamento fisso che raduna gente di ogni sorta, giovani e anziani, post punk, hipster e radical chic. Inutile dire che qui valgono ancora le regole della cavalleria: basta un tocco sulla spalla e scatta il cambio di dama. Con questa colonna sonora, da un momento all'altro ci si aspetta di essere investiti da una raffica di champagne Cordon Rouge, come De Niro in "C'era una volta in America" (Sergio Leone, 1984). **Ingresso libero, ampia scelta di birre e cocktail a 8 euro.**

## DOVE GIOCANO I BAMBINI

**Giocomondo è uno spazio interculturale all'interno del Villaggio Barona** dove i bambini fino a sei anni e le loro famiglie possono divertirsi con laboratori, letture, mercatini, feste e spettacoli. In inverno le attività si svolgono nella spazio gioco al coperto, che può contenere un massimo di 25 bambini con i rispettivi accompagnatori, quindi è meglio prenotare. Nei mesi più caldi, invece, si può uscire a giocare in giardino. **L'ingresso** al centro, gestito dai volontari del Progetto Solidarietà (ramo dell'Onlus Associazione Sviluppo e Promozione) **è gratuito o a offerta libera**.

# QUARTIERI SAVONA E TORTONA

## FAI LA SPESA GIUSTA

In questo quartiere i mercati sono numerosi e molto ben forniti. Una vera manna per la spesa low cost. **Ogni mercoledì c'è il mercato di via Vespri Siciliani**, poco oltre piazza Napoli. Vi segnalo **la bancarella all'altezza della via Tito Vignoli,** che vende frutta e verdura freschissima a prezzi onesti. Se vi va di spingervi un po' più in là, verso il Giambellino, il giovedì c'è il **mercato di via Segneri**. Qui trovate tutto il necessario per la spesa quotidiana, preservando l'integrità delle finanze. Inoltre, poco lontano da qui ogni martedì e sabato c'è il mercato di Papiniano, il più famoso e frequentato della città (vedi zona Ovest). Basta attraversare il Parco Solari.

**Miracolo a Milano**, di nome e di fatto: in questa bottega in via Stendhal, nel cuore del distretto del design, ci sono **ottimi formaggi** che provengono dal lodigiano a prezzi più che abbordabili (ricotta da 8 euro al chilo, mozzarella e crescenza da 13 euro).

## MANGIA BENE E BEVI MEGLIO

Nonostante la zona sia stata colonizzata negli ultimi anni dai grandi nomi del design e della moda, il quartiere non ha perso del tutto la sua connotazione popolare e si può ancora trovare qualche angolo ruspante dove fermarsi a mangiare un boccone.

Alla **Latteria Davenia** di via Tortona a pranzo si mangiano **squisitezze pugliesi** a prezzi popolari. Ambiente spartano e conduzione familiare (la signora Clementina conduce il locale con l'aiuto delle figlie e delle nipoti) per una trattoria che a pranzo sfama un esercito di impiegati e qualche habitué. Nel menu tutti i classici: fave e cicoria, orecchiette, ma anche lasagne e polpette al forno. **Si mangia con circa 10 euro** e si possono comprare anche ottime burrate e mozzarelle di bufala che arrivano direttamente da Bisceglie.

Alla **pizzeria San Gennaro** in via Savona si mangia una buona pizza senza spendere una fortuna **(pizza e birra costano circa 15 euro)**. Ambiente spartano e luci al neon, questo locale è a conduzione decisamente familiare: tre generazioni sono presenti in sala contemporaneamente, dalle anziane signore sempre vestite di nero ai bambini.

La **Cozz** in via Savona riprende il classico belga mules et frites: il menù è interamente dedicato alle cozze con patatine fritte, proposte in più di venti versioni. Completano l'offerta ostriche, calamari in pastella, carpacci di pesce, misto di coquillage al gratin e così via. **Il conto è sui 20 euro, bevande a parte.**

**San Marco** in via Stendhal è una pizzeria a conduzione egiziana, caratterizzata da prezzi bassi e cordialità. Mille pizze, i classici della cucina italiana (tortellini alla panna, spaghetti ai frutti di mare nel cartoccio della pizza, grigliata mista di pesce) e qualche specialità come falafel (anche nella pizza!) e kebab.
**A cena si spendono circa 20/25 euro,** a seconda di quello che ordinate.

**Da Acquamarina**, un'altra pizzeria a conduzione egiziana in via Bergognone, oltre alle pizze si ordinano primi di pesce come le linguine con scamponi e pomodorini, grigliate di carne e, su ordinazione, paella. Il conto è **20 euro o poco più, escluso il bere.**

Per uno spuntino veloce e a prezzi onesti consiglio il **Mekan**

## T'AGGIUSTO IO

**Pronto soccorso per moto.** In via Savona 57, accanto al cinema Mexico, **Motoscambio** vende moto e scooter, anche usati, ed effettua riparazioni a prezzi onesti: i meccanici, tutti giovani, hanno un'esperienza consolidata e utilizzano i ricambi dei migliori produttori per la manutenzione dei vostri mezzi. Qui si possono comprare anche guanti, giacche, giubbotti e altri accessori di protezione.

**La batteria del vostro cellulare non dà più segni di vita?** Prima di buttarlo, passate da **Alto Voltaggio** in via Giambellino 44: qui si vendono pile e batterie di ogni tipo (per telefoni, notebook, videocamere, macchine fotografiche, ma anche automobili) e per ogni esigenza, da 25 euro in su.

**Kebab** di via Carlo Troya. Il negozio, gestito da un team di quattro giovani turchi, offre **ottimi kebab con carni di tacchino e vitello di provenienza italiana (4 euro),** piatti di patate e riso con verdure. Il panino ai falafel e quello con feta e tazaziki (entrambi: 3,50 euro) sono assolutamente da provare! Il locale è aperto fino a tarda notte.

## SHOPPING & BEAUTY

**Baby Boom** in via Savona è una **boutique dell'usato** dove si vende e si compra con la formula del contovendita. Qui ritirano **abbigliamento 0-12 anni e premaman, articoli per l'infanzia** (culle, lettini, sterilizzatori, passeggini, giocattoli...), attrezzature da neve e accessori da mare. I prodotti restano in esposizione per sessanta giorni a prezzo pieno, poi vengono scontati un po' per volta fino al 30%. L'invenduto, se non viene ritirato, va in beneficenza o è proposto al massimo del ribasso.

**Un po' libreria, un po' caffè, un po' galleria**, un po' covo di carbonari, **Gogol & Company** è soprattutto un luogo dove trascorrere del tempo. A Danilo, giovane proprietario e anima del progetto, piace dire di essere un presidio culturale nel quartiere e non si può che essere d'accordo. In questo grande spazio su due piani si viene anche per comprare, certo, ma ci si può fermare semplicemente a sfogliare un libro, accomodandosi sulle poltrone in pelle piazzate proprio davanti agli scaffali, magari sorseggiando un tè o una tisana ayurvedica (3 euro). Qui niente commessi che vi chiedono dubbiosi se "Il rosso e il nero" è il nuovo compendio sulla storia del Milan, ma dei veri librai, pronti a dispensare consigli e aiutarvi nella scelta del libro che fa per voi. La selezione dei volumi è davvero notevole, con un occhio particolare alla filosofia e ai movimenti politici, senza trascurare il cinema e le arti visive. L'ambiente, arredato con gusto, ricorda certi locali di Berlino: atmosfera un po' bohémien, tanto legno, ferro e musica in sottofondo scelta con cura. Nella caffetteria si può pranzare e all'aperitivo trovate **birre artigianali da 3,50 euro e tapas sfiziose da 2,50 euro.** L'acqua, frizzante e naturale, è sempre gratis.

**Gli appassionati di grafica e design** non possono perdere **121+ Libreria ExTemporanea.** Dopo una prima apertura temporanea, 121+ ha esteso l'esperimento a tempo indeterminato: gli spazi di via Savona 17/5 si aprono ogni giorno a curiosi e

appassionati per offrire, oltre al catalogo dei libri della casa editrice Corraini (tra cui tutte le opere di Bruno Munari!), una selezione costantemente aggiornata di volumi di design, architettura, arte, fotografia, moda, illustrazione, grafica e cucina, senza dimenticare i libri per bambini. I libri non sono low cost, ma ogni mese si tengono mostre, presentazioni, incontri e workshop, anche per i più piccoli, molti dei quali a ingresso gratuito.
Basta tenere d'occhio il calendario visitando la pagina della libreria su Facebook.

Da **C.D.R.,** bottega di ricambi per casalinghi in via Giambellino 67, si viene anche per fare scorta di **detersivi**, che vengono venduti **alla spina con prezzi che vanno da 1 a 3 euro al litro.** Basta venire qui con il proprio recipiente e rifornirsi di detergente per i piatti, per il bucato, sgrassatori vari e gel per lavastoviglie.

## SPAZIO ALLE CULTURE

Il **Cinema Mexico** è una **storica sala d'essai.** Da 32 anni è la casa del Rocky Horror Picture Show (sono soltanto 5 in tutto il mondo!) e propone una programmazione in aperta controtendenza rispetto a quella delle multisala che hanno invaso la città: **qui vengono proiettati film d'autore** che accontentano i gusti dei cinéphiles più raffinati. Il Mexico, inoltre, sostiene il lavoro di registi e cineasti indipendenti fornendo uno spazio alternativo ai consueti circuiti di distribuzione: per esempio ha contribuito al successo di Giorgio Diritti lasciando il suo film "Il vento fa il suo giro" in cartellone per due anni. **Tutti i lunedì chi viene al cinema in bicicletta entra al prezzo scontato di 4 euro.**

Inquadra con il tuo smartphone il codice a lato ed entra nel sito della Provicia di Milano, iniziativa Invito a Teatro

**Teatro Libero è un osservatorio teatrale attento ai nuovi linguaggi.** Aperto dal 1993, è una sala sospesa in cima a una ex-fabbrica alimentare di via Savona, caratterizzata da una programmazione di qualità e da un'organizzazione dinamica sempre pronta a investire in nuove idee. Fa parte del circuito Teatri Possibili e, grazie alla direzione artistica di Corrado D'Elia, con il tempo è diventata una delle sale più amate e frequentate della città.

**Con l'abbonamento Cartalibera risparmi fino al 50% sul biglietto d'ingresso**: l'opzione Basic, per esempio, prevede **6 spettacoli a 66 euro**.
La struttura aderisce a Invito a Teatro, l'iniziativa promossa dall'Assessorato alla Cultura della Provincia di Milano che da più di trent'anni consente di acquistare abbonamenti da otto spettacoli a prezzi calmierati (circa 10 euro a ingresso).

## A PIEDI NUDI NEL PARCO

Anche se dal 2006 è intitolato a Don Giussani, il fondatore del movimento Comunione e Liberazione, tutti lo conoscono ancora come **Parco Solari**.
Il parco è stato creato negli anni Trenta nell'area fino ad allora occupata uno scalo merci ferroviario, adibita al trasporto di bestiame destinato al macello, che un tempo collegava Porta Genova con lo scalo Sempione. Prima che l'Olona venisse coperto e poi deviato lungo i viali della circonvallazione esterna, il parco era attraversato per un tratto dal fiume, che poi sfociava nella Darsena di Porta Ticinese.
È stato completamente riqualificato e rimesso a nuovo nel 2004. **All'interno** di questa area di verde pubblico, che copre una superficie di 43.000 metri quadrati, **trovate quattro aree giochi** (incluso uno spazio per il gioco dei suoni con dispositivi acustici e interattivi), **un mini calcetto, una pista ciclabile che attraversa tutto il parco e la piscina comunale.**

## OGGI MI VOGLIO ROVINARE

**Sfizi da strada, ma solo a pranzo.** Per un'occasione un po' speciale, in via Lorenteggio 269 c'è **Mangiari di Strada**, un self service di lusso aperto solo a pranzo che propone **cibo da strada con ricette da tutta Italia.** Ci si affaccia al bancone, si leggono i piatti del giorno, si ordina, si prende il piatto e ci si siede.
Materie prime di ottima qualità fanno da base a preparazioni semplici e sfiziose: il pastrami, le alici in saor e il lampredotto (cioè la trippa alla fiorentina) sono assolutamente da assaggiare.
**Per un paio di portate, birra e caffè si spendono circa 25 euro.** Non esattamente low cost, ma una volta ogni tanto ce lo si può concedere. Attenzione all'ora di punta spesso è affollatissimo!

## IN FORMA

La **piscina Solari,** progettata nel 1963 da Arrigo Arrighetti, ha il grande vantaggio di essere sempre aperta, **dalle 7 del mattino alle 11 di sera**.
Durante la settimana non è raro imbattersi in professionisti che si tengono in forma facendo qualche vasca all'alba, anche se il picco di massima affluenza è nelle ore serali. **Immersa nel verde del parco**, grazie all'ampia vetrata e alla copertura a parabola dà la piacevole impressione - a chi la frequenta -di nuotare all'aperto, anche in pieno inverno.
Nei mesi estivi si trasforma in luogo di relax ideale per sfuggire all'afa della città grazie all'ampio solarium attrezzato di tutto punto. **MilanoSport qui organizza corsi a prezzi calmierati per tutte le età**, con attività di nuoto e acquafitness dedicate a bambini, ragazzi, adulti e over 55. L'ingresso è di soli **4 euro nei giorni feriali**, sale a **5 nel weekend**. Con 40 euro ci si assicura l'abbonamento con entrata libera per un mese.

6

# ZONA OVEST

**DA NON PERDERE: il tempio del calcio**. Per i tifosi, niente di meglio di una visita al **San Siro Museo & Tour**. In questo museo sono esposti numerosi cimeli che faranno felici i tifosi più accaniti, ma **la parte più emozionante è la visita allo stadio Meazza deserto, con il campo e le tribune vuote, uno spazio immenso e stranamente silenzioso**. Ma anche gli spogliatoi riservano delle sorprese… Non molti sanno che ce ne sono addirittura tre: uno per l'Inter, uno per il Milan (con le poltrone personali in pelle per ogni giocatore) e uno per le squadre ospiti. Il biglietto di ingresso costa 7 euro per la sola visita al museo, ma consiglio di investirne 13 per fare anche il tour. Interisti e milanisti, ma solo se titolari della tessera del tifoso, entrano a prezzo ridotto.

## QUARTIERI MAGENTA E VERCELLI

### FAI LA SPESA GIUSTA

**Martedì mattina e sabato**, quello di **Papiniano** è "il **mercato**" per antonomasia. Qui oltre a vestiti e merci di ogni genere, trovate frutta, verdura e alimentari a prezzi concorrenziali, basta avere la pazienza di girare tra le bancarelle. Se volete provare un'insalata di mare sui generis, ma gustosa, nei banchi del pesce fresco trovate il totano gigante dell'Atlantico a circa 6 euro al chilo. **Al banco delle spezie di piazza Sant'Agostino** trovate tutto quello che serve per dare un tocco di esotismo ai vostri piatti: berberé, curry, cumino, zenzero fresco...

Tutti i **giovedì pomeriggio** in via San Vittore 49 c'è il **mercatino Solaresolidale** promosso da **La Cordata**. Lo slogan è: terre vicine, libere mani e legami solidali. Dalle 15.00 alle 20.00 il giardino del Residence San Vittore si apre a tutti i cittadini per offrire i prodotti di imprese agricole prevalentemente lombarde e piccoli artigiani, valorizzando le economie locali e le relazioni di comunità. Qui si possono comprare non solo **formaggi e salumi, vini e ortaggi a filiera corta e a km zero,** perlopiù derivati da agricoltura biologica, ma anche realizzazioni artigianali e piccoli arredi.
**I costi sono più bassi rispetto alla vendita al dettaglio** tradizionale, i prodotti sono di qualità e il lavoro di chi li produce è tutelato.

### MANGIA BENE E BEVI MEGLIO

**Burlagiò** è una trattoria aperta **solo a pranzo.** All'ingresso in via Meravigli 18 c'è soltanto il bancone del bar e per mangiare si deve salire una minuscola scala a chiocciola che porta alla sala al primo piano. Qui trovate tanti tavoli con la classica tovaglia a quadretti rossi e una cucina casalinga, come dalla mamma. **Con poco più di 10 euro si mangia primo, secondo, contorno**. I piatti? Pasta al ragù, cotoletta, braciola, verdure bollite e tutto il repertorio classico.

Anche se sembra una latteria, **Meucci in via Meravigli** è una piccola pizzeria, dove si mangia **la miglior pizza "elettrica" della città**, l'unica a non far rimpiangere il forno a legna. In alternativa è ottima la salsiccia con i fagioli. Per mangiare si spendono circa 10 euro per pizza e bibita.

Clamorosamente rimasto immutato nel tempo, il **Bar Magenta** ha festeggiato nel 2007 il centenario. All'angolo con via Carducci e corso Magenta, a due passi dall'Università Cattolica, questo locale ha ospitato generazioni di giovani e il bellissimo bancone e l'arredamento liberty sono entrati a buon diritto nel cuore dei milanesi. Il Bar Magenta è aperto tutto il giorno, dal cappuccino al bicchiere della staffa. A pranzo trovate qualche piatto e dei buoni panini. I prezzi non sono particolarmente bassi **(si mangia con circa 10 euro)**, ma, considerando la zona, non c'è da lamentarsi.

Il **Bar Anny** in via De Togni era un **cult negli anni Ottanta**. Entrando ci sono solo un bancone sulla destra e un tavolo con un divano in pelle marrone a forma di ferro di cavallo, mentre al piano di sopra c'è una saletta dove pranzare. Qui trovate **ottimi panini a prezzi concorrenziali (circa 3,50 euro)** rispetto agli altri bar della zona. Lo sanno bene gli studenti e i professori della vicina Università Cattolica.

In viale Papiniano c'è una delle filiali della storica **Pizzeria Spontini.** La formula, vincente, è sempre la stessa: solo **pizza al trancio** ben condita e croccante (**5 euro**) o, al limite, lasagne (solo a mezzogiorno). Servizio rapidissimo e con soli 50 centesimi in più si ha diritto al trancio maxi, cioè una porzione e mezzo. Uscirete di qui satolli e contenti.

## * IL MOMENTO MIGLIORE PER...

**A Natale pensiamo solidale.** Il **Banco di Garabombo** è lo storico tendone dell'economia solidale e del commercio equo organizzato da Chico Mendes, Radio Popolare e Librerie in piazza. Un mercato natalizio in cui, oltre al **commercio equo e solidale**, si trovano molte altre proposte: una sezione dedicata all'economia carceraria, una per i **prodotti biologici, di filiera corta e a "chilometro zero"** e una per le **cooperative sociali italiane e per quelle di Libera Terra**. Garabombo ospita inoltre abbigliamento e accessori, prodotti cosmetici, complementi di arredo, tessili e ceramiche, giochi per bambini, oltre a un'ampia esposizione di libri. Il mercato si trova in **via Mario Pagano** ed è aperto tutti i giorni, da novembre a gennaio, dalle 9 alle 20.

**Per uno spuntino sostanzioso** dopo le fatiche di un giro al mercato di Papiniano potete fermarvi da **Rotni Asian Restaurant, un take away con qualche posto a sedere** in via Cesare da Sesto. Qui negli ultimi anni si è venuta a creare una vera e propria enclave cingalese: dunque è il posto giusto per provare le specialità come il fish roti (fagottini ripieni di pesce e verdure). Il menù fisso prevede pollo o manzo accompagnato da riso giallo o bianco, curry di lenticchie rosse e verdure, tutto deliziosamente piccante e speziato. Per mangiare si spendono circa **8 euro.**
I **dolci a base di cocco** hanno un tasso di zuccheri che mette fortemente a rischio la vostra glicemia... ma una volta ogni tanto si possono assaggiare.

Alla **Pizzeria Da Biagio**, storico locale milanese in via Vincenzo Monti, puoi fermarti a mangiare una buona pizza a prezzi onesti **(circa 10 euro pizza e bevanda)** in un ambiente schietto e popolare. Andate sul classico e ordinate la margherita: è ottima. D'inverno si mangia nelle due salette, arredate con semplicità, mentre d'estate si può stare all'aperto in uno dei tavolini allestiti sul marciapiede. Il locale è piccolo e non accetta prenotazioni, meglio andare sul presto se non si vuole aspettare. Attenzione! **Si paga solo in contanti.**

## SHOPPING & BEAUTY

Al **mercato di Papiniano** espongono gli stessi banchi con i maglioni di cachemire che al lunedì e al giovedì stazionano in via San Marco (vedi zona Nord Est, quartiere Brera): non si tratta necessariamente di capi low cost, ma si compra con un certo risparmio. Per spese di minore entità, spostatevi in piazza Sant'Agostino e cercate il banco che vende **posate inox di seconda scelta da 0,50 a 1 euro**.

Inquadra con il tuo smartphone il codice a lato ed entra nel sito dell'Armadio Verde

Entrare in un negozio e portarsi a casa capi firmati senza spendere un euro? Si può, e non vi sto suggerendo di fare una rapina. L'**Armadio Verde** di via Ausonio fa parte di un network di swap boutique di **abbigliamento per bambini da 0 a 10 anni**. In parole povere il **negozio si basa sul baratto**: si entra nel club con una tessera associativa, si scelgono i vestiti che non si usano più e li si porta al negozio, accumulando un punteggio di "stelline" per ogni capo. Più stelline hai sulla swapping card, più vestiti puoi prendere e portare a casa. Attenzione: si accettano solo articoli in ottimo stato... L'ambiente è accogliente, arredato con materiali di recupero e mobili di cartone, e non manca, oltre all'armadio verde simbolo del negozio, un'area giochi dove i bambini possono divertirsi. Inoltre, periodicamente vengono organizzate presentazioni e incontri con animatori, illustratori e pasticceri.

Da **Il Girotondo** in via Dugnani trovi **usato garantito per donna e bambino**. Noto per la compravendita di abbigliamento e articoli per l'infanzia, lo storico negozio nato nel 1997 vanta un fornito corner dedicato ad abiti e accessori da donna firmati e rigorosamente ben tenuti. A questo si è aggiunto **Spazio Donna**, 120 metri quadrati in viale Coni Zugna 19. Trattandosi per lo più di articoli di seconda mano **il risparmio del 50% è garantito, ma può arrivare fino al 70%** rispetto al prezzo di partenza, in più a gennaio e a giugno si sconta tutto del 20%. I capi sono in ottime condizioni e le attrezzature perfettamente funzionanti. **Si può provare a portare qui ciò che non si usa più e venderlo: si guadagna la metà.** Gli articoli vanno consegnati stagionalmente e restano esposti a un prezzo prestabilito per tre mesi circa. L'invenduto si ritira o va in beneficenza.

**Il mondo è piccolo** in via Cesare Da Sesto è un negozio che rispecchia la passione per i giocattoli dei suoi proprietari. **Giochi vecchi e nuovi, principalmente in legno**, dove il filo conduttore è l'originalità, il fascino, lo stimolo a riflettere, a essere protagonisti del gioco, sviluppando creatività e fantasia. Tra le tante proposte: macchinine e barchette a elastico o palloncino, auto a energia solare, barchette a vapore, giochi ecologici, burattini. Questi giocattoli, che assomigliano a quelli di una volta, non fuzionano da soli: un'ottima occasione per divertirsi tutti insieme, coinvolgendo parenti e amci. Tante le soluzioni nelle diverse fasce di prezzo: **si possono trovare regalini** da dare agli invitati alle feste di compleanno **a partire da 1 euro**. Per i giochi da collezione le cifre sono elevate.

Da **Rossetti Dischi** in via Cesare da Sesto puoi comprare e vendere **volumi e film d'autore usati** a prezzi convenienti. Il nome di questo storico negozio, aperto dal 1981, è un omaggio all'azienda per cui Maurizio, il proprietario, montava antenne sui tetti per mantenersi agli studi. La scelta è vastissima, l'ambiente è accogliente e piacevolmente caotico, e con un minimo di fortuna potete trovare qualche chicca. Dai privati compra libri (ma non enciclopedie e best seller che si trovano facilmente in edizione economica), cd, vinili, blu-ray, dvd, videogame. Per quanto riguarda i film, meglio portare pellicole d'autore. Alla consegna della merce viene dato il corrispettivo in denaro, che può aumentare un po' se si acquista altro in negozio.

**Taglio e acconciatura gratis?** La **Toni&Guy Academy**, che ha sede nel bellissimo Palazzo delle Stelline, **è costantemente alla ricerca di modelle e modelli** disposti a rifarsi il look, cambiando il proprio taglio e colore dei capelli. **Se avete tra i 18 e i 25 anni**, potete prendere un appuntamento: le sessioni di taglio di solito si svolgono alla mattina dal lunedì al venerdì. Si può scegliere tra diverse opzioni: classic, advanced per chi ha voglia di osare e desidera cambiare look e non mancano le proposte dedicate agli uomini che vogliono provare gli stili più attuali del momento, ispirati alle celebrità del mondo dello sport, del cinema e dello spettacolo. I trattamenti sono eseguiti dagli allievi della scuola sotto la supervisione di parrucchieri esperti e i tempi di attesa per un appuntamento vanno da una a tre settimane per il taglio, un po' di più per il colore.

## SPAZIO ALLE CULTURE

Sta riaprendo i battenti, dopo un lungo restauro, il **Cinema Orchidea di via Terraggio,** con una programmazione di **pellicole di qualità a prezzi calmierati** a cura del Comune di Milano.

Inquadra con il tuo smartphone il codice a lato ed entra nel sito della Fondazione Stelline

In corso Magenta, proprio di fronte alla chiesa di Santa Maria delle Grazie, si trova il palazzo che ospita la **Fondazione Stelline**. In origine era l'antico monastero delle suore Benedettine di Santa Maria della Stella e dal 1600, per volere di san Carlo Borromeo, diventò scuola e opera di accoglienza delle piccole orfane, ribattezzate così "stelline". Negli anni Settanta l'orfanotrofio femminile fu abbandonato e dopo la ristrutturazione dell'architetto Jan Battistoni l'edificio ha cambiato aspetto e destinazione.

La Fondazione Stelline, costituita dal Comune di Milano e dalla Regione Lombardia, dal 1986 è un polo espositivo e culturale che si occupa di mostre d'arte contemporanea e del Novecento, pubblicazioni, progetti di ricerca, corsi di formazione, convegni e seminari, alcuni dei quali gratuiti. Oggi nei suoi tre chiostri hanno sede istituzioni come il Centro Culturale Francese, l'Istituto per il Commercio Estero e la Fondazione Mattei.

## ARTE E ARCHITETTURE A KM 0

Il **Museo Archeologico** sorge nel complesso del Monastero Maggiore di San Maurizio, le cui origini risalgono addirittura all'VIII secolo. Siamo nel cuore della Milano romana e nel chiostro è visibile l'unica torre della cinta muraria fatta costruire dall'Imperatore Massimiano alla fine del III secolo
La sede espositiva di corso Magenta, riaperta nel 2011 dopo i lavori di riqualificazione, ospita reperti della Milano antica e prosegue nella nuova ala di via Nirone con tre sezioni dedicate alla Lombardia altomedievale, al mondo etrusco e al mondo dei greci.
Nel giardino sono conservati i resti di una domus romana del I secolo, di cui è stata recentemente ristrutturata la preziosa pavimentazione a mosaico. **L'ingresso al museo costa 2 euro**.

La **chiesa di San Maurizio al Monastero Maggiore**, un tempo sede del più importante convento femminile dell'ordine benedettino in città, si trova all'angolo tra via Luini e corso Magenta, e vale davvero una visita. **L'interno è interamente decorato con meravigliosi affreschi di scuola lombarda**. Non sono molte le chiese in Italia ad avere conservato la cosiddetta iconostasi, cioè il muro che anticamente separava i fedeli dai religiosi. Gli affreschi del tramezzo tra le due aule sono di Bernardino Luini: sulla parete rivolta ai fedeli troviamo le rappresentazioni di sant'Orsola e san Maurizio, mentre sulla parete dell'Aula delle Monache ci sono, oltre alle storie tratte dal Vangelo, raffigurazioni di santa Caterina e di sant'Agata, vergini e martiri. Inoltre, all'interno della chiesa si possono ammirare opere di Simone Peterzano, maestro di Caravaggio, e un grande e rarissimo organo della metà del Cinquecento, utilizzato per concerti di musica classica. Questo gioiello è **accessibile gratuitamente grazie all'iniziativa del Touring Club "Aperti per voi"**.

Se avete un po' di tempo a disposizone fatevi due passi per **l'antica Mediolanum**, qui dietro c'è **l'area archeologica di via Circo**, dove appunto si possono vedere i resti dell'enorme circo costruito nel III secolo d.C., quando la città divenne capitale dell'impero. La struttura occupava un'area compresa tra corso Magenta, via del Torchio, via Brisa, via Cappuccio, via Circo e via Morigi.

Inquadra con il tuo smartphone il codice a lato ed entra nel sito di vivaticket

Migliaia di turisti vengono da ogni parte del mondo per ammirare Il **Cenacolo**, la raffigurazione dell'Ultima Cena dipinta da Leonardo nel **refettorio del convento di Santa Maria delle Grazie** tra il 1494 e il 1497. Nel dipingerla Leonardo non si affidò alla tradizionale e resistentissima tecnica dell'affresco, ma volle sperimentare un metodo innovativo che gli consentisse di intervenire sull'intonaco asciutto, per poter tornare a più riprese sull'opera curandone ogni minimo particolare. Purtroppo la pittura cominciò ben presto a deteriorarsi e quello che ammiriamo noi oggi non è che un'ombra dell'originale, pazientemente ricostruita dopo l'ultimo lungo restauro terminato nel 1999. **Con l'iniziativa** del Ministero dei Beni Culturali **"L'Arte ti fa gli auguri" chi si presenta il giorno del suo compleanno non paga** il biglietto d'ingresso, basta esibire la carta d'identità. La **prenotazione è obbligatoria** ed è possibile solo telefonicamente tramite call center 02/92800360.
**Tutti gli altri giorni l'intero costa 8 euro** (6,50 + 1,50 di prenotazione obbligatoria), ma ci sono riduzioni per i ragazzi sotto i 25 anni e gli adulti over 65. La soluzione più rapida è acquistare il biglietto direttamente online sul sito vivaticket.it, dopo aver verificato gli orari disponibili. Se passate da queste parti in marzo non perdetevi la fioritura della magnolia stellata nel chiostro Santa Maria delle Grazie.

La **Basilica Sant'Ambrogio** è, insieme al duomo, il fulcro religioso della città. Fu consacrata nel 386 da Ambrogio e dedicata ai santi martiri perché costruita nel luogo dove erano stati seppelliti i primi martiri cristiani. Fra il IX e il XII secolo presero avvio le trasformazioni che portarono la basilica all'aspetto definitivo, mentre più tardi seguirono le decorazioni pittoriche dei grandi maestri lombardi del Rinascimento come **Bramante, Bergognone e Luini**. Da non perdere il pulpito del primo periodo romanico; il mosaico dell'abside, originario del IX secolo, raffigurante il Redentore tra una folla di santi "milanesi"; **l'altare d'oro è un vero e proprio capolavoro di oreficeria**

**carolingia**. Nella piazza, sul lato sinistro rispetto alla basilica, c'è una colonna romana con due fori. È la cosiddetta "colonna del diavolo": secondo la leggenda il demonio, cercando di trafiggere Sant'Ambrogio con le corna, finì invece per conficcarle nella colonna. La tradizione popolare vuole che i fori odorino di zolfo e che appoggiando l'orecchio alla pietra si possano sentire i rumori dell'inferno.

Inquadra con il tuo smartphone il codice a lato ed entra nel sito del Museo della Scienza e della Tecnologia

Il 27 aprile 1947 al numero civico 17 di via San Vittore viene esposto il cartello che annuncia la nascita del **Museo Nazionale della Scienza e della Tecnologia**. È il più grande museo della scienza e della tecnologia in Italia, uno dei più noti in Europa e nel mondo, e possiede **la più importante collezione di modelli di macchine realizzati a partire da disegni di Leonardo da Vinci**. Nato per ospitare i monaci dell'ordine degli Olivetani, il corpo centrale del Museo è stato costruito agli inizi del Cinquecento, ed è divenuto ospedale militare sotto Napoleone. In seguito è stato trasformato in caserma dell'esercito italiano e, infine, è stato restaurato per essere adibito a sede espositiva. Nei 50.000 metri quadrati di superficie, articolati in ben 15 sezioni, trovate macchine leonardesche, radio e trasmittenti di ogni epoca, carrozze, motociclette, robot, aerei, velieri, **la sala da ballo e il ponte di comando di un transatlantico del 1925 e persino un sommergibile**. È il Toti, un "submarine killer" lungo 42 metri e pesante 536 tonnellate, arrivato a Milano una calda sera d'agosto del 2005 con tutta la città (almeno, quelli che erano rimasti a Milano...) ad accoglierlo in un corteo trionfale. Sul sito del museo trovate il video dell'evento.

**Per visitare il museo gratuitamente approfittate della Open night**, un'apertura serale gratuita solitamente organizzata verso le fine di settembre. Un'occasione unica per sperimentare attività nei laboratori interattivi per bambini e ragazzi (particolarmente interessante quello che analizza le sostanze chimiche contenute in ciò che mangiamo) e nelle sezioni storiche, visitare mostre temporanee e salire a bordo del Toti. Inoltrandovi nei suoi padiglioni potete ripercorrere l'evoluzione dei trasporti su rotaia in una stazione ferroviaria di fine '800 perfettamente ricostruita, oppure ammirare la ricostruzione dell'astrario di Giovanni Dondi, un affascinante orologio-planetario medievale.

## A PIEDI NUDI NEL PARCO

Non tutti sanno che il Palazzo delle Stelline è immerso in un magnifico **giardino di 5.000 metri quadrati a ingresso libero**. Sono gli **Orti di Leonardo**, il giardino che Ludovico il Moro regalò a Leonardo mentre stava dipingendo l'Ultima Cena nella vicina Santa Maria delle Grazie.
Negli anni questo piccolo giardino è stato utilizzato dagli orfani del Collegio delle stelline e dei Martinitt. Una volta entrati, improvvisamente, il rumore del traffico sparisce e ci si trova in uno splendido spazio alberato circondato da palazzi liberty. Non ci sono panchine, ma si può portare un plaid per sedersi sull'erba. Poteted entrare anche dalla vicina via dei Togni, al civico 10: lo riconoscete dai tanti passeggini parcheggiati.

È aperto da un po', ma in pochi se ne sono accorti. Il portoncino d'accesso è spesso chiuso o accostato. Eppure, **dietro al portone al civico numero 5 di via Terraggio, c'è un giardino segreto**. Il Comune nel 2011 ha deciso di aprirlo al pubblico: è attrezzato con un'area giochi adatta ai più piccoli ed è un rifugio prezioso dal caos della città.
Questo bellissimo giardino fu donato da Ludovico il Moro a Lorenzo de' Medici insieme al palazzo attiguo, ancora oggi conosciuto come Casa Medici, perché il principe fiorentino avesse una degna sistemazione quando veniva a Milano a trovare gli Sforza.

## STORIE E PERSONE

**Banditi a Milano: la banda del buco.** Il 20 febbraio 2008 le pagine di cronaca riportano la notizia di un furto sensazionale: dopo mesi di lavori di scavo nelle cantine vicine (un'ora al giorno, non di più, per essere sicuri di non dare nell'occhio), la banda del buco irrompe alle 8.30 del mattino nella prestigiosa gioielleria Damiani al numero 80 di corso Magenta. Nessuna violenza, niente armi: immobilizzano i presenti a mani nude, li legano, ma senza stringere troppo.
I quattro banditi, con le divise della Guardia di Finanza, ripuliscono il caveau e se la danno a gambe per le cantine con un bottino di cinque milioni di euro. Alcuni giornali intervistano i banditi in pensione della storica banda di via Osoppo: secondo loro è il colpo del secolo, un capolavoro di organizzazione.
I rapinatori verranno catturati a dicembre dello stesso anno in Sicilia.

## DOVE GIOCANO I BAMBINI

Oltre alla visita, il **Museo della Scienza e della Tecnologia** nel weekend offre un ampio catalogo di **laboratori interattivi dedicati ai bambini e ai ragazzi**: chimica, materie plastiche, alimentazione, energia e ambiente, luce, robotica, biotecnologie e persino un laboratorio per imparare a fare gli affreschi come Leonardo. E **per i più piccoli c'è il laboratorio delle bolle di sapone.** Le attività in programma nei laboratori interattivi e nelle sezioni espositive sono incluse nel biglietto d'ingresso, su prenotazione all'infopoint del museo il giorno della visita e fino a esaurimento posti.
Un assassino si aggira per il Museo Archeologico e ha già mietuto la prima vittima... bisogna fermarlo! **Delitto al museo è una visita guidata con performance teatrale** che trasforma i bambini (dagli 8 anni in su) in detective alle prese con un pericoloso criminale. Il costo è di 12 euro.

# QUARTIERE FIERA

## FAI LA SPESA GIUSTA

A **La Bottega del vinaiolo** in via Washington trovi **vino sfuso a partire da 2,60 euro al litro.** Andrea e Guido, i titolari, per tenere bassi i costi cercano di evitare gli intermediari e scelgono personalmente i vini da vendere in negozio. Sono circa otto le varietà proposte a rotazione, tra cui Nebbiolo e Barbera dal Piemonte, vino dell'Oltrepò Pavese, Traminer dal Friuli e Tosco dai colli aretini. Si effettuano consegne a domicilio gratuite in zona per ordini minimi di 12 bottiglie ed è possibile prenotare damigiane da 28, 34 e addirittura 54 litri.

Per la spesa degli alimentari lo storico **mercato coperto di piazza Wagner** è di sicuro un punto di riferimento, ma non aspettatevi cifre concorrenziali. Qui si trova **la qualità al giusto prezzo. Vista la zona, non è un dettaglio da trascurare.** In questa bella costruzione liberty in ferro battuto ci sono diversi tipi di botteghe: al Paradiso del Pane si compra pane buono a 3,65 il kg, da Isola bio prodotti vegani a prezzi accettabili.

Inquadra con il tuo smartphone il codice a lato ed entra nel sito del Cantiere

**Il MerCantiere** è il **mercatino di** autoproduzioni, filiera corta e **prodotti bio del Centro sociale Cantiere**. Frutta, vedura, legumi e fomaggi biologici provengono da piccoli produttori locali. Per informazioni sulle date visitate il sito del centro sociale.

## MANGIA BENE E BEVI MEGLIO

Al **Bar Metro** in via dei Martinitt le bottiglie di whisky sono esposte quasi come fossero trofei. Il proprietario, il signor D'Ambrosio, le colleziona da quasi cinquant'anni con ineguagliabile devozione ed è arrivato a raccogliere (pare) undicimila etichette. Mi sembrano referenze sufficienti per consigliarvi di venire a bere qualcosa qui: **whisky irlandesi, svedesi, bretoni, statunitensi, canadesi e giapponesi, a partire da 3 euro**. Si arriva a cifre ben più consistenti per bicchieri più rari e pregiati.

In via Lipari alla **Bottiglieria Bulloni** servono soltanto vino e niente cocktail. In questa storica bottiglieria con mescita **i calici vanno dai 3 ai 7 euro** e sono accompagnati da ottime tartine a base di salumi e formaggi. Fa eccezione lo spritz, finalmente fatto come si deve, con il pistone del seltz del 1933, anno di apertura del locale.

Uscire il sabato sera nei pressi di via Marghera e spendere meno di 20 euro? Non è un'impresa impossibile, basta andare alla **Trattoria Toscana** di Carmine Martino in via Raffaello Sanzio. Qui puoi ordinare primo, secondo e contorno per **8 euro a pranzo e 13 euro a cena (bevande escluse)**, il tutto in una zona ormai assediata da asettici wine-bar e pretenziosi cocktail-restaurant. Meno male che si può contare su Antonia e Carmine per una cucina casereccia a prezzi calmierati. Nonostante l'insegna, non aspettatevi nulla di toscano, qui si mangiano risotti, penne all'arrabbiata, tagliata con la rucola e zuppa di cozze. Perfetto per una serata tra amici.

Basta fare qualche passo oltre in via Raffaello Sanzio per imbattersi in **Non solo Pizza**. Nonostante il nome, nel menù non troverete molto altro. Ma la pizza è buona, il servizio è rapido e, d'estate, si può mangiare all'aperto in una manciata di tavolini.
**Il conto? Circa 10 euro per pizza e birra**.

## T'AGGIUSTO IO

**Sos orli e rammendi.** Avete nell'armadio un paio di pantaloni che non mettete da tempo o una camicia che non vi entra più? Prima di buttarli via pensateci bene: potrebbe valere la pena portarli in sartoria. In **via Faruffini 9**, a 50 metri dalla fermata della metropolitana De Angeli, c'è l'**Orlo Magico**, una tappa obbligata per chi è in cerca di sarte esperte in questa zona. Nel laboratorio sul retro si effettuano riparazioni di ogni tipo, dalle più semplici (e low cost), come **l'orlo (da 6/8 euro)** o **il cambio delle cerniera (8 euro circa)**, agli interventi più delicati, come i rammendi invisibili o la riparazione di capi in pelle e pellicce. Ma in questo caso si spende decisamente di più e vale la pena solo se siete particolarmente affezionati a un abito o lo avete pagato molto. Tuttavia, al di là della spesa, è innegabile il risparmio: riutilizzate ciò che avete già nell'armadio senza bisogno di ricomprarlo nuovo.

**Voglia di Oriente?** Da **Full Kinley**, enorme ristorante da 150 coperti invia Marghera, trovate la doppia proposta: specialità cinesi e giapponesi con la formula **"all you can eat"**.
Da una parte ci sono i cavalli di battaglia della cucina cinese (nuvole di drago, involtini primavera, pollo al bambù, maiale in salsa agrodolce), dall'altra il Giappone del sushi e del sashimi, con aggiunta di tempura e di altre specialità del Sol Levante. **A pranzo si mangia con 9 euro**, che salgono a **18 (più due di coperto) per la cena.**

In via Correggio alla **Creperie D'Auriane**, nome della giovane parigina proprietaria del locale, a pranzo o a cena **potete gustare le migliori crêpes di Milano**. Ottime quelle dolci (la classica suzette, con succo d'arancia e Gran Marnier, è insuperabile), sorprendenti quelle salate di farina di grano saraceno. Il ripieno fa appello ai classici della cucina francese: funghi saltati, formaggio di capra, pancetta affumicata e pomodori; fondi di cipolla, patate, speck e reblochon; salmone affumicato, panna ed erba cipollina. **I prezzi vanno dai 3 ai 12 euro**.

**Voglia di assaggiare le specialità di Manila?** In piazza Vesuvio, proprio davanti al consolato filippino, Jenny vende squisitezze ai suoi connazionali e a chi si avventura in esotismi gastronomici. Impossibile non notarla: il furgoncino del **Filippino Rolling Take Away** è interamente dipinto di fucsia. Ai palati poco avvezzi consiglio gli spaghetti di soia con pollo e verdure o quelli di riso con gamberi (3,50), gli spiedini di maiale (1 euro) e gli involtini primavera (1 euro). Da non perdere le banane fritte caramellate! Se siete indecisi su cosa ordinare, chiedete consiglio a chi è in fila con voi... A pranzo si spendono circa **6 euro** e potete fermarvi a **mangiare su una delle panchine dei giardini di piazza Vesuvio**.

## SHOPPING & BEAUTY

La zona è chic e residenziale, quindi non ci si aspetti di fare grandi affari. In compenso ci sono indirizzi interessanti per comprare abbigliamento di seconda mano firmatissimo vestendo alla moda senza sottoporsi ai salassi delle boutique del centro. E poi in tempo di crisi un bel cappotto può diventare un bene rifugio...

Nel 1979 un gruppo di amiche comincia per gioco un'attività che si è andata consolidando nel tempo: lo scambio di vestiti in un'atmosfera complice e amichevole. A **Il Nuovo Guardaroba** in via Asti, a due passi dal Teatro Nazionale, trattano esclusivamente **usato chic e superselezionato.** Si può scegliere tra capi d'abbigliamento, scarpe e accessori di ogni genere (borse, cappelli, cinture, guanti, sciarpe, foulard...), bigiotteria, oggettistica e biancheria per la casa. **Potete provare a portare qui i vestiti che non mettete più**, ma devono essere in ottime condizioni. Per ogni capo venduto si riceve il 50% del prezzo concordato.

Nel cortile di un bello stabile d'epoca in zona Fiera, si vendono e si comprano abiti da donna attuali e selezionatissimi. **Mosè Bianchi 13 è uno spazio dell'usato** dove poter vendere e acquistare **accessori e abbigliamento firmati**, come nuovi, a prezzi decisamente accessibili rispetto a quelli praticati in negozio. L'ambiente è molto elegante e ricercato: scordatevi Portobello Road, qui siamo lontani anni luce dall'idea di negozio second hand. Negli oltre 200 metri quadrati di esposizione trovate articoli delle griffe più famose, soprattutto per quanto riguarda borse, scarpe, occhiali e accessori in genere.
Acquisti impulsivi o regali riciclati fanno la fortuna del negozio e di chi viene qui per aggiornare il proprio guardaroba: molta della merce in vendita arriva ancora con il cartellino.
Qualche esempio? Si può compare **un cappotto di Dolce & Gabbana a 250 euro, un abito di marca a 100**, ma ci sono capi a prezzi decisamente più abbordabili (20-30 euro). **Gli arrivi sono giornalieri**, quindi vale la pena passarci spesso per fare buoni affari. Se siete interessati a svuotare il vostro armadio, **da settembre a gennaio si portano capi per l'autunno-inverno, da febbraio a giugno vestiti e accessori per la primavera-estate.** La merce resta in vendita tutta la stagione al prezzo concordato e al proprietario va il 50% del ricavato. L'invenduto è devoluto in beneficenza. Altrimenti potete passare e farvelo restituire.

La **libreria Don Durito** esiste dal 2005 e si trova **nel centro sociale Cantiere**, uno spazio occupato e autogestito.
Don Durito è il fantastico personaggio nato dall'immaginazione del subcomandante Marcos: uno scarabeo a cavallo di una tartaruga che fuma la pipa, legge ed è il suo fido consigliere.
Oltre ai libri, specialmente di editori indipendenti e una selezione della letteratura e della saggistica internazionale, la libreria organizza eventi, presentazioni, dibattiti, spettacoli.
Ma da Don Durito trovate anche **detersivi bio alla spina, libri usati belli e a poco prezzo**, un angolo di book crossing, il

**Trovalibro** (per trovare libri rari, fuori catalogo...) e **BookGap**, un gruppo di acquisto grazie al quale in più comprate più risparmiate.

## INDIRIZZI PER DIVERTIRSI

Una serata al **Centro sociale Cantiere** è sempre una festa: nella palazzina liberty di via Monterosa 84 si alternano **djset, musica live e dancehall raggamuffin a ingresso gratuito**, giusto di fronte al palazzo di cristallo dove ha sede "Il Sole 24 Ore". Il Cantiere, inoltre, è uno spazio sociale aperto tutta la settimana, con una scuola di italiano per migranti, internet point gratuito, eventi culturali e presentazioni di libri. Dal lunedì al venerdì a pranzo si assaggiano i piatti della Taverna sociale clandestina.

## STORIE E PERSONE

**La Fiera Campionaria di Milano.** Aprile 1920: viene organizzata a Milano la prima Fiera Campionaria. Questa prima edizione si svolge sui Bastioni di Porta Venezia e conta 1200 espositori di cui 256 esteri. **Nel 1923 la Fiera si trasferisce nell'antica Piazza delle Armi**. L'area, allora periferica (vicino all'attuale Piazza Amendola), viene acquistata dall'Ente Autonomo Fiera Internazionale di Milano e ospiterà la manifestazione fino al trasferimento nel **2006** degli uffici e della maggior parte degli **spazi espositivi nella nuova area di Rho**. La crescita del polo fieristico, interrotto negli anni del fascismo e durante la seconda guerra mondiale, riprende rapidamente nel dopoguerra: con l'adesione dell'Urss nel 1951 Milano diventa, in piena guerra fredda, il punto di incontro commerciale tra Est e Ovest.**Tra gli anni Sessanta e Settanta la Fiera è un volano decisivo del boom industriale italiano**, affermandosi come la vetrina più nota del made in Italy. A metà degli anni Ottanta viene in parte rivisto il concetto di "Campionaria" (cioè la suddivisione degli spazi sulla base delle diverse categorie merceologiche) e nel 1986 la kermesse assume la denominazione "Grande Fiera d'Aprile". Nel frattempo sorge l'esigenza di trovare nuovi spazi: nasce il **Padiglione Sud a Lacchiarella** e parte il progetto per il nuovo polo fieristico nella vicina area ex Alfa Romeo del Portello. Attualmente il quartiere un tempo occupato dalla Fiera è in fase di riqualificazione con il **progetto Citylife**.

Il **Centro sociale Cantiere** sorge dove un tempo c'era il mitico **Derby**. Nato come ristorante e locale jazz (qui sono passati, tra gli altri, Aznavour, Coltrane e Quincy Jones), progressivamente si sposta sul cabaret. Qui si esibiscono **Enzo Jannacci, Cochi e Renato, i Gatti di Vicolo Miracoli**. Il locale lancia le carriere di comici come **Massimo Boldi, Mauro di Francesco, Giorgio Faletti ed Enrico Beruschi.** La guardarobiera, Rosa, se la ricordano tutti: sempre gentile e con una parola di incoraggiamento per gli artisti. Suo figlio passa ogni tanto a dare una mano con le luci e fa sbellicare con la sua imitazione dell'accento pugliese. Un giorno, nei panni del "terrunciello", lo spingono a salire sul palco ed è un successo. Il ragazzo si chiama **Diego Abatantuono**. Dopo il declino dei primi anni Ottanta, il Derby chiude nel 1985, schiacciato dalla concorrenza della comicità televisiva. Il 12 maggio 2001 un gruppo di giovanissimi studenti e precari occupa questo spazio e, dopo sedici anni di abbandono, lo inizia a ristrutturare, restituendolo ai giovani, al quartiere, alla città.

## ARTE E ARCHITETTURE A KM 0

Inquadra con il tuo smartphone il codice a lato ed entra nel sito di Casa Verdi

Casa Verdi. La chiamano così, da sempre. È la **Casa di riposo per cantanti e musicisti** che venne fondata dal compositore da Giuseppe Verdi. La palazzina in stile neogotico di piazza Buonarroti fu progettata nel 1896 dall'architetto Camillo Boito, fratello del celebre librettista e compositore Arrigo. I primi ospiti giunsero nel 1902 e da allora la struttura ha accolto circa 1000 artisti negli ultimi anni della loro vita. **I melomani non possono perdersi una visita qui, tra oggetti personali del Maestro e di sua moglie**, gli arredi, le collezioni d'arte e le rispettive tombe, ma anche quelle di tutti gli ospiti che qui hanno vissuto in oltre un secolo di storia. Oltre ai quadri, tra cui il famoso ritratto che gli fece Boldini, sono esposti i vestiti provenienti dalla camera dell'Hotel de Milan dove il musicista morì. Furono donati dal commendatore Giuseppe Spatz, proprietario dell'albergo, insieme ad altri oggetti ritrovati nella stanza dove soggiornava abitualmente il maestro. C'è anche una spinetta del tardo Cinquecento, probabilmente il primo strumento su cui si esercitò il giovane Verdi. **Le Sale museali e il Salone d'Onore sono visitabili solo su prenotazione. L'ingresso è a offerta libera**.

## DOVE GIOCANO I BAMBINI

Inquadra con il tuo smartphone il codice a lato ed entra nel sito del Teatro del Buratto

Con l'iniziativa "Insieme a Teatro" il **Teatro del Buratto** offre una serie di **spettacoli per bambini dai 2 ai 10 anni a prezzi calmierati (7 euro)**. Le performance si svolgono al **Pime** di via Mosè Bianchi tutte le domeniche alle 16.00 da ottobre a marzo. Inoltre, con soli 20 euro si può fare l'abbonamento a Città Teatro dei Bambini, che dà diritto a due ingressi al **Teatro del Buratto**, due ingressi al **Teatro Sala Fontana** (via Boltraffio 21, zona Nord Est), due biglietti ridotti (3 euro) all'**Anteo** SpazioCinema (via Milazzo 9, zona Nord Est) per la rassegna "Giorno di festa" e uno sconto 15% su un acquisto alla **Libreria dei Ragazzi** (via Tadino, 53).

# QUARTIERE SAN SIRO

## FAI LA SPESA GIUSTA

Il **punto vendita Simply** di via Novara è un vero e proprio **supermercato green.** Qui sono venduti molti prodotti sfusi a prezzi concorrenziali, dai cereali ai detersivi (da 0,50/ 0,80 centesimi). Inoltre, l'approccio è decisamente ecocompatibile: cestini e carrelli sono in materiale riciclato e ci sono grandi vetrate per sfruttare l'illuminazione diurna e contenere il consumo di energia.

**Tutti i sabati dalle 9.00 alle 14.30** nel piazzale sottostante il Mercato Comunale di Via Isernia 5 si tiene il **Mercato Agreste di QT8**. Qui si possono comprare prodotti a chilometro zero, a filiera corta, biologici e stagionali. I piccoli produttori propongono: frutta, verdura, conserve, carni, salumi, formaggi, farina, pane, pasta, vino e miele.

Nel distretto di San Siro, inoltre, si può contare su due buoni **mercati rionali**: quello di **via Zamagna il lunedì e quello di via Osoppo del sabato**, che dura tutto il giorno: non vi resta che perdervi tra le bancarelle e cercare le offerte migliori.

## MANGIA BENE E BEVI MEGLIO

All'**Osteria alla Grande** di via delle Forze Armate trovi servizio familiare e una cucina genuina che sfodera i **classici della tradizione lombarda**. Qui hanno sede le sedicenti Brigate Gastronomiche guidate dallo Smilzo, cioè proprietario. La moglie Elena guida la cucina facendo risotti, tagliatelle con funghi porcini, ravioli al brasato, gnocchi fatti rigorosamente a mano, pappardelle al sugo di lepre e un'ottima pasta e fagioli. E poi il brasato come si faceva una volta, la trippa alla milanese con fagioli, i rognoncini trifolati, lo stinco al forno, la cotoletta e l'ossobuco. I primi costano 8 euro e le porzioni sono generose, secondo e contorno stanno a 13 euro e il coperto non si paga. **A pranzo si spendono 9 euro bevande escluse.**

Franco, il proprietario della **Trattoria alla Casereccia** di via Vodice, sciorina un menù completo di **ottimi piatti calabresi**. La cucina propone pasta con le sarde, frittura e molte pietanze a base di pesce azzurro. Per il pranzo è ottima la soluzione con **il menù fisso 10 euro (bevande escluse)**, mentre a cena si consiglia di privilegiare i primi: il rapporto qualità prezzo è migliore.

**Bio e te** in via Millelire è un **piccolo ristorante orgogliosamente vegano**. Quindi in cucina non entra niente che abbia a che vedere con carne, latticini e uova... eppure si mangia bene e i costi sono abbordabili. Tra i piatti forti: tofu strapazzato, insalata di riso alle verdure con cumino, riso al curry, seitan, polenta e funghi e zuppa macrobiotica di miso. Il locale è aperto la sera solo dal giovedì alla domenica e tutti i giorni a pranzo. **Il conto viaggia tra i 15 e i 25 euro**, dipende da ciò che si ordina.

A metà degli anni Novanta è stato il primo chiosco in città a proporre aperitivi, lanciando una vera e propria tendenza: è il **Chiringuito di San Siro**, che si trova nell'oasi verde di Piazzale dello Sport, tra lo Stadio Meazza e l'Ippodromo del Galoppo. Oggi oltre ai cocktail (6 euro), **propone djset sotto le stelle** ed è diventato un punto di riferimento nella zona di San Siro nelle calde notti dell'estate milanese.

## HOTEL E OSTELLI

Per chi ha senso dell'avventura, il **Camping Village Città di Milano** è aperto tutto l'anno e dispone di **bungalow** immersi nel verde (**a partire da 48 euro, con servizi esterni**), con doccia, cucina e una graziosa veranda. Preparatevi a fare la colazione con turisti tedeschi di passaggio. Per provare l'ebbrezza del campeggio

### T'AGGIUSTO IO

**La vostra auto è in panne?** Niente paura, **in via Rembrandt 49 da Gi.vi.gi Car si effettuano riparazioni a prezzi onesti**: dalla diagnosi centraline elettroniche alle sostituzioni di gomme, dalla revisione al soccorso stradale con carro attrezzi. Si può dire che la storia della Renault a Milano sia stata scritta qui, in quarant'anni di onorato servizio. L'officina offre anche messa a punto, preparazioni sportive (Rally e Pista) e carrozzeria per auto storiche. In più, a tutti gli affiliati del Registro Storico Italiano R5 Turbo è riservato un trattamento dedicato con sconti e agevolazioni interessanti.

a Milano il prezzo è di **9 euro per gli adulti e 7 euro per i bambini dai 3 ai 10 anni**, la sosta del camper costa 10 euro e per piantare le tende ne bastano 6,50. Sicuramente un'opzione low cost, ma si consiglia solo ai viaggiatori consumati.

Inquadra con il tuo smartphone il codice a lato ed entra nel sito dell'Ostello di Milano

In via Salmoiraghi, a circa 10 minuti dallo Stadio, c'è l'**Ostello di Milano Piero Rotta**, la soluzione ideale per chi cerca un alloggio economico a Milano confortevole, **pulito, sicuro ed ecosostenibile**.
L'ostello offre stanze private da 2, 3, 4 letti con bagno e stanze in condivisione con 6 posti letto e bagni in comune al piano.
**Il prezzo per un posto letto è di circa 20,50 euro a persona,** la sistemazione in stanza privata varia dai 23 ai 27 euro a seconda della tipologia di camera (quadrupla, tripla o doppia) e **sono previste offerte speciali per i gruppi numerosi**.
Le tariffe comprendono pernottamento, colazione a buffet e lenzuola. L'ostello offre ai suoi ospiti uno staff multilingue, Wi-Fi gratuito, lavanderia a gettoni, car sharing e un delizioso giardino. Fu costruito negli anni Sessanta e all'epoca era un edificio all'avanguardia. Oggi, in collaborazione con il Politecnico di Milano, c'è un progetto di completa riqualificazione della struttura che prevede l'installazione di pannelli solari, pannelli fotovoltaici e l'utilizzo di energia geotermica per il riscaldamento. Attenzione, **per prenotare bisogna essere soci Aig o Hi (Hostelling International)**. La tessera è annuale, costa 5 euro e dà diritto a pernottare nelle oltre 4000 strutture HI nel mondo, oltre a numerose agevolazioni e convenzioni.

## SHOPPING & BEAUTY

Il **Mercatino dell'usato** di piazza Amati espone su un'area di 600 metri quadrati articoli di oggettistica, capi di abbigliamento, mobili, arredamenti completi e elettrodomestici. È inoltre allestito uno spazio per libri, giochi, vhs, dvd e cd.
**Qui puoi vendere tutto quello che non ti serve più** esponendo gratuitamente la tua merce: ricavi il 50% del prezzo stabilito su tutti gli articoli e il 65% sui mobili e l'arredamento.
Chi viene semplicemente per comprare può scegliere tra migliaia di oggetti usati selezionati, con nuovi arrivi ogni giorno.

**Quelli che il calcio: Beppe Viola.** Noto ai più come giornalista sportivo, Beppe Viola è stato nell'ordine anche paroliere, umorista, sceneggiatore e accanito scommettitore. Con l'amico d'infanzia Enzo Jannacci, con cui era cresciuto nello stesso cortile di via Lomellina, scrisse numerosi successi, come la canzone Quelli che... **Ricordato per l'ironia tagliente e lo stile dissacrante, ha fatto la storia della cronaca sportiva:** in un servizio poteva parlare di Omero come il primo dei giornalisti sportivi o definire Franco Baresi "il miglior libero d'Italia dopo Freda e Ventura" (all'epoca assolti per la strage di Piazza Fontana). Con gli amici del Derby si divertiva con l'"Ufficio Facce", che funzionava così: al tavolo con Cochi e Renato, Enzo Jannacci e Teo Teocoli fissavano chi entrava al bar e stabilivano a quale squadra appartenesse. Raramente si sbagliavano. Sua anche la canzone "Vincenzina e la fabbrica", colonna sonora del film "Romanzo popolare" di Mario Monicelli, di cui Beppe Viola è anche sceneggiatore (nel film compare in un cameo come maschera del cinema al fianco di Tognazzi e della splendida e giovanissima Ornella Muti).
Beppe Viola è morto improvvisamente nel 1982 per una emorragia cerebrale, durante il montaggio di un suo servizio sulla partita Inter-Napoli. L'amico Gianni Brera nel suo necrologio lo descrive così "nato per sentire gli angeli e invece doveva, oh porca vita, frequentare i bordelli".

---

Se sono trascorsi 60 giorni dalla data segnata sull'etichetta, c'è uno sconto ulteriore dal 10% al 50% alla cassa.

Nascosto in un interno al 37 di via Ricciarelli (attenzione, l'ingresso è da via Bisleri), c'è un'interessante showroom dell'usato con baby-corner dove i pargoli possono fermarsi a giocare mentre le mamme si danno allo shopping sfrenato. Da **Le Ranocchie** si possono comprare **abiti e accessori in ottimo stato** per bambini ma anche per adolescenti e premaman, e non mancano gli articoli per l'infanzia (dal box al tiralatte, dal passeggino alla carrozzina), giocattoli, libri, dvd e bici. A dicembre-gennaio e maggio-giugno ci sono i saldi e si spuntano prezzi migliori. Se portate qui i capi dismessi e le attrezzature che non usate più, **con la formula del contovendita avete diritto a metà del ricavato (per i mobili il 65 %)**. L'invenduto è reso o donato in beneficenza.

## SPAZIO ALLE CULTURE

Un laboratorio rilancia il quartiere. Il **Laboratorio di quartiere** è uno spazio recentemente inaugurato in Piazzale Selinunte. Qui psicologi, sociologi e ingegneri lavorano per sostenere chi abita nell'area intorno allo stadio Meazza, una zona divisa tra ville di lusso e case popolari coinvolte in un progetto di radicale riqualificazione. Il compito principale è offrire informazioni sui lavori di manutenzione straordinaria degli edifici per ridurre al minimo i disagi, ma si traduce in una sorta di presidio sociale nel quartiere.Tra le diverse iniziative portate avanti: **la biblioteca con i volontari che operano per la catalogazione e il prestito di circa 1000 libri**, raccolti attraverso donazioni; la consegna dei buoni per i vestiti per i bambini dagli 0 ai 12 anni (associazione "A braccia aperte" due mercoledì al mese), l'attivazione del gruppo di mutuo aiuto per i familiari di persone con disagio psichico (gruppo Ama - auto mutuo aiuto- due mercoledì al mese) e il gruppo di formazione (Femme Relais) rivolto a donne del quartiere; **non mancano laboratori, stazioni di ciclofficina, ludobus con giochi di strada**, la "Festa dei vicini" per gli anziani e i concerti in piazza. Il laboratorio è aperto il martedì e giovedì dalle 15.00 alle 19.00 e il mercoledì dalle 9.00 alle 13.00.

## ARTE E ARCHITETTURE A KM 0

Una grande **statua bronzea** ispirata ai disegni di Leonardo si trova nel **Parco dell'Ippodromo di San Siro.**
Si tratta di una fusione che ha come modello gli schizzi del maestro per il monumento equestre a Francesco Sforza, il più grande che si fosse mai visto fino ad allora. La statua non fu realizzata, ma Leonardo fece in tempo a farne un modello in argilla alto più di 7 metri, che fu distrutto dalle truppe francesi di Carlo VIII quando invasero l'Italia. Nel 1977 Charles Dent, un pilota americano collezionista d'arte, si entusiasmò all'idea di costruire la statua dopo cinque secoli e in quindici anni trovò i fondi necessari (quasi 2,5 milioni di dollari), ma morì prima di vederla realizzata. Il progetto stava per essere abbandonato, quando intervenne il proprietario di una catena di supermercati del Michigan, che si offrì di finanziare l'iniziativa, purché si facessero due cavalli: uno per Milano e uno per il parco Meijer Gardens, di sua proprietà. Le sette parti in cui il cavallo era stato fuso arrivarono nel luglio del 1999 a Milano dove vennero saldate insieme e trovarono la loro collocazione, non senza polemiche, proprio al galoppatoio.

## A PIEDI NUDI NEL PARCO

Il parco **Monte Stella**, conosciuto dai milanesi come **"La Montagnetta", si trova nel quartiere QT8.** Si tratta di una collinetta artificiale formata dall'accumulo delle macerie provocate dai bombardamenti della Seconda Guerra Mondiale e da altro materiale proveniente dalla demolizione degli ultimi tratti dei bastioni. Il parco è stato progettato dall'architetto razionalista Bottoni ed è dedicato alla moglie Stella. Il progetto iniziale avrebbe dovuto raggiungere i 90 metri di altezza, ma si fermò agli odierni 45 per problemi di terreno. L'area si estende su **370.000 metri quadrati e ci trovate olmi, aceri, tigli, platani, robinie, querce e betulle.** Quando nevica, non è raro trovare qualche snowboarder che approfitta di una pista improvvisata.

Inquadra con il tuo smartphone il codice a lato e entra nel sito del Centro Forestazione Urbana

Un **Boscoincittà**? Raggiungibile con l'autobus 72? Ebbene sì. A un certo punto, su via Novara, si apre uno **spazio di 110 ettari di verde**, con boschi, radure, sentieri, corsi d'acqua e orti urbani. È un parco pubblico del Comune di Milano, costituito nel 1974 su iniziativa di Italia Nostra, e rappresenta il primo esempio di forestazione urbana del Paese. L'antica cascina San Romano ne costituisce il centro operativo e da marzo a novembre si può prenotare per feste di compleanno per bambini, pic nic e grigliate con gli amici a contributo libero. All'interno della cascina c'è anche la **Biblioteca Verde**, nata con l'obiettivo di raccogliere libri, documenti e articoli che riguardano il verde pubblico. Vicino al laghetto, se siete fortunati, potrete vedere da vicino anche i conigli che corrono liberi nei campi. Nella fascia più esterna del Boscoincittà si trovano, oltre al vivaio e agli orti del tempo libero, che attualmente sono circa 140, aree a coltivazione guidata assegnate per sorteggio fra coloro che ne fanno richiesta.
Nel parco è previsto un **ricco calendario di iniziative**, tra cui il tradizionale falò di San'Antonio il 17 gennaio, la festa dell'uva e le attività didattiche di educazione ambientale per i bambini, come le "Avventure nel Bosco". Trovate tutte le informazioni sul sito. Un percorso consigliato? Prendete la bici e partite alla scoperta del bosco. Attenzione! Se decidete di andare in esplorazione, portate con voi delle bottiglie d'acqua e dei generi di prima necessità, soprattutto se siete in giro con bambini: non ci sono bar o zone ristoro, siamo in un bosco vero e proprio, anche se a due passi da San Siro.

Inquadra con il tuo smartphone il codice a lato ed entra nel sito del Parco delle Cave

Il **Parco delle Cave**, con i suoi 135 ettari, è il secondo per estensione a Milano. Nell'ex area delle cave di Baggio, abbandonate negli anni Sessanta, è stato realizzato, con il contributo di Italia Nostra, questo straordinario spazio di verde pubblico con laghi, boschi, ruscelli, orti e cascine. Oggi è sede di moltissime attività didattiche e di educazione ambientale, come i **corsi di giardinaggio e orticoltura, le passeggiate alla riscoperta delle lucciole e i boschi del tempo libero**, ed è molto amato e frequentato dagli abitanti della zona e dai bambini. Il parco non è recintato, quindi è sempre accessibile.

## IN FORMA

Inaugurato nel 1932, il **Lido** di piazzale Lotto prometteva ai milanesi "piacevolezze balneari". Faceva parte di un ambizioso progetto urbanistico il cui intento era dotare Milano di una vera e propria "città dello sport", con diversi impianti dedicati alla pratica sportiva e allo svago. L'impianto in origine consisteva in due vasche separate da un finto molo con tanto di scogli, leziosi pontili, lampioni in stile veneziano e un ristorante con una pista da ballo nel padiglione centrale. La formula non convinse i milanesi e, acquistato dal Comune nel 1936, il Centro venne via via trasformato in uno spazio polivalente. La svolta ebbe successo e fino a prima della guerra il Lido era uno dei luoghi più frequentati della città. Oggi ci vanno prevalentemente stranieri e d'estate, grazie alla numerosa comunità brasiliana, diventa una specie di succursale della spiaggia di Copa Cabana. Ma ci trovate anche ragazze rumene, gruppi di peruviani e milanesi alle prese con l'afa agostana. Attualmente al Lido sono presenti: 4 campi da tennis, di cui 3 con copertura invernale, 2 campi sintetici di calcio a 5, 1 campo di minigolf, 1 piscina scoperta di circa 8.000 metri quadrati con acquascivoli e solarium, e un campo da beach volley. Non solo nuoto, ma anche tennis e calcio a prezzi popolari: **campo da tennis scoperto a partire da 6,50 euro, coperto da 11,50 e campo da calcio a 5 da 40 euro**.
**L'ingresso alla piscina, aperta da giugno a settembre, costa 5 euro.**

## IL MOMENTO MIGLIORE PER...

**Riciclare.** La **Festa del Riciclo e della Sostenibilità ambientale**, nata nelle sue prime edizioni come festa del quartiere, è ora diventata una realtà milanese e nazionale grazie a Asco San Siro (l'Associazione dei Commercianti della zona) e Viattiva. Si tratta di una giornata di festa **per promuovere l'adozione di comportamenti eco-responsabili** e spiegare l'importanza della regola delle tre "R": ridurre, riutilizzare, riciclare. Quattro le parole d'ordine che animano gli stand da Piazza Selinunte a via Morgantini: raccolta differenziata (Non chiamarla spazzatura!), per imparare a separare correttamente le diverse tipologie di rifiuti; riuso (Scarti Party) con preziosi consigli su come riutilizzare gli oggetti vecchi e dismessi; riciclo (Riciclopoli!) che prevede laboratori per educare i bambini al riciclo; riduco (Vivi e muoviti eco!) un'area che si occupa di fornire produzioni e servizi per la riduzione delle emissioni nocive e la mobilità sostenibile.
Per scoprire le date delle prossime edizioni visita il sito:
**www.lafestadelriciclo.com**

# 7 ZONA NORD OVEST

**DA NON PERDERE: la festa dei dragoni.** Nei giorni del **Capodanno cinese** il quartiere Paolo Sarpi è una "festa mobile". Chinatown si colora di rosso con festoni, nastri e lanterne e sfilano in continuazione processioni di maschere e acrobati. E poi concerti, proiezioni, fuochi d'artificio e l'immancabile **sfilata dei dragoni**. Chiamato anche Festa di Primavera, il Chun Jie è tra le ricorrenze più sentite per la comunità cinese di Milano e si trascorre in famiglia, con regali e cenone, un po' come il nostro Natale. I festeggiamenti durano circa due settimane e culminano con la **Festa delle Lanterne**, quando ogni cinese accende candele alle finestre e gira per il quartiere tenendo in mano lanterne colorate per guidare gli spiriti benevoli. Fate attenzione alle date: la festa segue i cicli lunari e varia ogni anno.

# QUARTIERI PAOLO SARPI

## FAI LA SPESA GIUSTA

Se cerchi un cibo esotico questa è la zona giusta e il posto migliore è senza dubbio **Kathay Foods**. Nel supermarket di via Rosmini trovi sapori, aromi e colori di altri mondi: frutta, verdura esotica, cibi, spezie e liquori che provengono da Cina, Giappone, Indonesia, Thailandia, India, Sri Lanka, Filippine, ma anche dall'America Latina. Qui si riforniscono i membri delle numerosissime comunità straniere residenti a Milano e i prezzi sono davvero convenienti. **Oltre al cibo, c'è una vasta scelta di oggetti per la casa** come teiere in ghisa, wok, cestelli di bambù per la cottura a vapore, bacchette e pentole in terracotta. Da passarci intere giornate.

**Da Zhong** in Paolo Sarpi trovi formaggio di soia in tutte le salse a prezzi davvero convenienti.
Il negozio è piccolo e asettico e la clientela autoctona è già una garanzia. Per gli amanti del genere **i cubetti piccanti sono assolutamente da provare**.

Nelle strade adiacenti è pieno di alimentari e piccole botteghe a clientela esclusivamente cinese. Le vetrine delle pescherie espongno specie esotiche, mentre i banchi degli ortolani sono stracolmi di cavoli e verze. Accanto, sfilano biciclette cariche di merci in misterioso equilibrio.

## MANGIA BENE E BEVI MEGLIO

Le **Cantine Isola**, un baluardo di italianità nel bazar di Paolo Sarpi, è la bottiglieria più amata dai milanesi. Il locale è stretto e lungo, occupato da un lato dal bancone e dall'altro da una parete di bottiglie di vino, impilate su scaffali come libri in una biblioteca pubblica. Qui niente happy hour, ma il caro vecchi aperitivo: pane e olio, bruschette con salame, pancetta, cipolla e pomodoro. I calici hanno prezzi curiosi, che evitano accuratamente la cifra tonda. Per assicurarvi un conto low cost, **ordinate una bottiglia da dividere con gli amici**. Se, nel frattempo, il locale chiude potete portarvela via.

Strano a dirsi, ma è nel cuore del quartiere cinese che potete trovare una delle migliori pizze di Milano: all'angolo tra via Paolo Sarpi e via

Canonica c'è **Ciripizza**. Il locale è asimmetrico e colorato come il bancone, tappezzato di frammenti di piastrelle. Non solo è il tempio della pizza, piccola, sottile e croccante, ma è anche **il paradiso del "pollo al fuoco" (8,00 euro)**, croccante fuori e succoso dentro. Di solito va a ruba, quindi è meglio prenotare...

Visto che siete a Chinatown, **vale la pena provare la cucina locale**. Se al ristorante cinese ordinate sempre riso alla cantonese e pollo alla mandorle è ora di sperimentare.

La trattoria **Da Zhong** in via Aleardi per molto tempo non ha avuto un nome, solo degli ideogrammi su un'insegna. Il locale è piuttosto piccolo: il banco con le verdure e il pesce in esposizione sulla sinistra, una manciata di tavoli e il bancone in fondo. Si può mangiare a qualsiasi ora, dalle 11.00 alle 2.00 di notte, e la clientela è prevalentemente cinese. Qui si preparano piatti (meduse, taro, verdure senza cuore...) che non hanno niente a che vedere con la versione italiana della cucina cinese: **le ricette sono tipiche della regione di Zhejiang**, da dove provengono quasi tutti gli immigrati stabilitisi a Milano.

Un altro indirizzo da tenere presente è la trattoria **Hua Cheng** in via Giordano Bruno, dove con circa 10 euro si mangiano ottime zuppe e piatti a base di pesce.

## SHOPPING & BEAUTY

Se avete una serata importante e volete farvi sistemare i capelli provate uno dei coiffeur della zona. I parrucchieri cinesi ormai si sono diffusi in tutta la città, ma è qui che tutto è cominciato. Il **parrucchiere Ciao Ciao** di via Niccolini, per esempio, è ormai frequentatissimo non solo da ragazzi cinesi, ma da signore per la piega settimanale, fanciulle che si fanno sistemare prima di uscire e da intere famiglie del quartiere. Le pareti sono piene di poster e calendari con i tagli in voga a Shanghai e lo schermo della tv trasmette solo karaoke. I tempi di attesa sono ridotti, il personale è veloce e i prezzi sono davvero low **(shampoo e piega da 6 a 8 euro)**.

Per gli amanti delle atmosfere alla David Lynch, consiglio un salto dal **parrucchiere di via Aleardi 4**. Il negozio, tutto dipinto di nero e rosso, fa un po' Twin Peaks in salsa orientale, ma anche in questo caso troverete una schiera di esperti coiffeur che vi aspettano con il phon già caldo per farvi una piega a prezzi stracciati.

## T'AGGIUSTO IO

**Pronto soccorso per il Pc**. Il tuo computer è impazzito? Il cellulare nuovo ti è appena volato giù dal terzo piano? Nessun problema, recupera i pezzi e porta tutto da Johnny (alias Weing Kai) nel suo negozio in via Giordano Bruno al 20. In questa piccola bottega nel cuore di Chinatown riparano praticamente qualsiasi cosa: telefoni, palmari, computer, macchine fotografiche digitali, il tutto a prezzi imbattibili. E se proprio non c'è speranza, qui trovi anche l'usato garantito.

Per finire, non manca che la manicure. Le orientali sono leggendarie per la precisione e la fantasia nel decorare le unghie: provate a fare un giro in via Lomazzo da **Tong Tong Nails**, molto frequentato da una clientela prevalentemente italiana.

## INDIRIZZI PER DIVERTIRSI

Il **Saloon** è la meta per chi vuole divertirsi a poco prezzo: basta svoltare in via Niccolini per passare improvvisamente da Chinatown al Texas. Le porte a spinta sono quelle dei film western e tutto l'arredamento è in tema con la corsa all'oro. Il locale non delude mai la sua variegata clientela, attirata dalle ottime birre e panini king size. Per pochi euro sono garantiti sabba alcolici e serate dagli esiti imprevisti. **Il mercoledì è la serata del pongo**: le migliori creazioni sono premiate con raffiche di shot. Salute!

## SPAZIO ALLE CULTURE

Inquadra con il tuo smartphone il codice a lato ed entra nel sito di The Hub!

Verso piazza Baiamonti, in una rientranza della strada che crea uno dei cortili più belli della via, si nasconde **The Hub!** Qui si possono affittare a prezzo equo spazi dove lavorare, organizzare eventi, meeting e incontri. Più che una semplice stazione di coworking, questo è un luogo di condivisone di saperi.

## IN FORMA

Molto comodo per chi abita o lavora in zona è il centro fitness al numero 8 di Paolo Sarpi. Il club fa parte del circuito **20 hours & best price**, noto a Milano per i prezzi popolari. Oltre all'area attrezzata con i macchinari per rassodare i muscoli e per il cardiofitness, la palestra propone molti corsi: yoga, pilates, fit-boxe, flamenco, tonificazione, spinning, capoeira e c'è anche la piscina per lezioni di acquagym. Se non siete ancora convinti, provate a dare un'occhiata ai costi: l'abbonamento annuale parte da 350 euro con moltissime promozioni per le fasce orarie meno frequentate..

## STORIE E PERSONE

**I cinesi a Milano.** Quella di Milano è una delle più antiche e numerose comunità cinesi d'Europa e i primi insediamenti risalgono addirittura agli anni '20 del Novecento. Gli immigrati stabilitisi qui provengono in prevalenza da piccoli villaggi rurali della provincia dello Zhejiang, vicino a Shanghai. Questa zona venne scelta per il particolare tessuto urbano, che favoriva la concentrazione di laboratori nei cortili delle abitazioni. Le prime attività erano legate alla lavorazione della seta, specialmente per la produzione di cravatte, che sfruttava la vicinanza delle industrie del comasco. Durante la seconda guerra mondiale si passò al cuoio e alla pelle per fornire le cinture ai contingenti militari italiani e tedeschi.Negli anni della Repubblica Popolare Cinese i flussi migratori si affievolirono notevolmente: la Cina di Mao divenne virtualmente un paese chiuso, al punto che per i cinesi in patria divenne difficile anche solo mantenere i contatti con i loro parenti all'estero. Fu soltanto a partire dal 1979, con l'avvio della politica di "riforma e apertura" di Deng Xiaoping, che prese il via una nuova ondata di migrazioni. Oggi a Milano vive e lavora circa il 20% di tutti i cinesi presenti in Italia. Il quartiere ospita inoltre le redazioni di numerosi giornali in mandarino, come Europe China News, che vengono stampati nella periferia della città e distribuiti in tutta Italia.

# QUARTIERE SEMPIONE

## FAI LA SPESA GIUSTA

Ogni prima domenica del mese in piazza Gramsci si tiene il **mercatino biologico**. Girando tra i banchi potete trovare diversi prodotti a filiera corta: formaggi di cascina, miele, vini, oli, frutta, verdure e conserve di produzioni biologiche certificate, oggetti d'artigianato, indumenti di cotone non trattato, pane a chilometro zero e prodotto sfruttando l'energia solare. Nell'area dedicata all'erboristeria fatevi inebriare dai profumi e scoprite le virtù cosmetiche e curative delle piante. Farsi un giro qui è un'opportunità per riscoprire sapori antichi e una buona occasione per tornare a mettere in pratica i consigli della nonna. Qualche esempio? Provate a curare il mal di gola con gli sciacqui di aceto di mele (da 1,50 a 3 euro a bottiglia per quello biologico) e se i primi freddi di stagione vi hanno fatto venire il raffreddore non dimenticatevi dei poteri miracolosi del miele di castagno: ne basta qualche cucchiaio per liberare le vie respiratorie.

Nella vicina via Mussi c'è **la Bottega**: qui troverete prodotti campani come salumi, formaggi, pane, conserve e, ovviamente, la mozzarella. Non rimarrete delusi: la bufala, venduta all'ottimo prezzo di 15 euro al kg, ha raccolto i favori persino di una esigentissima clientela di napoletani doc.

Per finire, **ogni terza domenica del mese** si può passare una piacevole giornata passeggiando tra i banchi del Bio-mercato della Cascina **Torchiera**. Tra i prodotti, oltre a frutta e verdura, si vendono anche formaggi, piante aromatiche e miele.

## MANGIA BENE E BEVI MEGLIO

Avvicinandovi all'Arco della Pace vi troverete a dribblare i tavolini dei locali dell'happy hour. È qui che si trasferisce la movida milanese non appena comincia la bella stagione. I bar della zona sono noti per i ricchi buffet e la clientela hip, ma la filosofia del low cost impone destinazioni meno prevedibili.

Qui intorno mangiare senza svenarsi è diventato quasi una sfida. Come soluzione alternativa propongo di **approfittare del parco Sempione per un "déjeuner sur l'herbe".** Potete portarvi da casa la vostra schiscetta da consumare su una panchina o sdraiati in mezzo al verde. Se aggiungete una tovaglia a quadretti e una bottiglia di vino ghiacciata non avrete nulla da invidiare al famoso quadro di Manet.

Per una pausa pranzo esotica passate al **chiosco di Marivic e Antonio**, riconoscerlo è facile: è quello con la più alta concentrazione di filippini. Qui preparano un ottimo toast farcito e, per i più coraggiosi, c'è l'halo halo. Il tipico dolce filippino è una sorta di frullatone di frutta esotica, cereali, gelato e tuberi misteriosi. Tenetevi pronti: mangiarlo è una vera e propria avventura gastronomica.

Se invece proprio non potete rinunciare al ristorante, meglio deviare verso la zona Cenisio o nella vicina Chinatown, ma per la colazione o l'aperitivo conviene andare in via Lomazzo al **Kyocafè**. L'alternativa all'happy hour imperante nella zona è questo piccolo locale con la vecchia insegna rossa "Posteria". L'atmosfera che si respira è un mix di suggestioni turche e pugliesi, che riflettono le origini della proprietaria: la mattina c'è il tè turco fatto con il samovar, mentre all'aperitivo si beve stuzzicando taralli. **Il lunedì**, una vera sorpresa, **è il giorno della cucina casalinga**: lasagne, cannelloni spezzatino con puré, pizzoccheri e altri piatti preparati alla domenica. Last but not least, si può bere a prezzi accessibili.

A **La Bottega** di via Mussi ci si può fermare anche per l'aperitivo con la formula **"magna nostop"**, la versione casertana dell'all you can eat: **10 euro per un calice di vino e meraviglie gastronomiche a volontà**.

## SHOPPING & BEAUTY

In questa zona si possono fare ottimi affari per la casa. Al frequentatissimo **Outlet del kasalingo** in via Procaccini ci sono centinaia di prodotti in promozione, con sconti fino al 50%. Basta vincere la diffidenza e convincersi a entrare per perdersi negli scaffali colmi di phon, stendibiancheria, frullatori, aspirapolvere e poi casseruole, pentole e tegami. Le marche conosciute si alternano ad altre decisamente più anonime, il tutto a prezzi davvero low.

Poco più avanti c'è un **Outlet Zucchi e Bassetti** dove troverete biancheria per la casa scontata del 30-40%.

**STORIE E PERSONE**

**Prove tecniche di tramissione**. Nel 1952 entrò in funzione il nuovo centro di produzione RAI di Corso Sempione. Dalla sede storica al numero 27 di Corso Sempione, dopo le prove tecniche di trasmissione condotte durante il 1953, iniziarono ufficialmente le trasmissioni il 3 gennaio 1954.

Allora il canone di abbonamento era di 12.500 lire, un apparecchio televisivo costava circa 220.000 lire (all'incirca l'equivalente di tre stipendi) e gli abbonati alla TV erano circa 24.000.

---

Per le mamme che non vogliono rinunciare alla qualità senza sacrificare troppo il portafoglio si segnala il **Salvagente Bimbi** di via Arona, dove si possono trovare capi di abbigliamento per bambini a circa 40% in meno rispetto al prezzo praticato in negozio.

Se avete ricevuto un invito a una cena e non volete arrivare a mani vuote, passate da **Acquaviva Leonardo** in via Losanna 10. Il negozio ha un assortimento vastissimo di cioccolatini, biscotti, torte confezionate, confetti e caramelle che scadono entro i prossimi sei mesi e vengono venduti a prezzi scontati. **Oltre ai dolci si possono trovare molti oggetti curiosi** in offerta: richiami per uccelli, bamboline, palloni di plastica gialla, fischietti, fascicoli spaiati sui maestri della pittura...chi è stato bambino negli anni '70 e '80 li riconoscerà subito, anche se sono scomparsi dagli scaffali da tempo. Cosa ci facciano questi articoli in uno spaccio di dolciumi nessuno può dirlo...ma le vie del risparmio sono infinite.

## SPAZIO ALLE CULTURE

Inquadra con il tuo smartphone il codice a lato ed entra nel sito della Cascina Torchiera

La zona è sempre questa, ma per divertirvi vi toccherà fare un po' di strada in più. Ne vale la pena per arrivare a una magnifica cascina del 1330, la **Torchiera**. Tra il '91 e il '92 un gruppo di ragazzi del quartiere vi si insedia, salvandola dallo stato di abbandono in cui versava, e dà vita al Centro Sociale Autogestito Torchiera. Da vent'anni questo è uno spazio di aggregazione aperto a tutti, l'unico in tutta la zona Certosa-Garegnano, in cui si tengono **iniziative culturali e ricreative a basso costo**, tra cui: laboratori di teatro, danza, ginnastica acrobatica, scuola di italiano per stranieri, presentazioni di libri, dibattiti politici e culturali, cineforum, concerti e spettacoli.

### ARTE E ARCHITETTURE A KM 0

In Corso Sempione c'è uno degli esempi più riusciti di architettura razionalista: **Casa Rustici**.
Realizzata nel 1935 dagli architetti Lingeri e Terragni, il condominio rappresenta un notevole salto in avanti in termini di soluzioni architettoniche e non solo: i due corpi abitativi paralleli, uniti da enormi passerelle che fanno anche da balconi, creano una facciata "virtuale" e luminosissima, in cui pieni e vuoti si alternano in perfetto equilibrio.

Già che ci siete fermatevi a dare un'occhiata un po' più approfondita all'**Arco della Pace**: Luigi Cagnola lo iniziò nel 1807 per celebrare i successi di Napoleone, ma il monumento fu inaugurato da Ferdinando I d'Austria nel 1838, in tutt'altro clima politico. Per ironia della sorte, la pace a cui si allude è quella stabilita in Europa dalla Restaurazione.

Dal Parco Sempione si accede ad alcuni tra i più bei luoghi d'arte e cultura della città, Il primo è la **Torre Branca**. Fino a qualche tempo fa nessun edificio doveva superare in altezza la Madonnina

### STORIE E PERSONE

**L'unica volta dei Beatles**. È il 23 giugno del 1965 quando i "Fab Four" arrivano in Italia per l'unica tournée nel nostro Paese. Il tour è organizzato da Leo Wachter, uno degli impresari più creativi dello spettacolo italiano e padre del teatro Ciak. Il 24 giugno il pubblico in delirio accorre a vedere i capelloni inglesi, eleganti in completo scuro e cravattina, che si esibiscono al Velodromo Vigorelli di via Arona, il tempio del ciclismo milanese. Il 1965 è l'anno di Help!. Dal 1966 i Beatles decidono di non esibirsi più in pubblico, fa eccezione l'ultimo concerto improvvisato sul tetto della Apple il 30 gennaio del 1969.

del Duomo e la Torre non fa eccezione. Tuttavia, con i suoi 108,6 metri di altezza, resta il punto panoramico più alto accessibile al pubblico e da qui si può godere di una magnifica vista su Milano. **Salire costa 4 euro**, è gratuito per i bambini sotto i 3 anni e per scolaresche e pensionati al mercoledì.

Inquadra con il tuo smartphone il codice a lato ed entra nel sito della Triennale

Poco lontano c'è il palazzo della **Triennale**. Costruito tra 1931 e il 1933, è da sempre un polo dedicato all'architettura, al design e alle arti visive. Nel giardino si trova una gigantesca vasca con due nuotatori simili a divinità antiche, una palla colorata, un cigno e una cabina con delle bandierine. Sono i **Bagni misteriosi di de Chirico**. I nuotatori metafisici hanno da poco ritrovato il loro posto, ma gli originali sono al Museo del Novecento. **La Biblioteca, il DesignCafé e il bookshop sono aperti anche a chi non paga il biglietto** ed è possibile connettersi alla rete gratuitamente e senza necessità di registrazione da tutti i locali, compresi quelli che ospitano incontri e conferenze.

Inquadra con il tuo smartphone il codice a lato e entra nel sito dell'Acquario Civico

Chiare, fresche, dolci acque... basta deviare verso il lato opposto del parco per giungere all'**Acquario civico**. Nelle sue 36 vasche l'acquario ospita un centinaio di specie, soprattutto del Mediterraneo. L'edificio, unico padiglione superstite dell'Esposizione Universale del 1906, è decorato da un tripudio di polipi, ippopotami e atletiche divinità marine. A ingresso rigorosamente gratuito, è perfetto per trascorrere un pomeriggio con i bambini o per il primo appuntamento.

Spostandosi verso la periferia, sempre sulla direttrice di corso Sempione, si raggiunge uno di quei luoghi magici e inaspettati con cui questa città ti sorprende: la **Certosa di Garegnano**. Fondata il 19 settembre del 1349 da Giovanni Visconti, sorgeva anticamente al centro del borgo di Garegnano, quasi quattro chilometri oltre le mura cittadine. Fu costruita lontano dalla città per consentire ai monaci di poter vivere in silenzio e solitudine. Pare che persino Petrarca ci

venisse spesso. In quella che è stata definita la "Cappella Sistina di Milano" tutte le pareti sono decorate da opere di importanti maestri, tra cui Simone Peterzano, il maestro di Caravaggio, e Daniele Crespi. Si narra che nell'Ottocento lord Byron, affascinato dagli affreschi di quest'ultimo, esclamasse che Crespi era un pittore che sapeva "far parlare i morti". Pare, infatti, che uno dei dipinti possa addirittura ipnotizzare chi lo guarda...provare per credere.
Vale la pena visitarla **(tutti i giorni dalle 8 alle 12.00 e dalle 15.00 alle 17.30, ingresso gratuito)** oltre che per i magnifici affreschi, anche per respirare l'atmosfera particolare del luogo. Sembra di stare in un paese e invece si è soltanto a pochi minuti dal centro.

## A PIEDI NUDI NEL PARCO

"**Parco Sempione**, verde e marrone, dentro la mia città", così cantano Elio e le Storie Tese nella canzone che è un inno a questo luogo e ai fenomeni antropologici che lo caratterizzano. Vero polmone verde di Milano, Parco Sempione è anche, nell'ordine: teatro di sfide multiculturali a pallone, set perfetto per dichiarazioni d'amore e primi baci, campo da basket più frequentato della città, pista da jogging, luna park e rifugio dei milanesi in fuga dalla calura estiva. Prendetevi un pomeriggio per esplorarlo con calma. Passeggiando per i suoi vialetti troverete la **fontana dell'acqua marcia**, dal caratteristico sapore sulfureo e il ponticello con le sirene. Benevole e formose, si credeva che portassero fortuna agli innamorati. Le "sorelle Ghisini", realizzate a metà dell'Ottocento nelle fonderie Falck, decoravano il ponticello che univa le due sponde del Naviglio di via San Damiano. Dopo la copertura dei navigli in epoca fascista, sono state spostate qui, a custodire le acque del laghetto.

Immersa nel verde c'è la **Biblioteca**, edificata per la X Triennale da Longhi e Parisi, che ha dato asilo negli anni a generazioni di studenti.Qui è disponibile una sezione di cinema con titoli che spaziano dalla Nouvelle Vague al Cinema asiatico e ci sono ben 2000 volumi dedicati ai più piccoli. Inoltre, d'estate aderisce al progetto "La Biblioteca in Giardino", con attività all'aperto per bambini.

Lungo il perimetro esterno del parco si trova l'**Arena civica**. Inaugurata nel 1807 alla presenza di Napoleone, ha ospitato manifestazioni sportive, naumachie, corse di cavalli, decolli di mongolfiere e persino Buffalo Bill. Solitamente in estate propone un raffinato cartellone di concerti, che ogni anno portano in città alcuni dei nomi più importanti della scena jazz e rock internazionale. I giardini circostanti si popolano di colletti bianchi, ragazze che portano a spasso il cane, coppie e comitive di amici. Sono i timidi uditori che si soffermano nelle vicinanze in concomitanza con i concerti più interessanti. Rallentano il passo, si fermano svagati e finiscono per rimanere. I più organizzati si portano il pranzo al sacco.

## DOVE GIOCANO I BAMBINI

Inquadra con il tuo smartphone il codice a lato ed entra nel sito di Pareidolia

Un gruppo di genitori sulla quarantina, stufi di corsi carissimi e noiosi doposcuola, hanno fatto quadrato per venire incontro alle esigenze dei loro figli piccoli e si sono inventati **Pareidolia**, un luogo dove poter giocare e trascorrere il tempo insieme, soprattutto nei mesi invernali quando il vicino Parco Sempione è off limits. Nella piccola e accogliente sede di via Canonica 13 **si organizzano feste e** pomeriggi in compagnia, **corsi** di yoga, musica, cartapesta, inglese, ma anche job counceling per i genitori, **il tutto a prezzi calmierati**. Il costo per un corso è di 150 euro, più 20 euro di tessera Arci per uno dei genitori.

## IN FORMA

Inquadra con il tuo smartphone il codice a lato ed entra nel sito Centro Ricerche Tai Chi Italia

Quando il tempo è mite vale la pena di fare esercizio fisico all'aperto, meglio se all'ombra degli alberi. Se correre non è il vostro forte, esistono alternative più dolci, come per esempio il tai chi.

I fratelli Xu, originari della Cina nordorientale, da anni insegnano il **tai chi all'aperto, in un prato del Parco Sempione**, tra l'Arena civica e la biblioteca. L'allenamento all'aperto è il più praticato nel paese del Celeste Impero: da soli, con il maestro o con i compagni, spesso i cinesi si trovano la mattina presto o nei momenti di svago per allenarsi, in qualsiasi stagione. Per sentirsi un po' come ai tempi del Grande Timoniere.

# QUARTIERI MONUMENTALE E CENISIO

## FAI LA SPESA GIUSTA

Il **Mercato della Terra**, promosso da Slow Food, si è spostato di recente alla Fabbrica del Vapore. Ogni primo e terzo sabato del mese espongono una quarantina di produttori che provengono dal Parco Agricolo Sud Milano e dalle aree vicine, comprese in un raggio di 40 chilometri. Qui si possono acquistare frutta e ortaggi di stagione, formaggi, prodotti da forno, miele, uova, riso, pasta, birra, vino, cioccolato e conserve, **direttamente dal produttore al consumatore** e senza costi aggiuntivi per il trasporto. Da non perdere i **Laboratori del Gusto**, degustazioni guidate per grandi e piccini alla scoperta di sapori e saperi del territorio.

Un buon indirizzo per fare la spesa senza spendere un capitale è **La Contadina** di Corso Sempione, noto per le mozzarelle di bufala campana. **Qui il prosciutto crudo**, oltre a essere squisito, è davvero per tutte le tasche: **costa solo 9,00 euro al kg**. In pratica al prezzo di un paio di confezioni del supermercato potete portarvi a casa un gambuccio di crudo di Avellino da affettare a mano. Ottimo anche il pane di grano duro (3,50 al chilo): se lo conservate nel sacchetto di tela in cui viene venduto, dura tutta la settimana.

## MANGIA BENE E BEVI MEGLIO

La **Pizzeria Spontini,** una vera e propria istituzione a Milano, ha da poco aperto un nuovo locale in via Cenisio. La formula proposta è semplice e geniale: il menù prevede solo **margherita al trancio o, al limite, lasagne al ragù**. La pizza è croccante, molto condita e con un pizzico di acciuga che le dà quel qualcosa in più. Con l'aggiunta di soli 50 centesimi si ha diritto alla versione abbondante, cioè a un trancio e mezzo. Ce n'è abbastanza per uscire da qui stremati e contenti.

In alternativa, spingetevi fino allo **Stalingrado** di via Ezio Biondi. Le birre sono ottime, ma troverete sempre qualcuno, seduto a uno dei tavoli di legno, che rivanga i bei tempi passati quando i prezzi erano più bassi. Ora per la pinta ci vogliono 5 euro, ma consolatevi fermandovi a cena: succulente costate, pollo alla diavola e grigliate miste a prezzi insospettabili per un ristorante di Milano.

Alla **Trattoria Atipica** di via Mac Mahon trovi porzioni gigantesche e prezzi umani (**il conto è sui 20 euro**). Il locale, piccolissimo e familiare, è guidato dalla signora Irma, che al giovedì, secondo la tradizione, cucina i mitici gnocchi di patate al pomodoro.

## SHOPPING & BEAUTY

Più che a un **mercato rionale** quello **di via Fauchè** assomiglia a un **outlet a cielo aperto.** Le bancarelle sono note ai milanesi per le "grandi firme": con un po' d'occhio è possibile scovare capi e scarpe di marca delle passate collezioni (Prada, Dolce e Gabbana, Tod's, Sergio Rossi...) a prezzi accettabili. Per le consumate fashioniste si segnala il **banco di fronte all'Una Hotel** più o meno all'altezza dell'Esselunga: qui possono acquistare **vestiti di campionario a ottimi prezzi** e i responsabili del banco sono molto gentili e disponibili a eventuali cambi. Non si può dire che tutto sia low cost, ma considerando gli esorbitanti prezzi di partenza dei capi firmati, si compra con gran risparmio. Il mercato **si tiene anche il martedì mattina, ma è sabato il giorno clou**.

## SPAZIO ALLE CULTURE

Inquadra con il tuo smartphone il codice a lato ed entra nel sito della **Fabbrica del Vapore**

Superato il Cimitero Monumentale c'è la **Fabbrica del Vapore**. Nata alle soglie del Novecento come officina di riparazione per i tram, un tempo era sede della ditta Carminati Toselli e si estendeva fino a inglobare un intero isolato, compreso tra le vie Messina, Procaccini, Nono e piazza Coriolano. Dopo un periodo di abbandono, l'area è stata rilevata nei primi anni Duemila dal Comune di Milano con l'obiettivo di creare un **polo per la cultura** giovanile. Oggi ospita i laboratori di diverse associazioni come l'Aiace (Associazione Italiana Amici del Cinema d'Essai), l'Accademia del Giocattolo Dimenticato, Macchinazioni Teatrali e Docva (Documentation Center for visual Art) e può contare su un **ricco calendario di eventi e manifestazioni**, molti dei quali a ingresso gratuito. Nei sabati di metà mese la Fabbrica ospita il Mercato della Terra Slow Food, con presentazioni e vendita di prodotti tipici.

**Villa Simonetta** è la sede della Civica Scuola di Musica di Milano e in estate ospita la rassegna musicale **"Notti trasfigurate", una maratona di concerti a ingresso gratuito**. Sorta alla fine del XV secolo con il nome de "La Gualtiera", nel Cinquecento era la villa di piacere di Ferrante Gonzaga e i visitatori stranieri la descrivono come una dimora meravigliosa. Agli inizi dell'Ottocento appartenne alla "compagnia della teppa", un gruppo di giovani nobili dediti a goliardia e libertinaggio a cui si deve la nascita della parola "teppista".
Nel 1836 Villa Simonetta divenne un ospedale per malati di colera e iniziò così il suo decadimento, accelerato alla fine del secolo dalla costruzione della ferrovia in prossimità del giardino. Da questo momento in poi è stata adibita a fabbrica di candele, officina meccanica, casa operaia, caserma, falegnameria, e persino a osteria. Nonostante lo stato di abbandono in cui ha versato per anni, **è l'unico esempio di villa rinascimentale suburbana in tutta la Lombardia.**

## ARTE E ARCHITETTURA A KM 0

Al **Cimitero Monumentale** ci sono tutti quelli che hanno fatto grande Milano: Manzoni, Falck, Gaber, Noorda, Funari, Marinetti, la Merini, Crepax, don Giussani e persino il papà di Albert Einstein. Inaugurato nel 1866 su progetto di Maciachini, il cimitero è un vero e proprio museo a cielo aperto. Ci sono opere realizzate da **Medardo Rosso, Lucio Fontana, Giacomo Manzù, Giò Pomodoro**, e progettate da architetti come BBPR, Piero Portaluppi e Giò Ponti. Frutto della sensibilità positivista della fine dell'Ottocento, il Cimitero Monumentale è da sempre aperto ai non cattolici e agli atei. Qui fu inaugurato nel 1876 il primo impianto per la cremazione, allora vietata dalla Chiesa. Per dirla con Walter Chiari, anche lui sepolto qui, "Amici, non piangete, è soltanto sonno arretrato".

## QUARTIERE BOVISA

### FAI LA SPESA GIUSTA

**Andate pazzi per la papaya? Ogni venerdì mattina al mercato di via Catone**, oltre a vestiti usati e in stock, potete trovare banchi di frutta e verdura ben forniti di prodotti esotici a prezzi concorrenziali.

**In via Durando,** all'interno del **campus universitario Indaco**, c'è uno dei punti di prossimità dove ritirare **la cassetta del contadino.** Ogni giovedì arriva la cassetta di verdura di stagione coltivata da produttori locali certificati "bio" o in fase di conversione all'agricoltura biologica. Indicativamente la cassetta fornisce una spesa settimanale di verdure fresche di stagione per 2-3 persone al prezzo di 13 euro, di cui il 70% è riconosciuto ai produttori. Il servizio è riservato ai dipendenti e agli studenti del Politecnico, ma per scoprire gli altri punti di prossimità di Milano (aperti a tutti) basta visitare il sito www.nutriremilano.it

Se vi trovate da quelle parti, vale la pena dare un'occhiata a **Coltivando, l'orto universitario** aperto di recente negli spazi del **campus Indaco**. Lo scopo dell'iniziativa è far collaborare gli abitanti del quartiere con gli studenti e i docenti dell'università per coltivare e gestire un orto condiviso e conviviale.

### MANGIA BENE E BEVI MEGLIO

Dato lo status di ex quartiere operaio e il fatto che sia frequentato quotidianamente da vere e proprie orde di studenti, non stupisce che qui ci siano parecchi posti dove si può ancora mangiare a prezzi abbastanza contenuti.
Da **Franca e Lillo** in via degli Imbriani con **circa 20 euro** ci si sfama e si esce contenti. Si tratta di un'accogliente e rustica trattoria mediterranea con buoni piatti e prezzi onesti, gestita da più di trent'anni da Lillo, che sta in sala, e da Franca, che si destreggia ai fornelli. Il menu è molto ricco e puoi sempre contare sulle proposte del giorno.
Da non perdere il **fritto misto di pesce**, quello vero, con triglie, merluzzetti, alici. Per chi ama il piccante è assolutamente da provare la specialità di Franca, la **pasta alla carrettiera** (ma non avrete mai la ricetta, è un segreto).

Ci sono alcuni giorni durante l'anno in cui in questa piadineria in via Broglio non riesci neanche a entrare, tanto è lunga la fila di studenti. E non c'è da stupirsi: da **Piadipiù** trovi finalmente una **piadina classica**, come si mangia in Romagna: crudo, squacquerone, rucola e poche altre variazioni sul tema. In più, la sfoglia senza strutto è particolarmente gustosa e leggera. **La versione piccola costa 2,80 euro** ed è più che sufficiente, ma per le fami ataviche c'è **la versione abbondante a 3,80 euro.** Ulteriore nota di merito, anche le bibite sono vendute a prezzi onesti: acqua a 80 centesimi, lattine a 1,20 euro, Peroni piccola a 1,40 euro.

Veramente low cost è la **Trattoria da Ave**, in via Varè. Qui c'è un gran via vai di studenti e professori del Politecnico, che vengono per la cucina casalinga caratterizzata da un deciso influsso toscano. Le porzioni sono abbondanti e i prezzi contenuti: **a mezzogiorno si mangia con circa 10 euro** e la sera se ne spendono circa 20. Da non perdere le zuppe, i piatti con il cinghiale e i dolci fatti in casa.

In alternativa, nella piccola e rustica **Trattoria Speranza** di via Candiani trovi a pranzo **il menù fisso a 8 euro**.

Tra la Bovisa e Dergano, alla **Pasticceria napoletana** di via Ugoni, si mangia **la migliore sfogliatella della città (piccola a 60 centesimi, grande a 2 euro)**. E pazienza se il proprietario è di Palermo: l'involucro friabile e il morbido ripieno di ricotta e frutta candita non fanno certo rimpiangere Napoli. Anzi, questa è un'ottima scusa per assaggiare anche i cannoli e le paste di mandorla.

## SHOPPING & BEAUTY

Vicino a piazza Bausan c'è un negozio per **sviluppo e stampa foto super rapido ed economico**. Si tratta di **Speed Photo**: ogni stampa costa 35 centesimi e porti a casa le tue foto delle vacanze in mezz'ora.

Al **Libraccio** di via Candiani puoi trovare, oltre alla normale offerta di libri, un vasto assortimento di volumi di architettura a prezzo scontato, dai 13 euro in su.

La domenica mattina si può fare un giro al **mercato dell'usato**, che si tiene nel parcheggio di fronte alla stazione del passante ferroviario. Gli espositori propongono usato, vintage, bigiotteria, libri, dischi, vestiti, elettronica, biciclette, utensili, elettrodomestici,

STORIE E PERSONE

**Dante ai giardini pubblici.** Proprio qui, nei giardini pubblici di via Candiani, venne girato nel 1911 il primo lungometraggio italiano, "Inferno", in cui uno smarrito Dante Alighieri si aggira tra gli alberi di un boschetto della Bovisa proprio come nella selva oscura. Nel quartiere sorsero agli inizi del Novecento alcuni tra i primi istituti cinematografici italiani, l'Armenia Film e la Milano Films, che furono molto attivi all'epoca del cinema muto. L'originale della pellicola fa parte dell'archivio della Fondazione Cineteca Italiana ed è visibile al Mic - Museo Interattivo del Cinema (Viale Fulvio Testi 121, vedi Zona Nord Est). Oggi questo è un bel giardino con un laghetto cinto dalle vecchie mura, perfetto per rilassarsi anche in compagnia dei bambini.

mobili, schede telefoniche e persino ricambi idraulici. In mezzo alle cianfrusaglie ci si imbatte in qualche buon affare.

Alla cooperativa **Di mano in mano** trovi antiquariato, modernariato, mobili, libri, fumetti, quadri, stampe, vestiti alla moda e pizzi della nonna, oggettistica d'uso e antica, dischi, elettrodomestici e hi-tech.
È un **ottimo mercato dell'usato a prezzi contenuti**, con un allestimento curato e gradevole. **Il retro è adibito a outlet,** perfetto per arredare casa con un budget ridotto. Acquistando, inoltre, si sostiene un progetto sociale: i ragazzi che lavorano qui seguono percorsi di reinserimento.

Un altro indirizzo da tenere presente in zona, a due passi dalla facoltà di design, è **Blitz**.
Situato su due piani di un edificio industriale di epoca razionalista con una spettacolare rampa elicoidale esterna, Blitz propone una ricca esposizione di antiquariato, modernariato, design e vintage. Un po' outlet e un po' museo, è un **grande mercato di vendita per oggetti e mobili nuovi e non, dove la filosofia alla base è il ri-uso**.
I prezzi sono low, come la filosofia dell'outlet impone, e ai privati viene proposto anche il servizio di conto vendita.
Periodicamente sono previste vendite speciali con articoli provenienti da allestimenti, fiere, mostre e servizi fotografici con sconti fino al 70%. Il sito è www.blitzbovisa.com.

## SPAZIO ALLE CULTURE

**La Scighera** ("nebbia" in milanese) è un Arci vero e proprio: non solo bar e birra, ma un luogo di aggregazione e un punto di riferimento per tutto il quartiere. Qui non solo **si mangia e si beve a prezzi congrui**, con un occhio particolare al chilometro zero, ma si organizzano rassegne, concerti e corsi a prezzi calmierati che spaziano dal canto popolare al tai chi. Oltre al calcetto e al ping pong, è sempre attivo uno spazio gioco per i bimbi. **Il mercoledì ci sono gli aperitivi musicali di Assaggio Acustico**, perché per sentire buona musica non sempre è necessario pagare il biglietto.Inoltre, è da poco attivo **Frip! uno spazio permanente per il baratto.** Qui si portano gli oggetti e i vestiti inutilizzati (al massimo due per volta) per dare loro nuova vita. Non è necessario portare qualcosa per prendere ciò che vi serve: se siete a mani vuote porterete qualcosa in futuro!

## ARTE E ARCHITETTURA A KM 0

Inquadra con il tuo smartphone il codice a lato ed entra nel sito della Triennale per guardare gli eventi in programma

Inaugurata nel 2006, la **Triennale Bovisa** è la nuova sede della Triennale di Milano dedicata all'arte contemporanea. Con i suoi 1.500 mq destinati a esposizioni ed eventi, il progetto costituisce un innovativo esperimento di "architettura effimera", realizzato con materiali leggeri e provvisori. La TBVS è uno spazio destinato soprattutto ai giovani, dove si realizzano mostre d'arte contemporanea, concerti, rassegne cinematografiche, attività culturali e iniziative speciali, molte delle quali a carattere gratuito.

Inquadra con il tuo smartphone il codice a lato ed entra nel sito dell'archivio Bottoni

Se vi siete sempre domandati perché la montagnola alle porte di Milano si chiama Monte Stella e come avrebbe dovuto essere in realtà il quartiere QT8, a due passi dal Politecnico troverete le risposte. L'**Archivio Bottoni** è una chicca per chiunque si interessi di **architettura**. Oltre a documentare ampiamente l'attività di Piero Bottoni, figura di primo piano della cultura architettonica e urbanistica italiana del Novecento, l'archivio raccoglie **disegni e documenti originali di altri autori, tra cui Le Corbusier e Terragni**. La sede è aperta al pubblico su appuntamento nei giorni di mercoledì e giovedì (orario: 9.30-12.30 e 14.30-16.30) e l'ingresso è gratuito.

## IN FORMA

Da **YouCan Fitness Club** se ti iscrivi in settembre hai l'abbonamento per 14 mesi al posto di 12 al prezzo di 550 euro, **circa 39 euro al mese**. Per chi non ha ritmi di lavoro troppo rigidi, un buon trucco per risparmiare sulla palestra è scegliere i momenti della giornata meno frequentati. **Gli abbonamenti, infatti, vanno a fasce orarie**: scegliendo la mattina, con ingressi dalle 9.00 alle 13.00, qui ce la si cava con 27 euro al mese. Il prezzo sale a 35 dalle 9.00 alle 17.00 e arriva a 45 per l'ingresso libero tutto il giorno senza limiti. Il centro propone anche attività su misura per i bambini, come corsi di karate e danza, e la lezione di prova è sempre gratuita.

## T'AGGIUSTO IO

**Benzina e biciclette**. Il **benzinaio Total di via Durando vende bici recuperate e rimesse a nuovo**, con prezzi che vanno dai 50 agli 80 euro a seconda del modello. Oltre alla vendita, nell'officina sul retro effettua riparazioni veloci a prezzi modici. E se l'intervento richiede più tempo e sei costretto a lasciare la tua bici, ti presta quella di cortesia per tornare a casa.

# INFORMAZIONI PRATICHE

# A-Z TUTTI GLI INDIRIZZI

## FAI LA SPESA GIUSTA

Nelle pagine seguenti trovate **l'elenco degli indirizzi per fare la spesa giusta menzionati nella prima parte della guida, con la zona di appartenenza e i siti web**. Nel caso di negozi appartenenti a catene, sui i siti potete trovare gli altri punti vendita in città.

Esistono anche altre soluzioni, largamente praticate. Per esempio, quasi 7 milioni di italiani partecipano a gruppi di acquisto formati da condomini, colleghi, parenti o gruppi di amici che decidono di fare la spesa insieme per ottenere condizioni vantaggiose: sono i **Gas** (Gruppi di Acquisto Solidale). Ogni Gas ha propri criteri per i fornitori, le modalità di consegna e la tipologia dei prodotti. Su www.gasmilano.org trovate la lista di tutti i Gas dell'area milanese. Se volete fare la spesa dal vostro computer, ma con prodotti "a chilometro 0", potete farlo sul sito www.ortoincitta.it. Se invece volete acquistare on line ortaggi e legumi biologici garantiti a un prezzo equo (ma non low cost) potete rivolgervi a Bioexpress, www.bioexpress.it. Oppure potete acquistare la "cassetta del contadino" e ritirarla in uno dei "punti di prossimità"; trovate tutte le informazioni sul sito nutriremilano.it. Se invece siete semplicemente a caccia di sconti, la lista di tutte le offerte dei supermercati milanesi è sui siti kikkapromo.com, risparmiosuper.it e doveconviene.it.

Inquadra con il tuo smartphone il codice a lato ed entra nel sito dei Gas dell'area milanese

Inquadra con il tuo smartphone il codice a lato ed entra nel sito di Bioexpress

**CASCINA GAGGIOLI**
Via Selvanesco, 25
20141 Milano
Tel: 02 57408479
www.cascinagaggioli.it
**Zona 5 Sud Ovest**
Quartieri Porta Genova e Navigli

**COLTIVANDO**
Politecnico di Milano
Campus Durando
Via Candiani 72,
20158 Milano
coltivando@polimi.it
**Zona 7 Nord Ovest**
Quatiere Bovisa

**COX18**
Mercatino biologico, si tiene ogni prima domenica del mese
Via Conchetta, 18
20136 Milano
Tel: 02 89415976
cox18.noblogs.org
**Zona 5 Sud Ovest**
Quartiere Ticinese

**DA ZHONG**
Formaggio di Soia
Via Paolo Sarpi, 4
20154 Milano
**Zona 7 Nord Ovest**
Quartiere Paolo Sarpi

**ELICRISO**
Via Vigevano, 2/a
20144 Milano
Tel: 339 4826675
Aperto giovedì e sabato dalle 10.00 alle 19.30
**Zona 5 Sud Ovest**
Quartieri Porta Genova e Navigli

**FARMER MARKET**
Via Ripamonti, 37
20136 Milano
Aperto mercoledì e sabato dalle 9.00 alle 13.00
**Zona 4 Sud Est**
Quartiere Porta Vigentina

**FATTORIE CASARO**
Corso XXII Marzo, 23
20129 Milano
Tel: 02 70006728
**Zona 3 Est**
Quartieri XXII Marzo e Forlanini

**IL MERCANTIERE**
Centro sociale Cantiere
Viale Monte Rosa, 84
20149 Milano
Tel: 02 36511380
www.cantiere.org
**Zona 6 Ovest**
Quartiere Fiera

**INDACO**
Via Durando 38a, piano 2
20158 Milano
Tel: 02 23995967
www.indaco.polimi.it
**Zona 7 Nord Ovest**
Quartiere Bovisa

**KATHAY FOODS**
Via Rosmini, 11
Tel: 02 33105368
20154 Milano
www.kathay.it
**Zona 7 Nord Ovest**
Quartiere Paolo Sarpi

**LA BOTTEGA**
Via Mussi, 13
20154 Milano
Tel: 333 449580
**Zona 7 Nord Ovest**
Quartiere Sempione

### LA BOTTEGA DEL VINAIOLO
Via Washington, 91
20146 Milano
Tel: 02 39529530
www.labottegadelvinaiolo.it
**Zona 6 Ovest**
Quartiere Fiera

### LA CONTADINA
Corso Sempione, 88 angolo
via Biondi
20154 Milano
Tel: 02 33103620
www.contadina.it
**Zona 7 Nord Ovest**
Quartieri Monumentale
e Cenisio

### LA VINERIA
Via Casale, 4
20144 Milano
Tel: 02 83242440
www.la-vineria.it
**Zona 5 Sud Ovest**
Quartieri Porta Genova e Navigli

### MAMMA NATURA
Via Padova, 186
20127 Milano
Tel: 02 26829076
www.mammanatura.it
**Zona 3 Est**
Quartiere Loreto

### MERCATO AGRESTE QT8
Via Isernia, 5
20148 Milano
pagina Facebook
Si tiene sabato mattina
**Zona 6 Ovest**
Quartiere San Siro

### MERCATO AGRICOLO DELLA CASCINA CUCCAGNA
Via Cuccagna, 2 angolo via Muratori
20135 Milano
Tel: 02 5411 8733
www.cuccagna.org
**Zona 4 Sud Est**
Quartiere Porta Romana

### MERCATO AGRICOLO
Via Zumbini, 6
20143 Milano
www.lacordata.it
Aperto mercoledì dalle 15.00
alle 20.00
**Zona 5 Sud Ovest**
Quartieri Porta Genova
e Navigli

### MERCATINO BIOLOGICO
Piazza Gramsci
Tel: 02 66104888
www.vaslombardia.org
Si tiene la prima domenica del mese
**Zona 7 Nord Ovest**
Quartiere Sempione

### MERCATO COMUNALE DI PIAZZA WAGNER
20145 Milano
**Zona 6 Ovest**
Quartiere Fiera

### MERCATO COMUNALE DI PIAZZA XXIV MAGGIO
20136 Milano
**Zona 5 Sud Ovest**
Quartiere Ticinese

### MERCATO DELL'ISOLA
Via Garigliano
20159 Milano
Si tiene martedì mattina e sabato
tutto il giorno
**Zona 2 Nord Est**
Quartieri Isola e Garibaldi

**MERCATO DELLA TERRA SLOW FOOD**
Via Procaccini, 4 all'interno della Fabbrica del Vapore
20154 Milano
www.mercatidellaterra.it
www.nutriremilano.it
Si tiene ogni primo e terzo sabato del mese alla mattina
**Zona 7 Nord Ovest**
Quartieri Monumentale e Cenisio

**MERCATO DI PIAZZALE FERDINANDO MARTINI**
20137 Milano
Si tiene mercoledì mattina
**Zona 3 Est**
Quartieri Porta Vittoria e Cinque Giornate

**MERCATO DI VIA AMPÈRE**
20131 Milano
Si tiene giovedì mattina
**Zona 3 Est**
Quartiere Città Studi

**MERCATO DI VIA BENEDETTO MARCELLO**
20124 Milano
Si tiene martedì mattina e sabato tutto il giorno
**Zona 3 Est**
Quartiere Porta Venezia

**MERCATO DI VIA CALVI**
20129 Milano
Si tiene giovedì mattina
**Zona 3 Est**
Quartieri Porta Vittoria e Cinque Giornate

**MERCATO DI VIA CANALETTO**
20133 Milano
Si tiene venerdì mattina
**Zona 3 Est**
Quartiere Città Studi

**MERCATO DI VIA CATONE**
0158 Milano
Si tiene il venerdì mattina
**Zona 7 Nord Ovest**
Quartiere Bovisa

**MERCATO DI VIA CREMA**
20135 Milano
Si tiene venerdì mattina
**Zona 4 Sud Est**
Quartiere Porta Romana

**MERCATO DI VIA EUSTACHI**
20129 Milano
Si tiene martedì mattina
**Zona 3 Est**
Quartiere Porta Venezia

**MERCATO DI VIA KRAMER**
20129 Milano
Si tiene lunedì mattina
**Zona 3 Est**
Quartiere Porta Venezia

**MERCATO DI VIA OSOPPO**
20148 Milano
Si tiene sabato tutto il giorno
**Zona 6 Ovest**
Quartiere San Siro

**MERCATO DI VIALE PAPINIANO**
20123 Milano
Si tiene martedì mattina e sabato tutto il giorno
**Zona 6 Ovest**
Quartieri Magenta e Vercelli

**MERCATO DI VIA SAN MARCO**
20121 Milano
Si tiene lunedì e giovedì mattina
**Zona 2 Nord Est**
Quartiere Brera

### MERCATO DI VIA SEGNERI
20147 Milano
Si tiene giovedì mattina
**Zona 5 Sud Ovest**
Quartieri Savona e Tortona

### MERCATO DI VIA VALVASSORI PERONI
20133 Milano
Si tiene sabato tutto il giorno
**Zona 3 Est**
Quartieri Lambrate e Ortica

### MERCATO DI VIA VESPRI SICILIANI
20146 Milano
Si tiene mercoledì mattina
**Zona 5 Sud Ovest**
Quartieri Savona e Tortona

### MERCATO DI VIA ZAMAGNA
20148 Milano
Si tiene lunedì mattina
**Zona 6 Ovest**
Quartiere San Siro

### MERCATO DI VIA ZURETTI
20125 Milano
Si tiene mercoledì mattina
**Zona 2 Nord Est**
Quartieri Centrale e Repubblica

### MERCATO ITTICO
Via Lombroso, 95
20137 Milano
Aperto al pubblico il sabato dalle 9.30 alle 11.30
**Zona 3 Est**
Quartieri XXII Marzo e Forlanini

### MERCATO ORTOFRUTTICOLO
Via Lombroso, 54
20137 Milano
Aperto al pubblico il sabato dalle 9.00 alle 12.00
**Zona 3 Est**
Quartieri XXII Marzo e Forlanini

### MERCATINO SOLARESOLIDALE
Residence San Vittore
Via San Vittore, 49
20123 Milano
Tel: 02 36556600
www.lacordata.it
Aperto giovedì dalle 15.00 alle 20.00
**Zona 6 Ovest**
Quartieri Magenta e Vercelli

### MINIMARKET BENGALESI
Via Petrella
20124 Milano
**Zona 3 Est**
Quartiere Loreto

### MIRACOLO A MILANO
Via Stendhal, 47
20144 Milano
Tel: 02 42293325
Chiuso la domenica
**Zona 5 Sud Ovest**
Quartieri Savona e Tortona

### NEGOZIO LEGGERO
Via Anfossi, 13
20135 Milano
Tel: 02 99205762
www.negozioleggero.it
**Zona 3 Est**
Quartieri Porta Vittoria e Cinque Giornate

**PERBACCO**
Via Pecchio, 4
20131 Milano
Tel: 02 74281110
www.perbaccomilano.it
**Zona 3 Est**
Quartiere Loreto

**PUNTO SIMPLY**
Corso Monforte, 18
20121 Milano
Tel: 02 76000085
**Zona 1 Centro**
Quartiere Centro

**PUNTO SIMPLY**
Via Novara, 15
20147 Milano
Tel: 02 40091884
**Zona 6 Ovest**
Quartiere San Siro

**TORCHIERA CSA**
Mercatino biologico, si tiene ogni terza domenica del mese
Piazzale Cimitero Maggiore, 18
20156 Milano
Tel: 02 3088896
**Zona 7 Nord Ovest**
Quartiere Sempione

## MANGIA BENE E BEVI MEGLIO

Avete voglia di uscire a cena senza spendere un capitale? Oltre a consultare questa guida - e qui di seguito trovate tutti gli indirizzi per "mangiare e bere" citati nella sezione precedente - potete fare una ricerca su siti come **Groupon, Groupalia, LetsBonus, Glamoo, Prezzofelice, Noi Buy** (per citare solo i principali) che consentono di comprare beni e servizi a un prezzo conveniente - in media con sconti dal 30 al 60% con punte anche dell'80% - a patto che l'offerta raggiunga il numero stabilito di acquirenti entro una certa scadenza (di solito dalle 24 alle 72 ore prima). In questo modo si può prenotare al ristorante a prezzi davvero stracciati. Ma attenzione, dovrete uscire a pranzo o cena preferibilmente nei giorni feriali e difficilmente potrete ordinare alla carta...

**ACQUAMARINA**
Via Bergognone, 31
20144 Milano
Tel: 02 89404062
www.acquamarinaristorantepizzeria.com
Chiuso lunedì sera
**Zona 5 Sud Ovest**
Quartieri Savona e Tortona

**ALBERO FIORITO**
Via Privata A. Pellizzone, 14
20133 Milano
Tel: 02 70123425
Chiuso la domenica
**Zona 3 Est**
Quartiere Città Studi

**AL CHIOSCO**
Piazzale Libia, 2
20135 Milano
**Zona 3 Est**
Quartieri Porta Vittoria e Cinque Giornate

**AL TEMPIO D'ORO**
Via delle Leghe, 23
20127 Milano
Tel: 02 26145709
www.altempiodoro.it
**Zona 3 Est**
Quartiere Loreto

**AMICO SUSHI**
Via Piacenza, 1
20135 Milano
Tel: 02 58327594
www.amicosushi.it
Chiuso domenica e lunedì mattina
**Zona 4 Sud Est**
Quartiere Porta Romana

**ANTICA FOCACCERIA SAN FRANCESCO**
Via San Paolo, 15
20121 Milano
Tel: 02 875411
www.sito3d.it/anticafocacceria
**Zona 1 Centro**
Quartiere Centro

**ANTICA PIZZERIA DA GIULIO**
Corso San Gottardo, 38
20136 Milano
Tel: 02 8392333
www.anticapizzeriadagiulio.it
Chiuso il lunedì
**Zona 5 Sud Ovest**
Quartiere Ticinese

**ANTICA PIZZERIA FIORENTINA**
Viale Bligny, 41
20136 Milano
Tel: 02 5830629
www.anticapizzeriafiorentina.com
Chiuso lunedì sera e martedì
**Zona 4 Sud Est**
Quartiere Porta Vigentina

**ARCI MARTIRI TURRO**
Via Rovetta, 14
20127 Milano
Tel: 02 2610933
www.arciquartiere.org
**Zona 3 Est**
Quartiere Loreto

**ASSOCIAZIONE COMBATTENTI E REDUCI**
Via Alessandro Volta, 23
20121 Milano
Tel: 02 6575872
**Zona 2 Nord Est**
Quartieri Isola e Garibaldi

**BAR ANNY**
Via Aristide de Togni, 15
20123 Milano
**Zona 6 Ovest**
Quartieri Magenta e Vercelli

**BARACCHINO DEL TRIBUNALE DA GABRY**
Largo Marco Biagi, 3
20122 Milano
**Zona 3 Est**
Quartieri Porta Vittoria e Cinque Giornate

**BARACCHINO LE LURIDE**
Viale Argonne angolo Via Aselli
20133 Milano
Aperto tutte le sere dalle 00.00 alle 4.00
**Zona 3 Est**
Quartiere Città Studi

**BAR E BOTTIGLIERIA**
Viale Montenero, 42
20135 Milano
Tel: 02 5465749
**Zona 3 Est**
Quartieri Porta Vittoria e Cinque Giornate

**BAR GIORGIO**
Via Bezzecca, 2
20135 Milano
Tel: 02 59900623
**Zona 3 Est**
Quartieri Porta Vittoria e Cinque Giornate

**BAR MAGENTA**
Via Giosuè Carducci, 13
20123 Milano
Tel: 02 8053808
www.bar-magenta.it
**Zona 6 Ovest**
Quartieri Magenta e Vercelli

**BAR MANHATTAN**
Via Volta, 4
20121 Milano
Tel: 02 43111679
**Zona 2 Nord Est**
Quartiere Brera

**BAR METRO**
Via Dei Martinitt, 3
20146 Milano
Tel: 02 435271
www.barmetro.it
Chiuso la domenica
**Zona 6 Ovest**
Quartiere Fiera

**BAR PICCHIO**
Via Melzo, 11
20129 Milano
Tel: 02 29531433
**Zona 3 Est**
Quartiere Porta Venezia

**BAR RATTAZZO**
Via Vetere, 12
20123 Milano
Tel: 02 8372388
Chiuso la domenica
**Zona 5 Sud Ovest**
Quartiere Ticinese

**BAR TRATTORIA DA LINA**
Via Alessi, 1
20123 Milano
Tel: 02 58100250
**Zona 5 Sud Ovest**
Quartiere Ticinese

**BELLA TARANTO**
Via Papa Gregorio XIV, 2
20123 Milano
Tel: 02 97382705
www.bellataranto.it
**Zona 5 Sud Ovest**
Quartiere Ticinese

**BERLIN CAFÉ**
Via Gian Giacomo Mora, 9
20123 Milano
Tel: 02 8392605
www.berlincafe.milano.it
**Zona 5 Sud Ovest**
Quartiere Ticinese

**BIO E TE**
Via Millelire, 14
20147 Milano
Tel: 02 48752827
www.bioete.it
Chiuso domenica a mezzogiorno e lunedì sera
**Zona 6 Ovest**
Quartiere San Siro

**BIRRIFICIO LAMBRATE**
Via Adelchi, 5
20131 Milano
Tel: 02 70638678
www.birrificiolambrate.com
Chiuso la domenica
**Zona 3 Est**
Quartieri Lambrate e Ortica

**BOCCIOFILA CACCIALANZA**
Via Padova, 91
20127 Milano
Tel: 02 2826059
www.circolocaccialanza.it
Chiuso domenica a cena
**Zona 3 Est**
Quartiere Loreto

**BOTTIGLIERIA BULLONI**
Via Lipari, 2
20144 Milano
Tel: 02 48003155
Chiuso la domenica
**Zona 6 Ovest**
Quartiere Fiera

**BOTTIGLIERIA DA PINO**
Via Cerva, 14
20122 Milano
Tel: 02 76000532
Chiuso domenica e sempre a cena
**Zona 1 Centro**
Quartiere Centro

**BOUTIQUE 12 BISTRONOMY**
Hotel Mercure
Piazza Oberdan, 12
20129 Milano
Tel: 02 29403907
**Zona 3 Est**
Quartiere Porta Venezia

**BRUTTO ANATROCCOLO**
Via Torricelli, 3
20136 Milano
Tel: 02 8322222
Chiuso la domenica
**Zona 5 Sud Ovest**
Quartiere Ticinese

**BURGER WAVE**
Via Ascanio Sforza, 47
20136 Milano
Tel: 02 36560461
www.burgerwave.it
Chiuso il lunedì
**Zona 5 Sud Ovest**
Quartieri Porta Genova e Navigli

**BURLAGIÒ**
Via Meravigli, 18
20123 Milano
Tel: 02 8057096
Aperto solo a pranzo
**Zona 6 Ovest**
Quartieri Magenta e Vercelli

**CANTINE ISOLA**
Via Paolo Sarpi, 30
20154 Milano
Chiuso il lunedì
**Zona 7 Nord Ovest**
Quartiere Paolo Sarpi

**CAPE TOWN CAFÉ**
Via Vigevano, 3
20144 Milano
Tel: 02 89403053
**Zona 5 Sud Ovest**
Quartieri Porta Genova e Navigli

**CHINESE BOX**
Corso Garibaldi, 104
20121 Milano
Tel: 02 6554564
**Zona 2 Nord Est**
Quartiere Brera

**CHIOSCO DI MARIVIC E ANTONIO**
Via Legnano angolo via Palermo
20121 Milano
**Zona 7 Nord Ovest**
Quartiere Sempione

**CHIOSCO GIANNASI**
Piazza Buozzi
20135 Milano
www.giannasi1967milano.blogspot.it
Chiuso domenica e lunedì pomeriggio
**Zona 4 Sud Est**
Quartiere Porta Romana

**CHIRINGUITO DI SAN SIRO**
Piazzale dello Sport
20151 Milano
Tel: 348 5848750
**Zona 6 Ovest**
Quartiere San Siro

**CIRIPIZZA**
Via Paolo Sarpi, 63
20154 Milano
Tel: 02 36561221
Chiuso lunedì a pranzo
**Zona 7 Nord Ovest**
Quartiere Paolo Sarpi

**COKE**
Via Pavia, 10
20136 Milano
Tel: 02 8394886
Chiuso il mercoledì
**Zona 5 Sud Ovest**
Quartiere Ticinese

**CREPERIE D'AURIANE**
Via Correggio, 50
20149 Milano
Tel: 02 49501315
www.creperieauriane.it
Chiuso domenica e lunedì sera
**Zona 6 Ovest**
Quartiere Fiera

**CRONO**
Via Pascoli, 15
20133 Milano
Tel: 02 29400839
Chiuso sabato e domenica a pranzo
**Zona 3 Est**
Quartiere Città Studi

**CUCINA FUSETTI**
Via Fusetti, 1
20143 Milano
Tel: 340 8612676
Chiuso la domenica e sempre a pranzo
**Zona 5 Sud Ovest**
Quartieri Porta Genova e Navigli

**CUCINA POPOLARE DEL LEONCAVALLO**
Via Watteau, 7
20125 Milano
Tel. 02 26140287
**Zona 2 Nord Est**
Quartieri Centrale e Repubblica

**DA SAMSON**
Via Melzo, 28
20129 Milano
Tel: 02 201221
Chiuso il martedì
**Zona 3 Est**
Quartiere Porta Venezia

**EL...BEVERIN**
Via Brera, 29
20121 Milano
Tel: 02 863277
www.elbeverin.it
**Zona 2 Nord Est**
Quartiere Brera

**ENOTECA IL CAVALLANTE**
Via Muratori, 3
20135 Milano
Tel: 02 54107325
Chiuso il sabato
**Zona 4 Sud Est**
Quartiere Porta Romana

**FILIPPINO ROLLING TAKE AWAY**
Piazza Vesuvio
20144 Milano
Tel: 328 2139532
Chiuso sabato e domenica
**Zona 6 Ovest**
Quartiere Fiera

**FOCACCERIA DA PINO**
Via Fara, 33
20124 Milano
Tel: 02 6702612
**Zona 2 Nord Est**
Quartieri Centrale e Repubblica

**FRANCA E LILLO**
Via degli Imbriani, 30
20158 Milano
Tel: 02 39310316
Chiuso la domenica
**Zona 7 Nord Ovest**
Quartiere Bovisa

**FRIDA**
Via Pollaiuolo, 3
20159 Milano
Tel: 02 680260
www.fridaisola.it
**Zona 2 Nord Est**
Quartieri Isola e Garibaldi

**FRIZZI E LAZZI**
Via Torricelli, 5
20136 Milano
Tel: 02 8378228
**Zona 5 Sud Ovest**
Quartiere Ticinese

**FULL KINLEY**
Via Marghera, 37
20149 Milano
Tel: 02 36695192
**Zona 6 Ovest**
Quartiere Fiera

**GATTULLO PASTICCERIA**
Piazzale di Porta Lodovica, 2
20136 Milano
Tel: 02 58310497
www.gattullo.it
**Zona 4 Sud Est**
Quartiere Porta Vigentina

**GHIRERIA GRECA KALLIOPI**
Ripa di Porta Ticinese, 13
20143 Milano
Tel: 02 58107040
**Zona 5 Sud Ovest**
Quartieri Porta Genova e Navigli

**GIN MI**
Via Paisiello, 7
20131 Milano
Tel: 02 29516394
Chiuso la domenica
**Zona 3 Est**
Quartiere Città Studi

**GIULIO PANE E OJO**
Via Muratori, 10
20135 Milano
Tel: 02 5456189
www.giuliopaneojo.com
**Zona 4 Sud Est**
Quartiere Porta Romana

**GOVINDA**
Via Valpetrosa, 5
20123 Milano
Tel: 02 862417
www.harekrsna.it
Chiuso la domenica
**Zona 5 Sud Ovest**
Quartiere Ticinese

**HOP**
Viale Regina Margherita, 4
20135 Milano
Tel: 02 54122690
**Zona 3 Est**
Quartieri Porta Vittoria e
Cinque Giornate

**I CAPATOSTA**
Alzaia Naviglio Grande, 56
20144 Milano
Tel: 02 89415910
www.icapatosta.it
**Zona 5 Sud Ovest**
Quartieri Porta Genova
e Navigli

**I DUE LECCESI**
Piazza Santa Maria del Suffragio, 3
20129 Milano
Tel: 02 70120871
www.idueleccesi.it
Chiuso a cena il lunedì e il giovedì
**Zona 3 Est**
Quartieri XXII Marzo
e Forlanini

**IL CAPRICCIO**
Via Piccinni, 25
20131 Milano
Tel: 02 29527015
www.ristorantepizzeriacapriccio.com
Chiuso lunedì e la domenica
a mezzogiorno
**Zona 3 Est**
Quartiere Città Studi

**IL KIOSKO**
Piazza XXIV Maggio
20136 Milano
Tel: 02 89402224
Chiuso domenica e lunedì
**Zona 5 Sud Ovest**
Quartiere Ticinese

**IL TETTUCCIO**
Via Ripamonti, 94
20139 Milano
Tel: 02 55212036
Chiuso la domenica
**Zona 4 Sud Est**
Quartiere Porta Vigentina

**INDIAN'S SNACK**
Via Pollaiuolo, 2
Tel: 02 8738924
20159 Milano
**Zona 2 Nord Est**
Quartieri Isola e Garibaldi

**JUST INDIA**
Via Benedetto Marcello, 34
20124 Milano
Tel: 02 20480385
Chiuso lunedì e sabato a mezzogiorno
**Zona 3 Est**
Quartiere Porta Venezia

**KAPUZINER PLATZ IN DER STADT**
Viale Montenero, 34
20135 Milano
Tel: 02 54101270
www.kapuziner.it
Chiuso a pranzo
**Zona 4 Sud Est**
Quartiere Porta Romana

**KILIMANGIARO**
Via Casati, 7/9
20124 Milano
Tel: 02 2049617
www.ristoranteeritreomilano.com
Chiuso il lunedì
**Zona 3 Est**
Quartiere Porta Venezia

**KYOCAFÈ**
Via Lomazzo, 55
20154 Milano
Tel: 340 5178573
Chiuso la domenica
**Zona 7 Nord Ovest**
Quartiere Sempione

**LABALERADELL'ORTICA**
Bocciofila ferrovieri
Via Amadeo, 78
Tel: 02 70128680
www.labaleradellortica.com
**Zona 3 Est**
Quartieri Lambrate e Ortica

**LA BOTTEGA**
Via Mussi, 13
20154 Milano
Tel: 333 4490580
Chiuso domenica e lunedì mattina
**Zona 7 Nord Ovest**
Quartiere Sempione

**LA COZZ**
Via Savona, 41
20144 Milano
Tel: 02 47711145
www.lacozz.it
Chiuso il lunedì
**Zona 5 Sud Ovest**
Quartieri Savona e Tortona

**LA COZZERIA**
Via Muratori, 6
20135 Milano
Tel 02 54107164
www.lacozzeria.it
Chiuso lunedì sera
**Zona 4 Sud Est**
Quartiere Porta Romana

**LA CROTA PIEMUNTEISA**
Via Gian Giacomo Mora, 9
20123 Milano
Tel: 02 8395992
Chiuso la domenica
**Zona 5 Sud Ovest**
Quartiere Ticinese

**LA CUSINA DEL DES**
Via Altaguardia, 10
20135 Milano
Tel: 02 59901887
www.lacusinadeldes.it
Chiuso sabato e domenica a pranzo, aperto a cena da giovedì a sabato
**Zona 4 Sud Est**
Quartiere Porta Vigentina

**LA GIARA**
Viale Monza, 10
20127 Milano
Tel: 02 26143835
Chiuso mercoledì e martedì sera
**Zona 3 Est**
Quartiere Loreto

**LATTERIA CARLON**
Via Tommaso Salvini, 2
20122 Milano
Tel: 02 76003286
Chiuso sabato, domenica e sempre a cena
**Zona 3 Est**
Quartiere Porta Venezia

**LATTERIA DAVENIA**
Via Tortona, 26
20144 Milano
Tel: 02 8394916
**Zona 5 Sud Ovest**
Quartieri Savona e Tortona

**LATTERIA LA CICALA**
Via Bellotti, 13
20129 Milano
Tel: 02 29524346
Chiuso domenica
**Zona 3 Est**
Quartiere Porta Venezia

**LATTUGHINO**
Via Anfossi, 2
20135 Milano
Tel: 02 87280181
www.lattughino.com
Chiuso la domenica
**Zona 3 Est**
Quartieri Porta Vittoria e Cinque Giornate

**LIGERA - ENOTECA 70'S CAFÉ**
Via Padova, 133
20127 Milano
www.ligera.it
Chiuso il martedì
**Zona 3 Est**
Quartiere Loreto

**LO'S**
Via Mercato, 14
20121 Milano
Tel: 02 86460944
**Zona 2 Nord Est**
Quartiere Brera

**LUCA'S BAR**
Corso di Porta Ticinese, 51b
20123 Milano
Tel: 02 58100409
Chiuso la domenica
**Zona 5 Sud Ovest**
Quartiere Ticinese

**LUCKY BAR**
Via Pollaiuolo, 5
20159 Milano
**Zona 2 Nord Est**
Quartieri Isola e Garibaldi

**LUCKY SEVEN**
Via Pasinetti, 8
20141 Milano
Tel. 02 57401949
www.autosrilanka.com
Chiuso il martedì
**Zona 4 Sud Est**
Quartiere Porta Vigentina

**LUINI**
Via Santa Radegonda, 16
20121 Milano
Tel: 02 86461917
www.luini.it
Chiuso la domenica (tranne nel periodo natalizio)
**Zona 1 Centro**
Quartiere Centro

**MANGIARI DI STRADA**
Via Lorenteggio, 269
20152 Milano
Tel: 02 4150556
www.mangiaridistrada.com
**Zona 5 Sud Ovest**
Quartieri Savona e Tortona

**MANDARIN 2**
Via Garofalo, 22a
20133 Milano
Tel: 02 2664147
www.mandarin2.it
Chiuso il lunedì
**Zona 3 Est**
Quartiere Città Studi

**MARGY BURGER**
Piazza Santo Stefano, 2
20122 Milano
Tel: 02 58303734
**Zona 4 Sud Est**
Quartiere Porta Romana

**MAR ROSSO**
Via Marco Aurelio, 8
20127 Milano
Tel: 02 2822682
www.ristorantemarrosso.it
**Zona 3 Est**
Quartiere Loreto

**MEKAN KEBAP**
Viale Carlo Troya, 10
20144 Milano
Tel: 329 3254959
**Zona 5 Sud Ovest**
Quartieri Savona e Tortona

**MENS@SANA**
Via Teodosio, 8
20131 Milano
Tel: 02 23951709
Questo negozio fa parte di una catena, trovate gli altri punti vendita su: www.mensasana.it
**Zona 3 Est**
Quartiere Città Studi

**MEUCCI**
Via Meravigli, 18
20123 Milano
Tel: 02 86450526
Chiuso la domenica
**Zona 6 Ovest**
Quartieri Magenta e Vercelli

**MIPI**
Corso San Gottardo, 12
20136 Milano
Tel: 02 39813723
Chiuso lunedì a pranzo
**Zona 5 Sud Ovest**
Quartiere Ticinese

**MOM CAFÉ**
Viale Montenero, 51
20135 Milano
Tel: 02 59901562
Chiuso la domenica
**Zona 3 Est**
Quartieri Porta Vittoria e Cinque Giornate

**MONG KOK**
Via Padova, 3
20127 Milano
Tel: 02 2613224
**Zona 3 Est**
Quartiere Loreto

**NA 'RANITA**
Via Villoresi, 1
20143 Milano
Tel: 02 36560055
www.naranita.it
**Zona 5 Sud Ovest**
Quartieri Porta Genova e Navigli

**NON SOLO PIZZA**
Via Raffaello Sanzio, 14
20149 Milano
Tel: 02 436708
Chiuso domenica e sabato a pranzo
**Zona 6 Ovest**
Quartiere Fiera

**NORD EST CAFFÈ**
Via Borsieri, 35
20159 Milano
www.nordestcaffe.it
**Zona 2 Nord Est**
Quartieri Isola e Garibaldi

**OSTERIA ALLA GRANDE**
Via delle Forze Armate, 405
20147 Milano
Tel: 02 48911166
www.osteriaallagrande.com
Chiuso domenica e lunedì
**Zona 6 Ovest**
Quartiere San Siro

**OSTERIA CASA TUA**
Via Corio, 3
20135 Milano
Tel: 02 5514269
www.casatuaosteria.com
**Zona 4 Sud Est**
Quartiere Porta Romana

**OSTERIA DELLA LANTERNA**
Via Mercalli, 3
20122 Milano
Tel: 02 58309604
Chiuso domenica e sabato a pranzo
**Zona 4 Sud Est**
Quartiere Porta Romana

**PASTICCERIA EOLIANA**
Via Ortica, 1
20134 Milano
Tel: 02 7610066
Chiuso lunedì
**Zona 3 Est**
Quartieri Lambrate e Ortica

**PASTICCERIA NAPOLETANA**
Via Ugoni, 1
20158 Milano
Tel: 02 39313643
www.pasticcerianapoletanamilano.com
**Zona 7 Nord Ovest**
Quartiere Bovisa

**PEPE**
Corso San Gottardo, 41
20136 Milano
Chiuso la domenica e sempre a cena
**Zona 5 Sud Ovest**
Quartiere Ticinese

**PIADIPIÙ PIADINERIA**
Via Broglio, 16
20158 Milano
Tel: 02 39311144
**Zona 7 Nord Ovest**
Quartiere Bovisa

**PICCOLA ISCHIA**
Viale Umbria, 60
20135 Milano
Tel: 02 54107410
www.piccolaischia.it
Chiuso il mercoledì
**Zona 3 Est**
Quartieri XXII Marzo e Forlanini

**PIZZA & SFIZIO**
Via Taramelli, 60
20124 Milano
Tel: 02 66804594
Chiuso la domenica
**Zona 2 Nord Est**
Quartieri Isola e Garibaldi

**PIZZA MUNDIAL**
Piazza Enrico Bottini, 2
20133 Milano
Tel: 02 70600385
**Zona 3 Est**
Quartieri Lambrate e Ortica

**PIZZERIA DA BIAGIO**
Via Vincenzo Monti, 28
20123 Milano
Tel: 02 4987166
Chiuso al sabato
**Zona 6 Ovest**
Quartieri Magenta e Vercelli

**PIZZERIA DA FRANCO**
Via Farini, 3
20154 Milano
Tel: 02 6552397
Chiuso il lunedì
**Zona 2 Nord Est**
Quartieri Isola e Garibaldi

**PIZZERIA DA MARTINO**
Via Farini, 8
20154 Milano
Tel: 02 6554974
Chiuso il mercoledì
**Zona 2 Nord Est**
Quartieri Isola e Garibaldi

**PIZZERIA LA COCCINELLA**
Piazza Minniti, 8
20159 Milano
Tel: 02 6080407
Orario invernale: aperto a pranzo dal lunedì al venerdì e a cena dal venerdì alla domenica
Orario estivo: aperto tutti i giorni a pranzo e a cena, chiuso il lunedì
**Zona 2 Nord Est**
Quartieri Isola e Garibaldi

**PIZZERIA SIBILLA**
Via Mercato, 14
20121 Milano
Tel: 02 86464567
Chiuso il lunedì
**Zona 2 Nord Est**
Quartiere Brera

**PIZZERIA MICHELE E PATRIZIA**
Via Vigevano, 14
20144 Milano
Tel: 02 58103130
Chiuso domenica a pranzo
**Zona 5 Sud Ovest**
Quartiere Porta Genova

**PIZZERIA SAN GENNARO**
Via Savona, 73
20144 Milano
Tel: 02 48950694
Chiuso il lunedì
**Zona 5 Sud Ovest**
Quartieri Savona e Tortona

**PIZZERIA SPONTINI**
Viale Papiniano, 43
20123 Milano
Tel: 02 83660098
Questo negozio fa parte di una catena, trovi gli altri punti vendita su www.pizzeriaspontini.it
**Zona 6 Ovest**
Quartieri Magenta e Vercelli

**PUB-BIRRIFICIO LAMBRATE**
Via Golgi, 60
20133 Milano
Tel: 02 84961890
www.birrificiolambrate.com
Chiuso la domenica
**Zona 3 Est**
Quartieri Lambrate e Ortica

**RISTORANTE ADULIS**
Via Melzo, 24
20129 Milano
Tel: 02 29515816
www.adulis-restaurant.com
Chiuso il lunedì
**Zona 3 Est**
Quartiere Porta Venezia

**DA ZHONG**
Via Aleardi, 4
20154 Milano
**Zona 7 Nord Ovest**
Quartiere Paolo Sarpi

**RISTORO MONTEROSSO**
Corso Lodi, 2
20135 Milano
Chiuso domenica
**Zona 4 Sud Est**
Quartiere Porta Romana

**ROSTICCERIA GOLFO DI MONDELLO**
Via Murat, 6
20159 Milano
Tel: 02 66801223
**Zona 2 Nord Est**
Quartieri Isola e Garibaldi

**ROSTICCERIA LEONI**
Corso Venezia, 7/1
20121 Milano
Tel: 02 76000762
Chiuso la domenica
**Zona 1 Centro**
Quartiere Centro

**ROTNI ASIAN RESTAURANT**
Via Cesare da Sesto, 22
20123 Milano
Tel: 02 89420995
**Zona 6 Ovest**
Quartieri Magenta e Vercelli

**SALUMERIA DEL VINO**
Via Cadore, 30
20135 Milano
Tel: 02 55184931
www.lasalumeriadelvino.it
Chiuso domenica
**Zona 3 Est**
Quartieri Porta Vittoria
e Cinque Giornate

**SALSAMENTERIA DI PARMA**
Via San Pietro all'Orto, 9
20121 Milano
Tel: 02 76281350
**Zona 1 Centro**
Quartiere Centro

**SAN FILIPPO NERI SOCIETÀ COOPERATIVA**
Viale Monza, 222
20127 Milano
Tel: 02 2552517
**Zona 3 Est**
Quartiere Loreto

**SAN MARCO**
Via Stendhal, 41
20144 Milano
Tel: 02 4236445
Chiuso il martedì
**Zona 5 Sud Ovest**
Quartieri Savona e Tortona

**STALINGRADO**
Via Biondi, 4
20154 Milano
Tel: 02 3319249
Chiuso la domenica
**Zona 7 Nord Ovest**
Quartieri Monumentale
e Cenisio

**STUZZICHINO**
Via Porro Lambertenghi, 13
20159 Milano
Tel: 02 6081597
www.lostuzzichinomilano.it
Chiuso la domenica e sabato
a pranzo
**Zona 2 Nord Est**
Quartieri Isola e Garibaldi

**TABACCHERIA DELLA DARSENA**
Viale Gorizia, 5
20144 Milano
Tel: 02 8321293
**Zona 5 Sud Ovest**
Quartieri Porta Genova e Navigli

**TATANKA**
Via Olivari, 3
20131 Milano
Tel: 02 2610399 (dopo le 18.30)
www.tatankaclub.eu
**Zona 3 Est**
Quartieri Lambrate e Ortica

**THAT'S VAPORE**
Corso Di Porta Vittoria, 5
20122 Milano
Tel: 02 76281437
www.thatsvapore.com
Chiuso sabato, lunedì e venerdì a cena
**Zona 3 Est**
Quartieri Porta Vittoria e Cinque Giornate

**TIGELLA'S**
Viale Corsica, 38
20137 Milano
02 3954 3224
www.tigellas.it
**Zona 3 Est**
Quartieri XXII Marzo e Forlanini

**TIPOTA PUB**
Via Brioschi, 32
20136 Milano
Tel: 02 8357777
www.tipota.net
**Zona 5 Sud Ovest**
Quartiere Ticinese

**TRATTO NERO. RISTORANTE MAI VISTO ISTITUTO DEI CIECHI**
Via Vivaio, 7
20122 Milano
Tel: 02 76394478
www.dialogonelbuio.org
**Zona 1 Centro**
Quartiere Centro

**TRATTORIA ALLA CASERECCIA**
Via Vodice, 15
20148 Milano
Tel: 02 406840
Chiuso la domenica
**Zona 6 Ovest**
Quartiere San Siro

**TRATTORIA ATIPICA**
Via Mac Mahon, 894
20155 Milano
Tel: 02 3272475
Chiuso sabato e domenica a pranzo
**Zona 7 Nord Ovest**
Quartieri Monumentale e Cenisio

**TRATTORIA CINESE HUA CHENG**
Via Giordano Bruno, 13
20154 Milano
Tel: 02 3451613
**Zona 7 Nord Ovest**
Quartiere Paolo Sarpi

**TRATTORIA DA AVE**
Via Varè, 32
20158 Milano
Tel: 02 39320230
Chiuso la domenica e sabato a cena
**Zona 7 Nord Ovest**
Quartiere Bovisa

**TRATTORIA DA TERESA**
Via Pavia, 3
20136 Milano
Tel: 02 5811 1126
**Zona 5 Sud Ovest**
Quartiere Ticinese

**TRATTORIA DA TOMASO**
Via De Castilla, 2
20159 Milano
Tel: 02 6688023
www.trattoriadatomaso.it
Aperto a mezzogiorno dal lunedì al venerdì, la sera su prenotazione
Chiuso la domenica
**Zona 2 Nord Est**
Quartieri Isola e Garibaldi

**TRATTORIA DELLA GLORIA**
Via Pichi, 5
20143 Milano
Tel: 02 45474710
Chiuso sabato a pranzo e domenica
**Zona 5 Sud Ovest**
Quartiere Ticinese

**TRATTORIA FRATELLI FIORITO**
Via Saccardo 35 angolo Conte Rosso
20134 Milano
Tel: 02 2640677
Aperto solo a pranzo
**Zona 3 Est**
Quartieri Lambrate e Ortica

**TRATTORIA LA BROCCA**
Via Cima, 7
20134 Milano
Tel: 02 26415658
Sempre aperto a pranzo, aperto a cena dal giovedì al sabato
**Zona 3 Est**
Quartieri Lambrate e Ortica

**TRATTORIA LA CANTINETTA**
Piazza Archinto
20159 Milano
Tel: 02 6081612
Chiuso la domenica e sempre a cena
**Zona 2 Nord Est**
Quartieri Isola e Garibaldi

**TRATTORIA LA CAPPELLETTA**
Via Bertolazzi, 26
20134 Milano
Tel: 02 2151456
www.trattorialacappelletta.it
Chiuso il lunedì e sabato a mezzogiorno
**Zona 3 Est**
Quartieri Lambrate e Ortica

**TRATTORIA MANFREDI AMILCARE**
Via Imbonati, 11
20159 Milano
Tel: 02 6081008
Chiuso la domenica
**Zona 2 Nord Est**
Quartieri Isola e Garibaldi

**TRATTORIA RIVA**
Via Amerigo Vespucci, 7
20124 Milano
Tel: 02 6554531
Chiuso sabato e domenica, aperto a cena solo su prenotazione per gruppi
**Zona 2 Nord Est**
Quartieri Centrale e Repubblica

**TRATTORIA SABBIONEDA DA ROMOLO**
Via Tadino, 32
20124 Milano
Tel: 02 29521014
Chiuso sabato e domenica
**Zona 3 Est**
Quartiere Porta Venezia

**TRATTORIA SPERANZA**
Via Candiani, 114
20158 Milano
Tel: 02 39310055
**Zona 7 Nord Ovest**
Quartiere Bovisa

**TRATTORIA TOSCANA DI CARMINE MARTINO**
Via Raffaello Sanzio, 4
20149 Milano
Tel: 02 460884
Chiuso la domenica
**Zona 6 Ovest**
Quartiere Fiera

**TRITA**
Piazza XXIV Maggio, 6
20136 Milano
www.trita.it
Chiuso il lunedì
**Zona 5 Sud Ovest**
Quartiere Ticinese

**WASABI**
Via Pollaiuolo, 8
20159 Milano
**Zona 2 Nord Est**
Quartieri Isola e Garibaldi

**WOODSTOCK 3**
Via Vigevano, 43-45
20144 Milano
Tel: 02 8373700
**Zona 5 Sud Ovest**
Quartieri Porta Genova e Navigli

**ZUPPERIA**
Via Fara, 33
20124 Milano
Tel: 349 6022067
Aperto solo a pranzo, chiuso sabato e domenica
**Zona 2 Nord Est**
Quartieri Centrale e Repubblica

## HOTEL E OSTELLI

**Dormire a Milano è**, in linea di massima, **costoso** e quando si cerca una camera d'albergo a prezzo contenuto il rischio di incorrere nella pensione a una stella, bagno al piano e stanze a ore, è piuttosto alto... Qui non esiste la bassa stagione e il susseguirsi di fiere e manifestazioni per tutto l'anno assicura un perenne tutto esaurito.
Un modo per assicurarsi una sistemazione (quasi) gratis è rivolgersi a siti specializzati come **couchsurfing.org** che mettono in comunicazione chi cerca un posto letto e chi lo offre, oppure cercare le offerte su **airbnb.it**, il portale che mette in contatto i privati che offrono sistemazioni per brevi periodi. Dal sito si sceglie facilmente la camera o la casa più adatta alle proprie esigenze confrontando foto, prezzi, posizioni e regole della casa.
Se invece preferite l'albergo, tenete presente che prenotando attraverso **booking.com** si possono trovare offerte last minute o spuntare prezzi migliori. In ogni caso qui trovate tutti gli indirizzi selezionati per questa guida.

**APPARTAMENTO IN VIALE BRIANZA**
prenotabile tramite
www.airbnb.it
**Zona 2 Nord Est**
Quartieri Centrale e Repubblica

**BED AND BED MILANO**
Via Ripamonti, 126
Tel: 02 5394216
www.bedinmilano.com
**Zona 4 Sud Est**
Quartiere Porta Vigentina

**CAMPING VILLAGE CITTÀ DI MILANO**
Via Gaetano Airaghi, 61
20153 Milano
Tel: 02 8207017; 345 3682185
www.campingmilano.it
**Zona 6 Ovest**
Quartiere San Siro

**HOTEL A CASA MIA**
★★
Viale Vittorio Veneto, 30
20124 Milano
Tel: 02 6575249
www.hotelcasamiamilano.it
**Zona 2 Nord Est**
Quartieri Centrale e Repubblica

**HOTEL BAGLIORI**
★★★
Via Ruggero Boscovich, 43
20124 Milano
Tel: 02 29526884
www.hotelbagliori.com
**Zona 3 Est**
Quartiere Porta Venezia

**HOTEL DUE GIARDINI**
★★
Via Benedetto Marcello, 47
20124 Milano
Tel: 02 29521093
**Zona 3 Est**
Quartiere Porta Venezia

**HOTEL SALERNO**
★★
Via Vitruvio, 18
20124 Milano
Tel: 02 2046870
www.albergosalerno.it
**Zona 3 Est**
Quartiere Porta Venezia

**OSTELLO BELLO**
Via Medici, 4
20123 Milano
Tel: 02 36582720
www.ostellobello.com
**Zona 1 Centro**
Quartiere Centro

**OSTELLO BURIGOZZO 11**
Via Burigozzo, 11
20122 Milano
Tel: 02 58314675
www.ostelloburigozzo11.com
**Zona 5 Sud Ovest**
Quartiere Ticinese

**OSTELLO CIAO BELLA MILAN**
Via Giuseppe Balzaretti, 4
20133 Milano
Tel: 02 23951135
www.ciaobellamilan.hostel.com
**Zona 3 Est**
Quartiere Città Studi

**OSTELLO DI MILANO PIERO ROTTA**
Via Salmoiraghi angolo via Calliano
20148 Milano
Tel: 02 39267095
www.hostelmilan.org
**Zona 6 Ovest**
Quartiere San Siro

**OSTELLOLINDA**
Via Ippocrate, 45
20161 Milano
Tel: 02 64445219
www.olinda.org
**Zona 2 Nord Est**
Quartieri Isola e Garibaldi

**POP-CASA**
Via Menabrea, 13
20159 Milano
Tel: 335 8056883
**Zona 2 Nord Est**
Quartieri Isola e Garibaldi

**THE BEST HOTEL**
★★
Via Benedetto Marcello, 83
20124 Milano
Tel: 02 29404757
www.thebesthotel.it
**Zona 3 Est**
Quartiere Porta Venezia

**ZEBRA HOSTEL**
Viale Regina Margherita, 9
20122 Milano
Tel: 02 36705185
www.zebrahostel.it
**Zona 3 Est**
Quartieri Porta Vittoria e
Cinque Giornate

# SHOPPING & BEAUTY

**Gli indirizzi** dello shopping presenti in questa guida rappresentano perlopiù **un'alternativa poco costosa** e piacevolmente insolita alle grandi catene di negozi, che comunque sarebbe poco sensato escludere per principio. Ma, soprattutto di questi tempi, lo **shopping nelle catene low cost** va gestito con cautela. Ecco qualche suggerimento: evitate gli orari di punta, mescolate i capi con ciò che avete già nell'armadio, presentatevi puntuali all'inizio della stagione dei saldi e armatevi di santa pazienza. Con tenacia, mente fredda e spirito di abnegazione prelustrate ogni corridoio, scaffale, andito e, alla fine, troverete il 'low cost' che fa per voi. A chi invece ama fare **shopping direttamente da casa** consiglio di tenere d'occhio la sezione saldi dei siti di e-commerce yoox.com e di asos.com, per capi (firmati e non) a prezzi abbordabili.
Anche la virtuosa e antica pratica del **baratto** è da tempo sbarcata in rete. Su **freecycle.org**, network con più di 10 milioni di iscritti nel mondo, si scambia di tutto, persino passaggi in auto, mentre in Italia il baratto online si fa su **zerorelativo.it**.

Inquadra con il tuo smartphone il codice a lato e vai sul sito di zerorelativo

A **Passatel**, storica trasmissione di **Radio Popolare**, si presta, si scambia e si regala qualsiasi cosa, dai libri ai mobili, dai vestiti alle biciclette, basta sintonizzarsi sulle frequenze 107.600 ogni giorno dalle 13.00 alle 14.00. Su passatel.radiopopolare.it puoi vedere la bacheca degli annunci e pubblicare gratuitamente i tuoi avvisi.

**121 + LIBRERIA EXTEMPORANEA**
via Savona 17/5
20144 Milano
Tel: 02 4222254
**Zona 5 Sud Ovest**
Quartieri Savona e Tortona

**ACQUAVIVA LEONARDO**
Vendita e ingrosso dolciumi
Via Losanna, 10
20154 Milano
Tel: 02 33608695
**Zona 7 Nord Ovest**
Quartiere Sempione

**AL MERCATINO TRA NOI E VOI**
Via Marcora, 8
20121 Milano
Tel: 02 29011279
www.almercatinotranoievoi.com
**Zona 2 Nord Est**
Quartieri Centrale e Repubblica

**AMERICAN BOOKSTORE**
Via Camperio, 16
(Largo Cairoli)
20123 Milano
Tel: 02 878920
**Zona 1 Centro**
Quartiere Centro

**ARMADIO VERDE**
Via Ausonio, 6
20123 Milano
Tel: 02 78621803
www.armadioverde.it
**Zona 6 Ovest**
Quartieri Magenta e Vercelli

**ARTE MIA NAIL SALON**
Via Anfossi, 8
20135 Milano
Tel: 02 91324184
**Zona 3 Est**
Quartieri Porta Vittoria e Cinque Giornate

**BABY BOOM**
Via Savona, 2a
20144 Milano
Tel: 02 58110347
www.babyboommilano.it
**Zona 5 Sud Ovest**
Quartieri Savona e Tortona

**BANCO DI GARABOMBO**
Via Mario Pagano (fermata M1)
20145 Milano
Tel: 02 54107745
Cooperativa Chico Mendes
www.bancodigarabombo.it
Aperto da novembre a gennaio tutti i giorni dalle 9.00 alle 20.00
**Zona 6 Ovest**
Quartieri Magenta e Vercelli

**BENETTON**
Corso Vittorio Emanuele II, 9
20122 Milano
Tel: 02 771294200
Questo negozio fa parte di una catena, trovi gli altri punti vendita su www.benetton.com
**Zona 1 Centro**
Quartiere Centro

**BIBIDI BOBIDI BU'**
Via Anzani, 1
20135 Milano
Tel: 02 55194636
**Zona 3 Est**
Quartieri Porta Vittoria e Cinque Giornate

**BLITZ**
Via Cosenz, 44/4
20158 Milano
Tel: 02 3760990
www.blitzbovisa.com
**Zona 7 Nord Ovest**
Quartiere Bovisa

**BLOODBUSTER**
Via Castaldi, 21
20124 Milano
Tel: 02 29404304
www.bloodbuster.com
**Zona 3 Est**
Quartiere Porta Venezia

**CALZATURE GALLON**
Piazza S. Eustorgio, 4
20122 Milano
Tel: 02 89402735
**Zona 5 Sud Ovest**
Quartiere Ticinese

**CARGO**
Via Meucci, 39
20128 Milano
Tel: 02 2722131
www.cargomilano.it
**Zona 3 Est**
Quartiere Loreto

**C.D.R. DI MAURIZIO ANTONIOLI**
Via Giambellino, 67
20146 Milano
Tel: 02 4222254
**Zona 5 Sud Ovest**
Quartieri Savona e Tortona

**CHIOSCO DI CLAUDIO**
Largo Cairoli angolo Foro Bonaparte
20123 Milano
Tel: 333 6077896
**Zona 1 Centro**
Quartiere Centro

**CHIOSCO DI VIRGINIA**
Largo Cairoli
20123 Milano
Tel: 349 7269520
**Zona 1 Centro**
Quartiere Centro

**COTTON FACTORY**
Viale Umbria, 3
(cortile interno)
20135 Milano
Tel: 02 54108232
www.cottonfactoryoutlet.com
**Zona 4 Sud Est**
Quartiere Porta Romana

**DE SIMONE**
Forniture per parrucchieri
Via Farini, 48
angolo Via Alserio
20159 Milano
Tel: 02 6887448
www.desimonecosmesi.it
**Zona 2 Nord Est**
Quartieri Isola e Garibaldi

**DI MANO IN MANO**
Cooperativa
Viale Espinasse, 99
20156 Milano
Tel: 02 33400800
www.dimanoinmano.it
**Zona 7 Nord Ovest**
Quartiere Bovisa

**DISCHI VOLANTI**
Ripa di Porta Ticinese, 47
20143 Milano
Tel: 02 89401623
**Zona 5 Sud Ovest**
Quartieri Porta Genova e Navigli

**EDICOLA**
Corso Genova
angolo Via De Amicis
Tel: 02 89404478
**Zona 5 Sud Ovest**
Quartiere Ticinese

**ESTETICA BELLANI**
Via Morosini, 7
20135 Milano
Tel: 02 55010220
Questo negozio fa parte di una catena, trovi gli altri punti vendita su: www.bellani.it
**Zona 3 Est**
Quartieri Porta Vittoria e Cinque Giornate

**FELTRINELLI EXPRESS**
Stazione Centrale
Piazza Duca d'Aosta
20125 Milano
Tel: 02 6679031
Questo negozio fa parte di una catena, trovi gli altri punti vendita su: www.lafeltrinelli.it
**Zona 2 Nord Est**
Quartieri Centrale e Repubblica

**FESTIVALPARK**
Viale Puglie (Piazzale Cuoco)
20137 Milano
www.festivalpark.it
Domenica dalle 8.00 alle 17.00
**Zona 4 Sud Est**
Quartiere Porta Romana

**FIERA DEL LIBRO**
Corso XXII Marzo, 23
20135 Milano
Tel: 02 733592
**Zona 3 Est**
Quartieri XXII Marzo e Forlanini

**FIERA DI SENIGALLIA**
Ingresso da via Valenza, 16 angolo Alzaia Naviglio Grande
20144 Milano
Aperto il sabato
**Zona 5 Sud Ovest**
Quartieri Porta Genova e Navigli

**FOTO VENETA OTTICA**
Via Torino, 57, I piano
20123 Milano
Tel: 02 8055735
www.fotovenetaottica.com
**Zona 5 Sud Ovest**
Quartiere Ticinese

**GOGOL & COMPANY**
Via Savona, 10
20144 Milano
www.gogolandcompany.com
**Zona 5 Sud Ovest**
Quartieri Savona e Tortona

**GRANDE MERCATO DELL'USATO**
Via Asiago, 33
20128 Milano
Tel: 02 26005008
www.grandemercatousato.com
**Zona 3 Est**
Quartiere Loreto

**H&M**
Galleria Passarella, 1
20122 Milano
Tel: 02 76017222
Questo negozio fa parte di una catena, trovi gli altri punti vendita sul sito: www.hm.com
**Zona 1 Centro**
Quartiere Centro

**KAMAL**
Sartoria
Via Valvassori Peroni, 83
20133 Milano
**Zona 3 Est**
Quartieri Lambrate e Ortica

**HUMANA VINTAGE**
via Cappellari, 3
20122 Milano
02 7208 0606
www.humanavintage.it
**Zona 1 Centro**
Quartiere Centro

**IL GIROTONDO**
Via Dugnani, 6
20144 Milano
Tel: 02 437293
www.girotondoweb.it
**Zona 6 Ovest**
Quartieri Magenta e Vercelli

**SPAZIO DONNA**
Viale Coni Zugna, 19
20144 Milano
Tel: 02 94394292
**Zona 6 Ovest**
Quartieri Magenta e Vercelli

**IL MERCATINO DI MILANO**
Via Imperia, 28
20142 Milano
Tel: 02 89540038
www.mercatinomi.it
**Zona 5 Sud Ovest**
Quartieri Porta Genova e Navigli

**IL MONDO È PICCOLO**
Via Cesare Da Sesto, 19
20123 Milano
Tel: 02 58106086
www.ilmondoepiccolo.it
**Zona 6 Ovest**
Quartieri Magenta e Vercelli

**IL NUOVO GUARDAROBA**
Via Privata Asti, 5/A
20149 Milano
Tel: 02 48001678
www.ilnuovoguardaroba.it
**Zona 6 Ovest**
Quartiere Fiera

**IL TRIANGOLO DELLA MODA**
Via Melzo, 28
20129 Milano
Tel: 02 20403009; 340 9844527
www.triangolodellamoda.it
www.queenviven.it
**Zona 3 Est**
Quartiere Porta Venezia

**IO E IL LEGNO**
Via Calzecchi, 17
20133 Milano
Tel: 02 738 5744
www.ioeillegno.it
**Zona 3 Est**
Quartiere Città Studi

**ISOLA DEI LIBRI**
Via Pollaiuolo, 5
20159 Milano
Tel: 02 66800580
**Zona 2 Nord Est**
Quartieri Isola e Garibaldi

**JACQUES DESSANGE**
Via Settembrini, 29
20124 Milano
Tel: 02 67382502
it.dessange.com
**Zona 2 Nord Est**
Quartieri Centrale e Repubblica

**KIKO**
Corso Buenos Aires, 3
20124 Milano
Tel: 02 74281235
Questo negozio fa parte di una catena, trovi gli altri punti vendita su: www.kikocosmetics.com
**Zona 3 Est**
Quartiere Porta Venezia

**LA RINASCENTE**
Via Santa Radegonda, 3
20121 Milano
02 88521
www.rinascente.it
**Zona 1 Centro**
Quartiere Centro

**LE RANOCCHIE**
Via Ricciarelli, 37
(ingresso da via Bisleri)
20148 Milano
Tel: 02 405001
www.leranocchie.it
**Zona 6 Ovest**
Quartiere San Siro

**LIBRACCIO**
Via Candiani, 26
Via Giuseppe Candiani, 102, 20158 Milano
02 3931 4075
Questo negozio fa parte di una catena, trovi gli altri punti vendita su: www.libraccio.it
**Zona 7 Nord Ovest**
Quartiere Bovisa

**LIBRACCIO OUTLET**
Alzaia Naviglio Grande, 26
20144 Milano
Tel: 02 8323230
Questo negozio fa parte di una catena, trovi gli altri punti vendita su: www.libraccio.it
**Zona 5 Sud Ovest**
Quartieri Porta Genova e Navigli

**LIBRERIA CALUSCA CITY LIGHTS**
Via Conchetta, 18
20136 Milano
**Zona 5 Sud Ovest**
Quartiere Ticinese

**LIBRERIA CORTINA**
Piazza Leonardo da Vinci angolo Via Pascoli, 70
20133 Milano
Tel: 02 730372
Questo negozio fa parte di una catena, trovi gli altri punti vendita su: www.libreriacortinamilano.it
**Zona 3 Est**
Quartiere Città Studi

**LIBRERIA DEI RAGAZZI**
via Tadino 53
20124 Milano
Tel. 02.29533555
www.lalibreriadeiragazzi.it
**Zona 3 Est**
Quartiere Porta Venezia

**LIBRERIA DON DURITO**
Centro sociale Cantiere
Viale Monte Rosa, 84
20149 Milano
Tel: 02 36511380
www.cantiere.org
**Zona 6 Ovest**
Quartiere Fiera

**LIBRERIA L'ATLANTE**
Via Tadino, 30
20124 Milano
Tel: 02 29523044
www.atlante.it
**Zona 3 Est**
Quartiere Porta Venezia

**LIBRERIA POPOLARE**
Via Tadino, 18
20124 Milano
Tel: 02 29513268
www.facebook.com/libreria.popolareviatadino
**Zona 3 Est**
Quartiere Porta Venezia

**LIBRERIA SCIENTIFICA**
Via Visconti di Modrone
20122 Milano
Tel: 02 76003734
**Zona 1 Centro**
Quartiere Centro

**LIVE IN VINTAGE**
Via Thaon de Revel, 4
20159 Milano
Tel: 328 5372421
www.liveinvintage.com
**Zona 2 Nord Est**
Quartieri Isola e Garibaldi

**LOLITA**
- Corso Vittorio Emanuele, 13
20122 Milano
Tel: 02 76022258
**Zona 1 Centro**
Quartiere Centro
- Corso di Porta Ticinese, 96
20123 Milano
Tel: 02 8378667
**Zona 5 Sud Ovest**
Quartiere Ticinese

**MADINA**
Via Tivoli, 8
20121 Milano
Tel: 02 860746
Questo negozio fa parte di una catena, trovi gli altri punti vendita su www.madina.it
**Zona 2 Nord Est**
Quartiere Brera

**MAURO LEONE**
C.so Porta Ticinese, 60
C.so Porta Ticinese, 103
20123 Milano
Tel: 02 89429167
Questo negozio fa parte di una catena, trovi gli altri punti vendita su www.mauroleone.com
**Zona 5 Sud Ovest**
Quartiere Ticinese

**MERCATINO BADDARÒ**
Il Borgo in Città Onlus
Via Porpora, 150
20131 Milano
Tel: 392 2791094
ilborgoincitta.org
**Zona 3 Est**
Quartieri Lambrate e Ortica

**MERCATINO DELLA BOVISA**
Piazza Alfieri
20158 Milano
Domenica mattina
www.ilmercatinodellabovisa.it
**Zona 7 Nord Ovest**
Quartiere Bovisa

**MERCATINO DELL'USATO**
Piazza Amati, 3
20147 Milano
Tel: 02 48714288
www.milano26.mercatinousato.com
**Zona 6 Ovest**
Quartiere San Siro

**MERCATINO DELL'USATO PORTA GENOVA-EX BONOLA**
Ingresso da via Valenza, 16, ang. Alzaia Naviglio Grande
20144 Milano
Tel: 331 5868336 Associazione Piccoli Antiquari Ambrosiani
Aperto la domenica mattina
**Zona 5 Sud Ovest**
Quartieri Porta Genova e Navigli

**MERCATINO DI ALEX TRASLOCHI**
Via Bono Cairoli, 11
20127 Milano
Tel: 02 2619165; 02 2820448
www.alextraslochi.it
**Zona 3 Est**
Quartiere Loreto

**MERCATO DELL'ANTIQUARIATO DEL NAVIGLIO**
Alzaia Naviglio Grande
20144 Milano
Tel: 02 8940 9971
Associazione Naviglio Grande
www.navigliogrande.mi.it
si tiene ogni IV domenica del mese, escluso agosto
**Zona 5 Sud Ovest**
Quartieri Porta Genova e Navigli

**MERCATO DELL'ANTIQUARIATO DI BRERA**
Via Fiori Chiari, via Brera, via Madonnina e via Formentini
20121 Milano
si tiene ogni III domenica del mese, escluso agosto
**Zona 2 Nord Est**
Quartiere Brera

**MERCATO DEI FIORI**
Via Lombroso, 53
20137 Milano
Aperto al pubblico martedì, giovedì, sabato dalle 10.00 alle 12.00
Zona 3 Est
Quartieri XXII Marzo e Forlanini

**MERCATO DI VIA AMPÈRE**
20131 Milano
Giovedì mattina
Zona 3 Est
Quartiere Città Studi

**MERCATO VIA BENEDETTO MARCELLO**
20124 Milano
Martedì mattina e sabato tutto il giorno
Zona 3 Est
Quartiere Porta Venezia

**MERCATO DI VIA CALVI**
20129 Milano
Giovedì mattina
Zona 3 Est
Quartieri Porta Vittoria e Cinque Giornate

**MERCATO DI VIA CREMA**
20135 Milano
Venerdì mattina
Zona 4 Sud Est
Quartiere Porta Romana

**MERCATO DI VIA EUSTACHI**
20129 Milano
Martedì mattina
Zona 3 Est
Quartiere Porta Venezia

**MERCATO DI VIA FAUCHÈ**
20154 Milano
Martedì mattina, sabato tutto il giorno
Zona 7 Nord Ovest
Quartieri Monumentale e Cenisio

**MERCATO DI VIALE PAPINIANO**
20123 Milano
Martedì mattina e sabato tutto il giorno
Zona 6 Ovest
Quartieri Magenta e Vercelli

**MONDADORI MULTI CENTER**
Piazza Duomo, 1
20123 Milano
Tel: 02 45441125
Questo negozio fa parte di una catena, trovi gli altri punti vendita sul sito: www.negozimondadori.it
Zona 1 Centro
Quartiere Centro

**MOSÈ BIANCHI 13**
Via Mosè Bianchi, 13
20149 Milano
Tel: 02 43515196
www.mosebianchi13.it
Zona 6 Ovest
Quartiere Fiera

**MULINO DOCKS DORA**
Via Toffetti, 9
20139 Milano
Tel: 02 55213641
www.docksmart.it
Zona 4 Sud Est
Quartiere Porta Romana

**NAPOLEONE**
Via degli Arcimboldi, 5
20123 Milano
Tel: 02 875223
Zona 4 Sud Est
Quartiere Porta Romana

**NASHVILLE MUSIC STORE**
Via Castaldi, 17
20124 Milano
02 29523040
www.bordersound.it
Zona 3 Est
Quartiere Porta Venezia

**OUTLET ZUCCHI BASSETTI**
Via Procaccini, 32
20154 Milano
Tel: 02 3450125
**Zona 7 Nord Ovest**
Quartiere Sempione

**OUTLET DEL KASALINGO**
Via Procaccini, 48
20154 Milano
**Zona 7 Nord Ovest**
Quartiere Sempione

**OVIESSE**
Via Spadari, 2
20123 Milano
Questo negozio fa parte di una catena, trovi gli altri punti vendita su www.ovs.it
**Zona 1 Centro**
Quartiere Centro

**PARRUCCHIERE CIAO CIAO**
Via Niccolini, 22
20154 Milano
**Zona 7 Nord Ovest**
Quartiere Paolo Sarpi

**PARRUCCHIERE CINESE**
Via Aleardi, 4
20154 Milano
**Zona 7 Nord Ovest**
Quartiere Paolo Sarpi

**PARTICELLE COMPLEMENTARI**
Via Pollaiuolo, 3
20159 Milano
Tel: 02 89829098
**Zona 2 Nord Est**
Quartieri Isola e Garibaldi

**PISOTTI S.R.L.**
Alzaia Naviglio Grande, 98
20144 Milano
Tel. 02 89403348
www.pisotti.it
**Zona 5 Sud Ovest**
Quartieri Porta Genova e Navigli

**RESQ**
di Luca Parmeggiani
Tel: 336 557855
Mercato dell'antiquariato di Brera
Via Formentini davanti alla ex Chiesa di San Carpoforo
20121 Milano
**Zona 2 Nord Est**
Quartiere Brera

**ROSSETTI DISCHI**
Via Cesare Da Sesto, 24
20123 Milano
Tel: 02 58101865
facebook.com/pages/Rossetti-Dischi
**Zona 6 Ovest**
Quartieri Magenta e Vercelli

**SALVAGENTE BIMBI**
- Via Balzaretti, 15
20133 Milano
Tel: 02 89054321
www.salvagentebimbi.com
**Zona 3 Est**
Quartiere Città Studi
- Via Arona, 4
20149 Milano
Tel: 02 89054321
**Zona 7 Nord Ovest**
Quartiere Sempione

**SHABBY CHIC**
Via Cellini, 21
20129 Milano
Tel: 02 76018149
www.shabby.it
**Zona 3 Est**
Quartieri Porta Vittoria e Cinque Giornate

**SIMONE BUITONI**
Mercato dell'antiquariato di Brera
Via Brera davanti al bar Jamaica
20121 Milano
**Zona 2 Nord Est**
Quartiere Brera

**SPEED PHOTO**
Via degli Imbriani, 55/A
20158 Milano
Tel: 02 33220535
**Zona 7 Nord Ovest**
Quartiere Bovisa

**TIGER STORE**
Via Nerino, 12
20123 Milano
Tel: 02 87075150
Questo negozio fa parte di una catena, trovi gli altri punti vendita su: www.tiger-stores.it
**Zona 5 Sud Ovest**
Quartiere Ticinese

**TONG TONG NAILS SPA**
Via Lomazzo, 10
20123 Milano
Tel: 02 33609615
**Zona 7 Nord Ovest**
Quartiere Paolo Sarpi

**TONI&GUY ACADEMY**
Palazzo Delle Stelline
Corso Magenta, 63
20123 Milano
Tel: 02 4817578
toniandguy.it
**Zona 6 Ovest**
Quartieri Magenta e Vercelli

**VARA**
Viale Tunisia, 15
20124 Milano
Tel: 02 2049231
www.varamilano.it
**Zona 3 Est**
Quartiere Porta Venezia

**VECCHI LIBRI IN PIAZZA**
Piazza Diaz
20123 Milano
Tel: 02 45470721
Si tiene ogni II domenica del mese, escluso luglio e agosto
**Zona 1 Centro**
Quartiere Centro

**VINTAGE SHOP**
Alzaia Naviglio Pavese, 52
20143 Milano
Tel: 02 89415559
**Zona 5 Sud Ovest**
Quartieri Porta Genova e Navigli

**ZARA**
Corso Vittorio Emanuele II, 11
20121 Milano
Tel: 02 7639 8177
Questo negozio fa parte di una catena, trovi gli altri punti vendita su www.zara.com
**Zona 1 Centro**
Quartiere Centro

**121+ LIBRERIA EXTEMPORANEA**
Via Savona, 17/5
20144 Milano
Tel: 02 36584119
www.corraini.com
**Zona 5 Sud Ovest**
Quartieri Savona e Tortona

## INDIRIZZI PER DIVERTIRSI

Vivere **la nightlife milanese al risparmio è possibile**, basta tenersi informati su offerte e sconti. Su **milluminodisera.it** è possibile visionare giorno per giorno le promozioni più convenienti proposte dai locali, controllando attraverso una mappa interattiva quali sono i più vicini a voi e cosa offrono.

Ma si può provare anche con metodi più convenzionali e collaudati, come uscire nei giorni infrasettimanali (gli ingressi nelle discoteche a volte scendono del 50%) e non entrare in un locale dopo l'una di notte (le riduzioni dopo quell'ora non valgono più). E, in ogni caso, vale sempre la vecchia regola: se siete ragazze avete di certo molte più chances di entrare gratis...

Inquadra con il tuo smartphone il codice a lato ed entra nel sito di milluminodisera

**ARCI MAGNOLIA**
Via Circonvallazione
Idroscalo, 41
20090 Segrate (MI)
Tel: 02 7561046
www.circolomagnolia.it
**Zona 3 Est**
Quartieri XXII Marzo e Forlanini

**ATOMIC BAR**
Via Casati, 24
20124 Milano
Tel: 02 89059169
**Zona 3 Est**
Quartiere Porta Venezia

**BIKO**
Via Ettore Ponti, 40
20143 Milano
Tel: 393 7703248
www.bikoclub.net
**Zona 5 Sud Ovest**
Quartieri Porta Genova e Navigli

**CENTRO SOCIALE CANTIERE**
Viale Monte Rosa, 84
20149 Milano
Tel: 02 36511380
www.cantiere.org
**Zona 6 Ovest**
Quartiere Fiera

**CIRCOLO SALA VENEZIA**
Via Cadamosto, 2a
20129 Milano
**Zona 3 Est**
Quartiere Porta Venezia

**COX18**
Via Conchetta, 18
20136 Milano
Tel: 02 89415976
cox18.noblogs.org
**Zona 5 Sud Ovest**
Quartiere Ticinese

**DISCO BAR RAGOO**
Viale Monza, 140
20127 Milano
Tel: 02 26005157
www.ragoo.it
**Zona 3 Est**
Quartiere Loreto

**ITTOLITTOS**
Via Olgiati, 25
20143 Milano
Tel: 02 8138061
www.ittolittos.it
**Zona 5 Sud Ovest**
Quartieri Porta Genova e Navigli

**LELEPHANT**
Via Melzo, 22
20129 Milano
Tel: 02 29518768
**Zona 3 Est**
Quartiere Porta Venezia

**LEONCAVALLO**
Via Watteau, 7
20125 Milano
Tel: 02 26140287
www.leoncavallo.org
**Zona 2 Nord Est**
Quartieri Centrale e Repubblica

**ROCKET**
Via Pezzotti, 52
20141 Milano
Tel: 02 89503509
www.therocket.it
**Zona 5 Sud Ovest**
Quartieri Porta Genova e Navigli

**SALOON OF THE ARTISTS**
Via Niccolini, 24
20154 Milano
Tel: 02 33600311
**Zona 7 Nord Ovest**
Quartiere Paolo Sarpi

**SALUMERIA DELLA MUSICA**
Via Pasinetti, 4
201241 Milano
Tel: 02 56807350
**Zona 4 Sud Est**
Quartiere Porta Vigentina

**TUNNEL CLUB**
Via Sammartini, 30
20125 Milano
Tel: 336 1358151
www.tunnel-milano.it
**Zona 2 Nord Est**
Quartieri Centrale e Repubblica

**ZOOM BAR**
Via Panfilo Castaldi, 26
20124 Milano
Tel: 02 29529006
www.zoom-bar.it
**Zona 3 Est**
Quartiere Porta Venezia

## SPAZIO ALLE CULTURE

Prima di correre a teatro conviene visitare il sito **atrapalo.it**, il motore di ricerca che segnala promozioni per il tempo libero (ma non mancano le offerte anche per viaggi e ristoranti). Qui puoi trovare **biglietti a prezzi davvero stracciati**: il risparmio in media è del 40-50%, ma può arrivare all'80%.
**Invito a Teatro** è l'iniziativa dell'Assessorato alla Cultura della Provincia di Milano che da più di trent'anni consente di acquistare abbonamenti da otto spettacoli a prezzi calmierati (circa 10 euro a ingresso). Per saperne di più visita il sito: provincia.milano.it
Se vicino a casa vostra non c'è neanche una biblioteca, niente paura: c'è il **Bibliobus,** la biblioteca itinerante con più di 2000 volumi, che raggiunge ogni mattina i suoi lettori in alcune aree cittadine periferiche.
Il servizio è gratuito e accessibile anche ai disabili.
Per informazioni visita il sito: comune.milano.it

**AGENZIA X**
Via Ripamonti, 13
20136 Milano
Tel: 02 89401966
www.agenziax.it
**Zona 4 Sud Est**
Quartiere Porta Vigentina

**ANTEO – SPAZIOCINEMA**
Via Milazzo, 9
20121 Milano
Tel: 02 6597732
ww.spaziocinema.info
**Zona 2 Nord Est**
Quartieri Isola e Garibaldi

**ASSAB ONE**
(Ex stabilimento GEA)
Via privata Assab, 1
20132 Milano
Tel: 02 2828546
www.assab-one.org
**Zona 3 Est**
Quartiere Loreto

**ARCHIVIO PRIMO MORONI**
Via Conchetta, 18
20136 Milano
**Zona 5 Sud Ovest**
Quartiere Ticinese

**BIBLIOTECA PARCO SEMPIONE**
Via Cervantes
20121 Milano
Tel: 02 88465812
**Zona 7 Nord Ovest**
Quartiere Sempione

**BIBLIOTECA SORMANI**
Corso di Porta Vittoria, 6
20122 Milano
02 88463397
www.comune.milano.it
**Zona 3 Est**
Quartieri Porta Vittoria e Cinque Giornate

**BIBLIOTECA VALVASSORI PERONI**
Via Valvassori Peroni, 56
20133 Milano
Tel: 02 88465095
www.comune.milano.it
**Zona 3 Est**
Quartieri Lambrate e Ortica

**BIBLIOTECA VENEZIA**
Via Frisi, 2/4 angolo Via Melzo
20129 Milano
Tel. 02 88465799
www.comune.milano.it
**Zona 3 Est**
Quartiere Porta Venezia

**BIBLIOTECA VIGENTINA**
Corso di Porta Vigentina, 15
20122 Milano
Tel. 02 88465798
www.comune.milano.it
Aperto lunedì, mercoledì e venerdì al pomeriggio; martedì, giovedì, sabato alla mattina
**Zona 4 Sud Est**
Quartiere Porta Vigentina

**C.A.M.**
Corso Garibaldi, 27
angolo via Giorgio Strehler, 2
20121 Milano
Tel: 02 88455323
**Zona 2 Nord Est**
Quartiere Brera

**CASCINA CUCCAGNA**
Via Cuccagna, 2 angolo via Muratori
20135 Milano
Tel: 02 54118733
www.cuccagna.org
**Zona 4 Sud Est**
Quartiere Porta Romana

**CINEMA MEXICO**
Via Savona, 57
20144 Milano
Tel: 02 48951802
www.cinemamexico.it
**Zona 5 Sud Ovest**
Quartieri Savona e Tortona

**CINEMA ORCHIDEA**
Via Terraggio
20123 Milano
**Zona 6 Ovest**
Quartieri Magenta e Vercelli

**CIRCOLO ARCI BELLEZZA**
Via Giovanni Bellezza, 16
20136 Milano
Tel: 02 58319492
www.arcibellezza.it
**Zona 4 Sud Est**
Quartiere Porta Vigentina

**CIRCOLO CICCO SIMONETTA**
Via Cicco Simonetta, 16
20123 Milano
Tel: 347 3845274
www.ciccosimonetta.org
**Zona 5 Sud Ovest**
Quartiere Ticinese

**CIRCOLO FAMILIARE DI UNITÀ PROLETARIA**
Viale Monza, 140
20127 Milano
Tel: 02 27010302
www.circolofamiliareunitaproletaria.it
**Zona 3 Est**
Quartiere Loreto

**CIRCOLO MIX**
Via San Faustino, 5
20134 Milano
Tel: 340 5754534
www.circolomix.it
**Zona 3 Est**
Quartieri Lambrate e Ortica

**CIRCOLO PONTE DELLA GHISOLFA**
Viale Monza, 255
20126 Milano
Tel: 02 2574073
www.ecn.org/ponte
**Zona 3 Est**
Quartiere Loreto

**COWO**
Via Ventura, 3
20134 Milano
Tel: 02 6575938
coworkingmilano.com
**Zona 3 Est**
Quartieri Lambrate e Ortica

**CENTRO SOCIALE VITTORIA**
Via Ludovico Muratori, 43
20135 Milano
Tel: 02 5453986
www.csavittoria.org
**Zona 4 Sud Est**
Quartieri Porta Romana

**FABBRICA DEL VAPORE**
Via Procaccini, 4
20154 Milano
www.fabbricadelvapore.org
**Zona 7 Nord Ovest**
Quartieri Monumentale e Cenisio

**FONDAZIONE CORRIERE DELLA SERA**
Via Balzan, 3
20121 Milano
Tel: 02 87387707
fondazionecorriere.corriere.it
**Zona 2 Nord Est**
Quartiere Brera

**FONDAZIONE STELLINE**
Corso Magenta, 61
20123 Milano
Tel: 02 45462411
www.stelline.it
Chiuso il lunedì
Ingresso gratuito o a pagamento a seconda delle mostre in corso.
**Zona 6 Ovest**
Quartieri Magenta e Vercelli

**GALLERIA CARLA SOZZANI**
Corso Como, 10
20154 Milano
Tel: 02 653531
www.galleriacarlasozzani.org
**Zona 2 Nord Est**
Quartieri Isola e Garibaldi

**INCUBATORE PER L'ARTE**
Via De Castilla, 26
20159 Milano
**Zona 2 Nord Est**
Quartieri Isola e Garibaldi

**LABORATORIO DI QUARTIERE**
Piazza Selinunte, 4
20148 Milano
www.laboratoriodiquartiere.it
Aperto martedì e giovedì dalle 15.00 alle 19.00, mercoledì dalle 9.00 alle 13.00
**Zona 6 Ovest**
Quartiere San Siro

**LA SCIGHERA**
Circolo Arci
Via Candiani, 131
Tel: 02 44417226
lascighera.org
**Zona 7 Nord Ovest**
Quartiere Bovisa

**LIBRERIA INTERNO 4**
Shake edizioni
Vicolo Calusca, 10f
20123 Milano
Tel: 02 58317306
www.shake.it
**Zona 5 Sud Ovest**
Quartiere Ticinese

**MACAO**
Centro per le Arti, la Cultura e la Ricerca
Viale Molise, 68
20137 Milano
www.macao.mi.it
**Zona 3 Est**
Quartieri XXII Marzo e Forlanini

**NOTTURNI IN VILLA**
Festival musicale
Villa Reale
Via Palestro, 16
20121 Milano
www.amicidellamusicamilano.it
**Zona 3 Est**
Quartiere Porta Venezia

**ORCHESTRA DELLA STATALE DI MILANO**
Stagione Concertistica
Aula Magna
Via Festa del Perdono, 7
Uno o due martedì al mese
Tel: 02 58207220
Consulta il programma su: www.orchestra.unimi.it
**Zona 4 Sud Est**
Quartiere Porta Romana

**PELOTA JAIALAI**
Via Palermo, 10
20121 Milano
**Zona 2 Nord Est**
Quartiere Brera

**PICCOLO TEATRO**
Via Rovello, 2
20121 Milano
Tel: 848 800 304
www.piccoloteatro.org
**Zona 2 Nord Est**
Quartiere Brera

**SOCIETÀ UMANITARIA**
Via Daverio, 7
20122 Milano
Tel: 02 5796831
www.umanitaria.it
**Zona 3 Est**
Quartieri Porta Vittoria e Cinque Giornate

**SPAZIO OBERDAN**
Viale Vittorio Veneto, 2
20124 Milano
Tel: 02 77406316
www.cinetecamilano.it
**Zona 3 Est**
Quartiere Porta Venezia

**TEATRO ALLA SCALA**
Via dei Filodrammatici, 2
20121 Milano
Tel: 02 88791
www.teatroallascala.org
**Zona 1 Centro**
Quartiere Centro

**TEATRO ARSENALE**
Via Cesare Correnti, 11
20123 Milano
02 832 1999
www.teatroarsenale.it
**Zona 5 Sud Ovest**
Quartiere Ticinese

**TEATRO DELLA COOPERATIVA**
Via Privata Hermada, 8
20162 Milano
Tel: 02 6420761
www.teatrodellacooperativa.it
**Zona 2 Nord Est**
Quartieri Isola e Garibaldi

**TEATRO ELFO PUCCINI**
Corso Buenos Aires, 33
20124 Milano
02 00660606
elfo.org
**Zona 3 Est**
Quartiere Porta Venezia

**TEATRO LIBERO**
Via Savona, 10
20144 Milano
Tel: 02 8323126
www.teatrolibero.it
**Zona 5 Sud Ovest**
Quartieri Savona e Tortona

**TEATRO MARTINITT**
Via Pitteri, 58
20134 Milano
Tel: 02 36580010
www.teatromartinitt.it
**Zona 3 Est**
Quartieri Lambrate e Ortica

**TEATRO SALA FONTANA**
Via Boltraffio, 21
20159 Milano
Tel: 02 69015733
**Zona 6 Ovest**
Quartiere Fiera

**THE HUB!**
Via Paolo Sarpi, 8
20154 Milano
Tel: 02 40709253
milan.the-hub.net
**Zona 7 Nord Ovest**
Quartiere Sarpi

**TORCHIERA C.S.A.**
Piazzale Cimitero Maggiore, 18
20156 Milano
Tel: 02 3088896
torchiera.noblogs.org
**Zona 7 Nord Ovest**
Quartiere Sempione

**UNIVERSITÀ BOCCONI**
via Ulisse Gobbi, 5
20136 Milano
Concerti giovedì alle ore 21.00
Consulta il programma su: www.
viasarfatti25.unibocconi.it
**Zona 4 Sud Est**
Quartiere Porta Vigentina

**VILLA SIMONETTA**
Via Stilicone, 36
20154 Milano
Tel: 02 72524301
Notti trasfigurate
Rassegna musicale
Per informazioni: www.
fondazionemilano.eu/musica
**Zona 7 Nord Ovest**
Quartieri Monumentale e Cenisio

## ARTE E ARCHITETTURE A KM 0

Il Comune di Milano organizza spesso **mostre e iniziative per il tempo libero a carattere gratuito o a prezzi calmierati**. Per tenersi informati sulle varie attività basta registrarsi sucomune.milano.it e iscriversi alla Newsletter "Cosa succede in città". Sarete sicuri di non perdere neanche un'inaugurazione.
**Le mostre** che si tengono **nelle gallerie d'arte private sono sempre gratuite**, il problema, semmai, è trovare gli inviti e sapersi districare nella miriade di eventi e vernissage che ogni settimana animano la città.
I siti **flashartonline.it**, **exibart.com** e artribune.com sono sempre aggiornati sulle novità del mondo dell'arte contemporanea, a Milano e non solo.

**ABBAZIA DI CHIARAVALLE**
Via Sant'Arialdo, 102
20139 Milano
Tel: 02 57403404
Chiuso il lunedì
Ingresso gratuito, visite guidate a offerta libera
**Zona 4 Sud Est**
Quartiere Porta Vigentina

**ACQUARIO CIVICO**
Viale Gadio, 2
20121 Milano
Tel: 02 88465750
www.acquariocivicomilano.eu
Chiuso il lunedì
Ingresso gratuito
**Zona 7 Nord Ovest**
Quartiere Sempione

**ARCHIVIO BOTTONI**
Politecnico di Milano - DPA
Via Durando, 38a
20158 Milano
Tel: 02 23995827
bottoni.dpa.polimi.it
**Zona 7 Nord Ovest**
Quartiere Bovisa

**ARCO DELLA PACE**
Piazza Sempione
20154 Milano
**Zona 7 Nord Ovest**
Quartiere Sempione

**ARCO DI PORTA ROMANA**
Piazza Medaglie d'Oro
20135 Milano
**Zona 4 Sud Est**
Quartiere Porta Romana

**AREA ARCHEOLOGICA**
Corso Magenta, via del Torchio,
via Brisa, via Cappuccio, via Circo,
via Morigi
20123 Milano
**Zona 6 Ovest**
Quartieri Magenta e Vercelli

**ARENA CIVICA**
Viale Giorgio Byron, 2
20154 Milano
Tel: 02 7740 4343
**Zona 7 Nord Ovest**
Quartiere Sempione

**BASILICA SAN GIOVANNI IN CONCA**
Piazza Missori angolo via Albricci
20122 Milano
Chiuso il lunedì
Ingresso gratuito
**Zona 4 Sud Est**
Quartiere Porta Romana

**BASILICA SANT'AMBROGIO**
Piazza Sant'Ambrogio, 15
20123 Milano
Tel: 02 86450895
Ingresso gratuito
**Zona 6 Ovest**
Quartieri Magenta e Vercelli

**CAMERA DEL LAVORO**
Corso di Porta Vittoria, 43
20122 Milano
**Zona 3 Est**
Quartieri Porta Vittoria e Cinque Giornate

**CASA DI RIPOSO PER MUSICISTI GIUSEPPE VERDI**
Piazza Buonarroti, 29
20149 Milano
Tel: 02 4996009
www.casaverdi.org
Prenotazione obbligatoria
Ingresso: offerta libera
**Zona 6 Ovest**
Quartiere Fiera

**CASA GALIMBERTI**
Via Malpighi, 3
20129 Milano
**Zona 3 Est**
Quartiere Porta Venezia

**CASA GHIRINGHELLI**
Piazzale Lagosta, 2
20159 Milano
**Zona 2 Nord Est**
Quartieri Isola e Garibaldi

**CASA GUAZZONI**
Via Malpighi, 12
20129 Milano
**Zona 3 Est**
Quartiere Porta Venezia

**PINACOTECA AMBROSIANA**
Piazza Pio XI, 2
20123 Milano
Tel: 02 806921
www.ambrosiana.eu
Chiuso il lunedì
**Zona 1 Centro**
Quartiere Centro

**CASA MUSEO BOSCHI DI STEFANO**
Via G. Jan, 15
20129 Milano
Tel: 02 20240568
Chiuso il lunedì
Ingresso gratuito
**Zona 3 Est**
Quartiere Loreto

**CASA RUSTICI**
Corso Sempione, 26
20145 Milano
**Zona 7 Nord Ovest**
Quartiere Sempione

**CASCINA CAVRIANO**
Via Cavriana, 51
20134 Milano
Tel: 02 76119052
www.cascinacavriano.com
**Zona 3 Est**
Quartieri Lambrate e Ortica

**CASE MUSEO CARD**
www.casemuseomilano.it
Intero 15 euro, ridotto 10 euro
Valida per sei mesi, consente 1 ingresso in ciascuna delle quattro Case Museo di Milano: Museo Bagatti Valsecchi, Casa Boschi di Stefano, Villa Necchi Campiglio e Museo Poldi Pezzoli. All'ingresso è disponibile un servizio gratuito di audio guide in italiano, inglese e giapponese
**Zona 1 Centro**
Quartiere Centro

**CENACOLO VINCIANO**
Piazza S. Maria delle Grazie, 2
20123 Milano
Tel: 02 92800360
www.vivaticket.it
Chiuso il lunedì
Ingresso: 6,50 euro + 1,50 di prenotazione obbligatoria
**Zona 6 Ovest**
Quartieri Magenta e Vercelli

**CERTOSA DI GAREGNANO**
Via Garegnano, 28
20156 Milano
Tel: 02 3800 6301
**Zona 7 Nord Ovest**
Quartiere Sempione

**CHIESA DI SAN MAURIZIO AL MONASTERO MAGGIORE**
Corso Magenta, 13
20123 Milano
Chiuso domenica e lunedì
Ingresso gratuito
**Zona 6 Ovest**
Quartieri Magenta e Vercelli

**CHIESA DI SANT'ALESSANDRO IN ZEBEDIA**
Piazza Missori, 4
20122 Milano
02 8645 3065
**Zona 4 Sud Est**
Quartiere Porta Romana

**CHIESA DI SAN SATIRO**
Via Torino, 17/19
20123 Milano
Tel: 02 874683
Ingresso gratuito
**Zona 5 Sud Ovest**
Quartiere Ticinese

**CIMITERO MONUMENTALE**
Piazzale Cimitero Monumentale
20154 Milano
Tel: 02 88441274
www.monumentale.net
Ingresso gratuito
Visite guidate su appuntamento
**Zona 7 Nord Ovest**
Quartieri Monumentale e Cenisio

**CIVICO PLANETARIO ULRICO HOEPLI**
Giardini Indro Montanelli
Corso Venezia, 57
20121 Milano
Tel. 02 88463340
www.comune.milano.it/planetario
Osservazioni guidate del cielo: sabato e domenica alle 15.00 e replica alle 16.30
Conferenze a tema: martedì e giovedì alle 21.00
Ingresso: intero 3 euro, ridotto 1,50 euro
**Zona 3 Est**
Quartiere Porta Venezia

**COLONNE DI SAN LORENZO**
Corso di Porta Ticinese, 39
20123 Milano
**Zona 5 Sud Ovest**
Quartiere Ticinese

**FONDAZIONE FORMA PER LA FOTOGRAFIA**
Piazza Tito Lucrezio Caro, 1
20136 Milano
Tel: 02 58118067
Tel Forma Galleria: 02 89075420
www.formafoto.it
Chiuso il lunedì
Ingresso gratuito alle mostre di Forma Galleria
**Zona 5 Sud Ovest**
Quartiere Ticinese

**FONDERIA NAPOLEONICA**
Via Thaon de Revel, 21
20159 Milano
Tel: 02 668 7738
www.fonderianapoleonica.it
**Zona 2 Nord Est**
Quartieri Isola e Garibaldi

**GALLERIA D'ARTE MODERNA DI MILANO**
Via Palestro, 16
20121 Milano
Tel: 02 88445944/47
Chiuso il lunedì
Ingresso gratuito
**Zona 3 Est**
Quartiere Porta Venezia

**GALLERIE D'ITALIA**
Piazza della Scala, 6
20121 Milano
Tel: numero verde 800 167 619
www.gallerieditalia.com
Chiuso il lunedì
L'ingresso alle Gallerie è gratuito fino a tutto il 2013
**Zona 1 Centro**
Quartiere Centro

**GRATTACIELO PIRELLI**
Piazza Duca D'Aosta
02 67651
20124 Milano
**Zona 2 Nord Est**
Quartieri Centrale e Repubblica

**LARGO CARROBBIO**
20123 Milano
**Zona 5 Sud Ovest**
Quartiere Ticinese

**MIC, MUSEO INTERATTIVO DEL CINEMA**
Ex Manifattura Tabacchi
Viale Fulvio Testi, 121
20162 Milano
Tel: 02 87242114
mic.cinetecamilano.it
Aperto venerdì dalle 10.00 alle 19.00 e domenica dalle 15.00 alle 19.00
Ingresso: intero 5 euro, ridotto 3 euro
Proiezioni: intero 5 euro, ridotto 3 euro. Il biglietto dà diritto ad effettuare una visita al museo
**Zona 2 Nord Est**
Quartieri Isola e Garibaldi

**MUSEI CIVICI DEL CASTELLO SFORZESCO**
Piazza Castello
20121 Milano
Chiuso lunedì
Ingresso: intero 3 euro, ridotto 1,50 euro
Ingresso gratuito martedì, mercoledì, giovedì, sabato e domenica, dalle 16.30 alle 17.30 e venerdì dalle 14.00 alle 17.30
**Zona 1 Centro**
Quartiere Centro

**MUSEO ARCHEOLOGICO**
Corso Magenta, 15
20123 Milano
Tel: 02 20404175
Tel Biglietteria: 02 88445208
Chiuso il lunedì
Ingresso: intero 2 euro, ridotto 1 euro
**Zona 6 Ovest**
Quartieri Magenta e Vercelli

**MUSEO BAGATTI VALSECCHI**
Via Gesù, 5
20121 Milano
Tel: 02 76006132
www.bagattivalsecchi.house.museum
Chiuso il lunedì
Ingresso: intero 8 euro, ridotto 4
Ingresso ridotto a 4 euro tutti i mercoledì non festivi
**Zona 1 Centro**
Quartiere Centro

**MUSEO DI STORIA NATURALE**
Corso Venezia, 55
20121 Milano
Tel: 02 88463337
www.comune.milano.it
Chiuso il lunedì
Ingresso: intero 3 euro, ridotto 1,50 euro
Happy Hour evoluzionistic
Ingresso gratuito con consumazione 6,50 euro
Prenotazioni: 02 88463337
Bio merenda
Ingresso: 13 euro
Prenotazioni: 02 88463337
**Zona 3 Est**
Quartiere Porta Venezia

**MUSEO DEL NOVECENTO**
Piazza Duomo
20123 Milano
Tel: 02 43353522
museodelnovecento.org
Chiuso lunedì mattina, giovedì e sabato aperto fino alle 22.30
Ingresso gratuito ogni giorno a partire da due ore prima della chiusura, ogni venerdì gratis dalle 15.30
Ingresso: intero 5 euro,
ridotto 3 euro
**Zona 1 Centro**
Quartiere Centro

**MUSEO DEL RISORGIMENTO**
Via Borgonuovo, 23
20121 Milano
Tel: 02 8846 4170
www.museodelrisorgimento.mi.it
Chiuso il lunedì
Ingresso: intero 2 euro, ridotto 1 euro, gratuito tutti i giorni dopo le 16.30 e il venerdì dalle 14.00
**Zona 2 Nord Est**
Quartiere Brera

**MUSEO NAZIONALE DELLA SCIENZA E DELLA TECNOLOGIA**
Via San Vittore, 21
20123 Milano
Tel: 02 485551
www.museoscienza.org
Chiuso il lunedì
Ingresso: intero 10 euro,
ridotto 7 euro
**Zona 6 Ovest**
Quartieri Magenta e Vercelli

**MUSEO POLDI PEZZOLI**
Via Manzoni, 12
20121 Milano
Tel: 02 794889
Chiuso il martedì
Ingresso: intero 9 euro,
ridotto 6 euro
www.museopoldipezzoli.it
**Zona 1 Centro**
Quartiere Centro

**MUSEO STUDIO FRANCESCO MESSINA**
Via San Sisto, 4a
20121 Milano
Tel: 02 86453005
Aperto da martedì a venerdì dalle 10.00 alle 14.00 e sabato dalle 14.00 alle 18.00
Ingresso gratuito
**Zona 5 Sud Ovest**
Quartiere Ticinese

**MUSEO TEATRALE ALLA SCALA**
Largo Ghiringhelli, 1
20121 Milano
Tel. 02 88792473/74
Ingresso: intero 6 euro, ridotto 4 euro
**Zona 1 Centro**
Quartiere Centro

**OSSERVATORIO ASTRONOMICO**
Via Brera, 28
20121 Milano
Tel: 02 50314680
www.brera.unimi.it/museo
Chiuso sabato e domenica
Ingresso gratuito
**Zona 2 Nord Est**
Quartiere Brera

**PALAZZINA LIBERTY**
Largo Marinai d'Italia
20135 Milano
Tel: 02 55195967
www.comune.milano.it
Ingresso gratuito
**Zona 3 Est**
Quartiere Porta Venezia

**PALAZZO MORANDO - COSTUME, MODA E IMMAGINE**
Via Sant'Andrea, 6
Tel: 02 88465933
www.costumemodaimmagine.mi.it
www.civicheraccoltestoriche.mi.it
Chiuso il lunedì
Ingresso gratuito
**Zona 1 Centro**
Quartiere Centro

**PALAZZO REALE**
Piazza del Duomo, 12
20122 Milano
02 88465236
www.comune.milano.it/palazzoreale/
Il biglietto varia a seconda delle esposizioni temporanee, alcune mostre sono a ingresso gratuito
**Zona 1 Centro**
Quartiere Centro

**PINACOTECA AMBROSIANA**
Piazza Pio XI, 2
20123 Milano
Tel: 02 806921
www.ambrosiana.eu
Chiuso il lunedì
Ingresso: intero 20 euro, ridotto 15 euro
**Zona 1 Centro**
Quartiere Centro

**PINACOTECA DI BRERA**
Via Brera, 28
20121 Milano
Tel: 02 92800361
www.brera.beniculturali.it
Chiuso il lunedì
Ingresso: intero 6 euro, ridotto 3 euro (intero 10 euro in occasione di mostre temporanee)
**Zona 2 Nord Est**
Quartiere Brera

**PORTA VENEZIA**
Corso di Porta Venezia
20121 Milano
**Zona 3 Est**
Quartiere Porta Venezia

**ROTONDA DELLA BESANA**
Via Besana, 15
20122 Milano
**Zona 3 Est**
Quartieri Porta Vittoria e Cinque Giornate

**SAN BERNARDINO ALLE OSSA**
Via Carlo Giuseppe Merlo, 4
20122 Milano
Chiuso al pomeriggio di sabato e domenica
Ingresso gratuito
**Zona 4 Sud Est**
Quartiere Porta Romana

**SAN GOTTARDO IN CORTE**
Via Pecorari, 2
20122 Milano
Ingresso gratuito
**Zona 1 Centro**
Quartiere Centro

**SAN SIRO MUSEO & TOUR**
Piazzale Angelo Moratti
20151 Milano
Tel: 02 4042432
www.sansirotour.com
Biglietti Museo + Tour: intero 13 euro, ridotto 10 euro
Biglietti solo museo: intero 7 euro, ridotto 5 euro
**Zona 6 Ovest**
Quartiere San Siro

**SANTA MARIA ALLA FONTANA**
Piazza Santa Maria alla Fontana, 11
20159 Milano
Ingresso gratuito
**Zona 2 Nord Est**
Quartieri Isola e Garibaldi

**SANTUARIO DEI SANTI FAUSTINO E GIOVITA**
Via Amadeo, 90
20134 Milano
Ingresso gratuito
**Zona 3 Est**
Quartieri Lambrate e Ortica

**STATUA EQUESTRE DI LEONARDO**
Piazzale dello Sport, 8
20151 Milano
Ingresso libero
**Zona 6 Ovest**
Quartiere San Siro

**STAZIONE CENTRALE**
Piazza Duca d'Aosta
20125 Milano
**Zona 2 Nord Est**
Quartieri Centrale e Repubblica

**TORRE BRANCA**
Parco Sempione - Via Camoens
20121 Milano
Tel: 02 3314120
www.brancainternational.com/it
Chiuso il lunedì, da maggio a settembre anche aperture serali
Ingresso: 4 euro, mercoledì salita gratuita per scolaresche e pensionati
**Zona 7 Nord Ovest**
Quartiere Sempione

**TORRE VELASCA**
Piazza Velasca
20122 Milano
**Zona 4 Sud Est**
Quartiere Porta Romana

### TRIENNALE DI MILANO
Viale Alemagna, 6
20121 Milano
Tel: 02 724341
www.triennale.org
Chiuso il lunedì
Giovedì aperto fino alle 23.00
Ingresso: intero 8 euro, biglietto unico con accesso a tutte le mostre 10 euro

**Zona 7 Nord Ovest**

Quartiere Sempione

### TRIENNALE BOVISA
Via Lambruschini, 31
20156 Milano
www.triennale.org

**Zona 7 Nord Ovest**

Quartiere Bovisa

### UNIVERSITÀ DEGLI STUDI DI MILANO
Ospedale Maggiore
Via Festa del Perdono, 7
20122 Milano

**Zona 4 Sud Est**

Quartiere Porta Romana

### VILLA BUSCA SERBELLONI
Via Rombon, 41
20134 Milano

**Zona 3 Est**

Quartieri Lambrate e Ortica

### VILLA FOLLI
Via Dardononi, 8
20134 Milano

**Zona 3 Est**

Quartieri Lambrate e Ortica

### VILLA NECCHI CAMPIGLIO
Via Mozart, 14
20122 Milano
Tel: 02 76340121
www.fondoambiente.it
Chiuso lunedì e martedì
Visita alla Villa e giardino: intero 8 euro, ridotto 4 euro
Visita solo giardino: gratuita

**Zona 1 Centro**

Quartiere Centro

### WOW MUSEO DEL FUMETTO
Viale Campania,12
20133 Milano
tel. 02 49524744 / 45
www.museowow.it
Chiuso il lunedì
Ingresso mostre: 7/5 euro

**Zona 3 Est**

Quartieri XXII Marzo e Forlanini

## A PIEDI NUDI NEL PARCO

Da qui al 2020 **Milano passerà da 21 a 50 milioni di metri quadrati di verde**: una vera e propria rivoluzione per una città che ha deciso di puntare sulla qualità della vita, a partire dall'ambiente.
I parchi e giardini milanesi sono, nella maggior parte dei casi, di proprietà del Comune di Milano. Visita il sito comune.milano.it per tutte le informazioni su orari di accesso, indirizzi e attività.
Inoltre, con l'iniziativa **Cura e adotta il verde pubblico** puoi contribuire a mantenere e migliorare il verde di Milano, scegliendo la modalità che fa per te (sponsorizzazione o collaborazione tecnica).
Tutte le informazioni sono disponibili sul portale del Comune.

### BOSCOINCITTÀ

Questo parco pubblico del Comune di Milano, costituito nel 1974 su iniziativa di Italia Nostra, rappresenta il primo esempio nel Paese di forestazione urbana: 110 ettari di boschi, radure, sentieri, corsi d'acqua e orti. Un'antica cascina ne costituisce il centro operativo.
Ingresso:
Via Novara, 340
20147 Milano
Tel: 02 45224001
www.cfu.it

**Zona 6 Ovest**

Quartiere San Siro

### GIARDINO DEGLI AROMI

Un community garden con piante aromatiche e officinali all'interno dell'ex Ospedale Psichiatrico Paolo Pini. Un giardino a disposizione delle persone che vogliono prendersene cura, ma anche un "orto terapeutico" che accoglie chi soffre di disagio fisico o psichico.
Ingresso:
Via Ippocrate, 45
20161 Milano
Tel: 02 66203319
www.ilgiardinodegliaromi.org

**Zona 2 Nord Est**

Quartieri Isola e Garibaldi

### GIARDINO DELLA GUASTALLA
Un classico giardino "all'italiana" nel cuore della città. Progettato nel Cinquecento, è accessibile a tutti dal 1939.
Ingresso:
Via Francesco Sforza, via San Barnaba, via Guastalla
20122 Milano
www.comune.milano.it

**Zona 3 Est**

Quartieri Porta Vittoria e Cinque Giornata

### GIARDINO DELLA VILLA BELGIOJOSO BONAPARTE
Un bellissimo esempio di giardino "all'inglese" esclusivamente riservato ai bambini sotto i 12 anni e agli adulti in loro compagnia.
Ingresso:
Via Palestro, 16
20121 Milano

**Zona 3 Est**

Quartiere Porta Venezia

### GIARDINI DI VIA CANDIANI
In questo delizioso giardino pubblico alla Bovisa agli inizi del Novecento fu girato il primo lungometraggio italiano, tratto dall'Inferno di Dante.
Ingresso:
Via Candiani
20158 Milano

**Zona 7 Nord Ovest**

Quartiere Bovisa

### GIARDINI PUBBLICI DI VIA TERRAGGIO
Il giardino di Via Terraggio, nascosto dietro al portone del civico numero 5, è un'oasi di pace per mamme e bambini che passeggiano nella zona.
Ingresso:
Via Terraggio, 5
20123 Milano

**Zona 6 Ovest**

Quartieri Magenta e Vercelli

### GIARDINI PUBBLICI INDRO MONTANELLI
Realizzati alla fine del '700 con impianto "alla francese", sono il primo parco cittadino progettato per un uso pubblico. Nel 2002 sono stati intitolati al grande giornalista Indro Montanelli, la cui statua sorveglia il parco con l'immancabile Lettera 22 sulle ginocchia.
Ingresso:
Corso Venezia, Bastioni di Porta Venezia, via Manin e via Palestro
20121 Milano

**Zona 3 Est**

Quartiere Porta Venezia

### GIARDINO DI VIA DE CASTILIA
Occupa un'area di 4.000 mq, attrezzata con giochi e aree di sosta.
Ingressi:
Via de Castilia 28
Largo de Benedetti
20121 Milano

**Zona 2 Nord Est**

Quartieri Isola e Garibaldi

### MONTE STELLA
La "montagnetta" di Milano: un parco creato nel dopoguerra e dedicato dall'architetto Bottoni alla moglie Stella. 11.200 metri quadrati di verde pubblico nel quartiere QT8.
Ingresso:
via Cimabue, via Sant'Elia, via Terzaghi, via Isernia
20151 Milano

**Zona 6 Ovest**

Quartiere San Siro

## ORTO BOTANICO CASCINA ROSA

Dalle sterpaglie di una cascina abbandonata è sbocciato l'Orto Botanico di Cascina Rosa. Terzo orto botanico accademico dell'Università degli Studi di Milano, occupa un'area di 25 mila metri quadrati.
Via Valvassori Peroni
20133 Milano
Tel: 02 50320886
www.biodip.unimi.it

**Zona 3 Est**

Quartieri Lambrate e Ortica

## ORTO BOTANICO DI BRERA

A pochi metri dal Cristo del Mantegna e dalla Cena in Emmaus di Caravaggio c'è un giardino poco conosciuto, piacevole e tranquillo: è l'Orto Botanico che si trova all'interno del Palazzo di Brera.
Ingresso: via Brera, 28;
ingresso secondario: via Fiori Oscuri, 4
20121 Milano
Tel: 02 50314696; 02 50314693 (uffici dell'orto)
www.brera.unimi.it

**Zona 2 Nord Est**

Quartiere Brera

## ORTI DI LEONARDO

È un luogo storico e nascosto: l'Orto di Leonardo, quello che il grande genio coltivava per rilassarsi dalle fatiche dell'Ultima Cena. Si trova all'interno del Palazzo delle Stelline.
Ingresso:
Palazzo delle Stelline
Corso Magenta, 61
20123 Milano

**Zona 6 Ovest**

Quartieri Magenta e Vercelli

## PARCO BOTANICO DI SAN SIRO

Il parco botanico dell'ippodromo è costituito da 72 specie, e offre diversi itinerari a tema.
Comprensorio Ippico di San Siro
Piazzale dello Sport, 16
20151 Milano
Ingresso libero
Aperto mercoledì, sabato, domenica, dalle 12.00 alle 18.30
Visite guidate su prenotazione. Tel: 02 482161

**Zona 6 Ovest**

Quartiere San Siro

## PARCO DI VILLA FINZI

Costruito nell'Ottocento come luogo di delizie dal conte Batthyàny, oggi è un luogo di incontro tra diverse etnie e generazioni nel quartiere Gorla, a due passi dalla Martesana.
Ingresso:
Via Sant'Elembardo
20126 Milano
www.comune.milano.it

**Zona 3 Est**

Quartiere Loreto

## PARCO E ANTIQUARIUM ALDA LEVI

Lungo la Cerchia dei Navigli, nascosta in un isolato tra via De Amicis, via Conca del Naviglio e via Arena, si trova una piccola area verde che comprende al suo interno i resti dell'Anfiteatro Romano.
Ingresso:
Via De Amicis, 17
20123 Milano
Tel: 02 89400555
Orari Antiquarium: giovedì, venerdì e sabato dalle 9.00 alle 14.00

**Zona 5 Sud Ovest**

Quartiere Ticinese

## PARCO DELLE CAVE

Nell'ex area delle cave di Baggio, abbandonate negli anni '60, è stato realizzato con il contributo di Italia Nostra un parco con laghetti, percorsi, spazi agricoli e molti ambienti naturali.
Ingresso:
Via delle Forze Armate, via Fratelli Zoia, via Caldera
20153 Milano
www.parcodellecave.it

**Zona 6 Ovest**

Quartiere San Siro

## PARCO LAMBRO

Il Parco Lambro, il più grande di Milano con i suoi 773.000 metri quadrati di estensione, è stato creato a est della città negli anni Quaranta sul modello del tipico paesaggio della campagna lombarda. Al suo interno si trovano cinque antiche cascine, di cui una ancora attiva.
Ingresso:
Via Passo Rolle, via Crescenzago, via Pusiano, via Orbetello, via Feltre, via Turchia, via Folli, via Casoria
20134 Milano

**Zona 3 Est**

Quartieri Lambrate e Ortica

## PARCO SEMPIONE

È il polmone verde di Milano. Il parco, in stile romantico "all'inglese", contiene moltissime specie vegetali e numerosi spazi ricreativi per grandi e piccini. Al suo interno si trovano importanti edifici storici e istituzioni milanesi, dal Castello Sforzesco all'Arena Gianni Brera, dall'Arco della Pace alla Triennale, senza dimenticare la Biblioteca e l'Acquario Civico.
Ingresso:
Via Pagano, via Bertani, Piazza Castello, viale Elvezia, viale Milton, viale Gladio, viale Alemagna e viale Legnano
20121 Milano

**Zona 7 Nord Ovest**

Quartiere Sempione

## PARCO SOLARI

Il Parco Don Giussani, conosciuto come Parco Solari, è uno dei più noti e frequentati di Milano. Ricca di storia e con tutto il fascino degli anni Trenta, quest'area verde è stata recentemente riqualificata.
Ingresso:
Via Solari, viale Coni Zugna, via Valparaiso, via Foppa, via Montevideo
20144 Milano

**Zona 5 Sud Ovest**

Quartieri Savona e Tortona

## PARCO RAVIZZA

Il parco, che occupa l'area adiacente all'Università Bocconi, è un bell'esempio di giardino liberty a Milano.
Ingresso:
Viale Giovanni Brahms
20136 Milano
Per informazioni su Ravizzino Arte e Mestieri: tel. 393 2124576

**Zona 4 Sud Est**

Quartiere Porta Vigentina

## DOVE GIOCANO I BAMBINI

Non aspettatevi di trovarci solo soluzioni low cost, ma il sito **Radiomamma** è comunque una risorsa preziosa, perché aiuta le mamme e i papà milanesi a trovare asili nido, babysitter e tate, corsi sportivi e ricreativi per bambini, spettacoli, teatri, animatori. Il sito si chiama così in omaggio al tam tam informale di dritte, consigli e indirizzi grazie al quale i genitori riescono a cavarsela in città. Così, passando dalle panchina del parco a Internet, le informazioni sono diventate fruibili e accessibili a tutti. Non mancano **l'elenco degli esercizi commerciali family friendly**, i ristoranti con miniporzioni e miniprezzi e gli itinerari urbani a prova di passeggino.

Inquadra con il tuo smartphone il codice a lato ed entra nel sito di radiomamma

Altri siti utili sono: **mammafelice.it; milanoperibambini.it; mammeamilano.com**

**GIOCOMONDO**
Via Ettore Ponti, 15
20143 Milano
Tel: 320 1568759
www.asp-onlus-barona.it/giocomondo
**Zona 5 Sud Ovest**
Quartieri Porta Genova e Navigli

**IL PIFFERAIO MAGICO**
Ludoteca
Via Mezzofanti, 25
20133 Milano
Tel: 02 7383580
Per ulteriori informazioni:
Ufficio Iniziative di Sostegno alla Famiglia del Comune di Milano
Tel: 02 88462704
**Zona 3 Est**
Quartiere Città Studi

**MUSEO ARCHEOLOGICO**
Corso Magenta, 15
20123 Milano
Delitto al Museo
In collaborazione con ASTER srl
Tel: 02 20404175
Prenotazione obbligatoria
Ingresso: 12 euro
**Zona 6 Ovest**
Quartieri Magenta e Vercelli

**MUSEO ARCHEOLOGICO**
Castello Sforzesco
Piazza Castello
20121 Milano
Tel: 02 20404175
www.milanocastello.it
Attività didattica gratuita per le scuole primarie
**Zona 1 Centro**
Quartiere Centro

## MUSEO NAZIONALE DELLA SCIENZA E DELLA TECNOLOGIA

Via S. Vittore 21
20123 Milano
Tel: 02 485551
www.museoscienza.org
Laboratori interattivi gratuiti con prenotazione il giorno della visita all'Infopoint fino a esaurimento posti disponibili

**Zona 6 Ovest**

Quartieri Magenta e Vercelli

## MUSEO DEGLI STRUMENTI MUSICALI

Castello Sforzesco
Piazza Castello
20121 Milano
Le Voci della Città
Tel: 02 39104149
www.milanocastello.it
Chiuso il lunedì
Ingresso 7 euro

**Zona 1 Centro**

Quartiere Centro

## PARCO TROTTER

Accessi da via Giacosa e da via Padova
20127 Milano
www.parcotrotter.org
www.giardinidelsole.parcotrotter.org

**Zona 3 Est**

Quartiere Loreto

## PAREIDOLIA

Via Canonica, 13
20154 Milano
Tel: 349 0895173
www.pareidolia.it

**Zona 7 Nord Ovest**

Quartiere Sempione

## MUSEO DEI BAMBINI - MUBA

Rotonda della Besana
Via Besana, 15
20122 Milano
Tel 02 43980402
www.muba.it
Percorso per famiglie ore 17.00 nei giorni feriali.
Sabato e festivi: 5 turni dalle 10.30 alle 17.30.
La visita dura 90 minuti
Ingresso: intero 8 euro, ridotto 6 euro

**Zona 3 Est**

Quartieri Porta Vittoria e Cinque Giornate

## SFORZINDA

Castello Sforzesco
Piazza Castello
20121 Milano
Tel: 02 88463792
www.milanocastello.it
Chiuso il lunedì
Ingresso 1 euro

**Zona 1 Centro**

Quartiere Centro

## TEATRO DEL BURATTO PIME

Via Mosè Bianchi, 94
20149 Milano
Tel: 02 43820498
www.teatrodelburatto.it
Spettacoli: tutte le domeniche da ottobre a marzo alle ore 16.00
Ingresso: 7 euro

**Zona 6 Ovest**

Quartiere Fiera

# IN FORMA

Restare in forma senza spendere una fortuna? Grazie a siti come **groupon.it** o **123deal.it** puoi trovare offerte e arrivare a **risparmiare fino al 70% sul costo di iscrizione alla palestra**. Nell'ambito della manifestazione Verdestate il Comune di Milano organizza ogni giovedì, da luglio a settembre, delle lezioni gratuite di tai chi, yoga e pilates nei parchi. Basta tenersi informati sul calendario degli appuntamenti su comune.milano.it. Ma non bisogna scordare che in città ci si può tenere in allenamento gratis, correndo nei parchi.

**ASD BALLO E BENESSERE**
Scuola di ballo
Via Pitteri, 8
20133 Milano
Tel: 338 8718775
www.scuola-di-ballo.com
**Zona 3 Est**
Quartieri Lambrate e Ortica

**A.S.D TIGER**
Scuola di Arti Marziali Coreane
c/o Palestra Piola
Via Giovanni Villani, 2
20131 Milano
Tel: 02 45478436
www.tigertaekwondo.it
**Zona 3 Est**
Quartiere Città Studi

**AS RUGBY MILANO**
Via Valvassori Peroni, 47
20133 Milano
Tel: 02 45497116
**Zona 3 Est**
Quartieri Lambrate e Ortica

**CAMPO DI BOCCE**
Giardini pubblici
Via Morgagni
20129 Milano
www.amicidellebocce.it
**Zona 3 Est**
Quartiere Porta Venezia

**CIRCOLO ARCI BELLEZZA**
Via Bellezza, 16
20136 Milano
Tel: 02 58319492
Corsi di tango: martedì, giovedì e domenica
**Zona 4 Sud Est**
Quartiere Porta Vigentina

**LAMBRO SKATE PARK**
Parco Lambro
Ingresso da via Feltre
20134 Milano
**Zona 3 Est**
Quartieri Lambrate e Ortica

**LEVEL 2**
Via Pitteri, 8
20134 Milano
Tel: 02 21711595
www.level2.it
**Zona 3 Est**
Quartieri Lambrate e Ortica

**LIDO**
Piazzale Lotto, 15
20148 Milano
Tel: 02 392791
www.milanosport.it
**Zona 6 Ovest**
Quartiere San Siro

**PISCINA BACONE**
Via Piccinni, 8
20131 Milano
Tel: 02 29400393
www.milanosport.it
**Zona 3 Est**
Quartiere Città Studi

**PISCINA SOLARI**
Via Montevideo, 20
20144 Milano
Tel: 02 4695278
www.milanosport.it
**Zona 5 Sud Ovest**
Quartieri Savona e Tortona

**PISCINA COZZI**
Viale Tunisia, 35
20124 Milano
Tel: 02 6599703
www.milanosport.it
**Zona 3 Est**
Quartiere Porta Venezia

**PISCINA GIULIO ROMANO**
Via Ampère, 20
20131 Milano
Tel: 02 70600224
www.milanosport.it
**Zona 3 Est**
Quartieri Lambrate e Ortica

**SAHAJA YOGA**
Tel: 328 9646218
www.sahajayogamilano.it
- Via Scaldasole, 3a
20123 Milano
Tel: 02 88455324
**Zona 5 Sud Ovest**
Quartiere Ticinese
- Via Ripamonti, 288
20141 Milano
Tel: 339 5453360
**Zona 4 Sud Est**
Quartiere Porta Vigentina

**TAI CHI AL PARCO SEMPIONE**
Tel: 331 9065126
www.dongfanglei.com
**Zona 7 Nord Ovest**
Quartiere Sempione

**YOUCAN FITNESS CLUB**
Via Broglio, 18
20158 Milano
Tel: 02 39320336
www.youcanfitnessclub.it
**Zona 7 Nord Ovest**
Quartiere Bovisa

**20 HOURS & BEST PRICE**
Tel: 02 89422454
- Viale Abruzzi, 38
20131 Milano
**Zona 2 Nord Est**
Quartieri Centrale e Repubblica
- Via Paolo Sarpi, 8
20154 Milano
**Zona 7 Nord Ovest**
Quartiere Paolo Sarpi
Per conoscere le altre sedi visita il sito: www.20hours.it

# COME MUOVERSI IN CITTÀ

Vittorio De Sica raccontava che la prima volta che uscì per fare due passi a Hollywood fu preso per matto: la Città degli Angeli è costruita a misura di automobile e non ci sono marciapiedi per passeggiare. Per fortuna a Milano non è così, anzi, le alternative per spostarsi senza bisogno dell'auto sono molte. Si risparmia e si fa un po' di moto. Per esempio, **è possibile tornare alla vecchia abitudine di andare a scuola a piedi**, a condizione che le distanze non siano eccessive. **L'associazione di genitori Piedibus**, che ha sedi in tutta Italia, si occupa di accompagnare a scuola a piedi i bambini, organizzando nelle città e nei quartieri delle piccole comitive e dei punti di raccolta. In questo modo i bambini fanno del moto, imparano a conoscere il quartiere in cui vivono e fanno amicizia. A Milano è attiva solo al quartiere Rubattino, ma eventuali gruppi di genitori interessati a attivare l'iniziativa in altri quartieri e in altre scuole possono consultare il sito www.piedibus.it. La crisi aguzza l'ingegno: **sono sempre di più le persone che si incontrano sulla rete per condividere viaggi in auto e relative spese**.

Inquadra con il tuo smartphone il codice a lato ed entra nel sito di Piedibus

## CON I TRASPORTI PUBBLICI

La rete dei trasporti milanesi è gestita da Atm (Azienda Trasporti Milanesi) e conta 17 linee tranviarie, 4 linee filoviarie e 80 linee automobilistiche urbane. La metropolitana ha un'estensione complessiva di 83,5 km, la maggiore in Italia, e si compone di tre linee, la M1 (linea rossa), la M2 (linea verde), la M3 (linea gialla), ma ce ne sono altre due, la M4 e la M5, appena inaugurata. Ad esse si aggiunge il Passante Ferroviario, un'infrastruttura quasi interamente sotterranea che attraversa la città da Nord-Ovest (Certosa e Bovisa) a Sud-Est (Rogoredo) e la collega alle località limitrofe. Tutte le informazioni sul trasporto pubblico sui siti www.atm-mi.it; www.trenord.it.

Inquadra con il tuo smartphone il codice a lato ed entra nel sito dell'Atm

Inquadra con il tuo smartphone il codice a lato ed entra nel sito di Trenord

### TARIFFE E AGEVOLAZIONI

Il biglietto urbano costa 1,50 ed è valido per 90 minuti su tutte le linee (ma non può essere usato due volte in metropolitana), mentre con 4,50 euro si viaggia liberamente per 24 ore. I bambini viaggiano gratis fino ai 10 anni compiuti, purché accompagnati da un adulto in possesso di un documento di viaggio valido. Per quanto riguarda il passante, gli abbonamenti sono a fasce chilometriche e non solo. Per orientarsi e scegliere quello più adatto è meglio consultare il sito www.trenord.it ppure recarsi al punto informativo presso la stazione di Porta Garibaldi.

### GIROMILANO

Su www.atm-mi.it, grazie al servizio GiroMilano, puoi trovare il percorso più adatto per raggiungere la tua destinazione con i mezzi pubblici, calcolando tempi di percorrenza, di attesa ed eventuali spostamenti da una stazione all'altra della rete metropolitana. Il sito è ottimizzato anche per smartphone, per una consultazione 'in tempo reale'.

### LINEE NOTTURNE.

Durante le notti del weekend il trasporto pubblico non si ferma: ogni sabato e domenica notte quindici linee sono in servizio ventiquattro ore su ventiquattro.

### RADIOBUS DI QUARTIERE

Il nuovo servizio Radiobus di Quartiere ti viene a prendere e ti riaccompagna alla fermata più vicina a casa, tutti i giorni dalle 22.00 alle 2.00 in nove quartieri della città. Per usufruire del servizio basta il biglietto ordinario, che può anche essere acquistato anche a bordo senza sovrapprezzo, o l'abbonamento.

## IN BICICLETTA

### PISTE CICLABILI

Sono circa 130 i chilometri di piste ciclabili a Milano e sempre più persone scelgono le due ruote per i loro spostamenti. La bicicletta non solo è un mezzo di trasporto sostenibile, ma spesso rappresenta il modo più veloce (e low cost) per muoversi in città e arrivare direttamente dove altri

Inquadra con il tuo smartphone il codice a lato ed entra nel sito di ciclomilano

Inquadra con il tuo smartphone il codice a lato ed entra nel sito di bikedistrict

mezzi non arrivano. La mappatura delle piste ciclabili di Milano, effettuata da Ciclobby (www.ciclobby.it) è disponibile su www.ciclomilano.it mentre su www.bikedistrict.org trovi il tragitto più sicuro per spostarti in città, tenendo conto di traffico, pavè, rotaie e incroci pericolosi.

### METROPOLITANA PIÙ BICICLETTA

Se giri in bicicletta, è bene sapere che puoi salire in metro sempre nei giorni festivi e nei giorni feriali a partire dalle 20.00 fino al termine del servizio. Il trasporto del mezzo è gratuito.

### NORME

Le bici hanno diritto di stare nel cortile del vostro stabile secondo l'art. 51 del Regolamento Edilizio del Comune di Milano, che risale al 1999.

### SICUREZZA

Su www.salvaiciclisti.it puoi aderire al manifesto per la sicurezza di Salvaiciclisti, il movimento popolare e spontaneo che chiede alla politica interventi mirati per aumentare la sicurezza dei ciclisti sulle strade italiane.

### BIKE SHARING

Bikemi, il bike sharing del Comune inaugurato a Milano nel 2008, oggi conta oltre 2000 mezzi a disposizione in 132 stazioni, ma a breve punta a raggiungere quota 3500 biciclette e 201 stazioni.
Il servizio è facile, pratico ed ecologico. Non sostituisce la bici privata, ma è l'ideale per brevi tragitti o per spostarsi da una fermata all'altra della rete metropolitana. Chi si abbona deve solo pensare a prendere la bici, arrivare a destinazione e restituirla nella stazione più vicina. L'abbonamento annuale costa 36 euro e l'utilizzo al di sotto della mezz'ora è gratuito. per informazioni potete anche comporre il numero verde 800 808181.

Inquadra con il tuo smartphone il codice a lato ed entra nel sito di bikemi

### CORRIERI IN BICICLETTA

Se vuoi che le tue consegne in città siano a impatto zero, puoi scegliere i fattorini che usano la bicicletta. Il servizio è proposto da Urban bike messengers. La consegna parte da 4 euro più iva. Per informazioni è possibile consultare il sito www.urbanbm.it oppure chiamare il numero 02 45558500

Inquadra con il tuo smartphone il codice a lato ed entra nel sito di Urban bike messengers

## CAR SHARING E CAR POOLING

### CAR SHARING

Per chi non deve percorrere grandi distanze c'è GuidaMi, il car sharing gestito da Atm che fa parte del network Io Guido.
Le auto a disposizione sono circa

100 e 60 i parcheggi. Per usufruire del servizio basta iscriversi e pagare l'abbonamento, poi si può prenotare l'auto specificando il parcheggio e gli orari di ritiro e consegna. Il costo finale comprende la somma dei chilometri percorsi e delle ore prenotate (le tariffe variano a seconda del modello scelto). Tutte le informazioni relative a GuidaMi sono disponibili su: www.atm.it/it/guidami. In alternativa, esiste e-vai, il car sharing di Trenord: è integrato alla rete del trasporto ferroviario regionale ed è particolarmente comodo e vantaggioso in caso di spostamenti dal centro agli aeroporti.

Il car sharing a prima vista può sembrare una opzione non esattamente low cost, ma in realtà permette di pagare soltanto l'uso effettivo della vettura, senza i costi fissi di manutenzione, rifornimento, tasse e assicurazione legati a un'auto di proprietà. Nel noleggio sono inclusi carburante, assistenza stradale 24 ore, assicurazione, copertura furto e incendio, tagliandi, manutenzione e pulizia. Dell'auto che scegli paghi solo il tempo in cui la usi e i chilometri che percorri.

## CAR POOLING

Il car pooling è adatto soprattutto agli spostamenti di lavoratori e studenti pendolari che ogni giorno percorrono la stessa tratta. In pratica, si tratta di viaggiare in compagnia per dividere le spese. Un'ottima ricetta anticrisi, ma anche un modo per fare nuovi incontri: negli ultimi tempi si è venuta a creare una vera e propria comunità di viaggiatori che si conosce sul web e poi si ritrova nella stessa automobile, con un notevole risparmio. Sono molti i siti che mettono in contatto chi cerca un passaggio e chi lo offre, i più utilizzati sono: www.carpooling.it; www.roadsharing.com; www.bring-me.it; www.blablacar.it; www.drivebook.com; www.avacar.it. Inoltre, esiste il servizio di car pooling di Autostrade per l'Italia: basta registrarsi su www.autostradecarpooling.it.

Inquadra con il tuo smartphone il codice a lato ed entra nel sito www.carpooling.it

# CHE LA FESTA COMINCI

A Milano tutto l'anno è un fiorire di manifestazioni, concerti, festival e rassegne varie. **In molti casi gli eventi sono completamente gratuiti o hanno prezzi abbordabili, basta informarsi.** Tra numerosi siti che forniscono informazioni su cosa succede in città, vi suggerisco: il sito del comune di Milano (comune.milano.it ); quello del Corriere della Sera (vivimilano.corriere.it); Zero (milano.zero.eu) per gli appuntamenti di musica leggera e arte contemporanea; la pagina milanese del Corriere musicale (ilcorrieremusicale.it) per i concerti di musica classica. Ecco un calendario delle più importanti feste, fiere e eventi low cost.

## PRIMAVERA

### FESTA DELLA DONNA

(8 marzo)

Il Comune di Milano offre a tutte le signore l'ingresso gratuito ai Musei Civici. Si entra gratis anche nei musei statali: un'ottima occasione per visitare Brera.

### GIORNATA FAI DI PRIMAVERA

(Intorno al 21 marzo)

Apertura gratuita di musei e monumenti di solito chiusi al pubblico grazie al Fondo Ambiente Italiano. Per informazioni consultate il sito del Fai.

Inquadra con il tuo smartphone il codice a lato ed entra nel sito del Fai

### FESTIVAL DEL CINEMA AFRICANO, D'ASIA E AMERICA LATINA

(Seconda metà di marzo)

Rassegna dedicata alle opere su grande schermo del Sud del Mondo. Oltre alle proiezioni, incontri e degustazioni. Per informazioni consultate il sito del Festival.

Inquadra con il tuo smartphone il codice a lato ed entra nel sito del Festival del cinema

### FLORALIA

(Ultimo weekend di marzo)

Mercatino benefico di fiori e piante sul sagrato della Chiesa di San Marco. E' possibile avvalersi della consulenza di un botanico per capire quali piante acquistare.

### STRAMILANO
(Ultima domenica di marzo)

Maratona podistica che si svolge ogni anno nelle vie del centro di Milano e coinvolge più di 50.000 persone. Per i più piccoli c'è la Stramilanina, mentre i campioni corrono con la Stramilano Agonistica Internazionale.

### SETTIMANA DEL DESIGN
(metà aprile)

Il Salone Internazionale del Mobile è in Fiera, ma il clou della festa è in città. Eventi, vernissage, happening e presentazioni (molti dei quali gratuiti) rendono Milano per sette giorni il centro nevralgico del design mondiale.

### FIORI SUL NAVIGLIO GRANDE
(metà aprile)

Ogni anno nel mese di aprile sulle sponde del Naviglio Grande ha luogo questa importante esposizione di piante, fiori e attrezzature da giardino.

### MAY DAY PARADE- STREET PARADE
(1 MAGGIO)

Coloratissimo corteo che coinvolge giovani, precari e sindacati.

## ESTATE

### GAY PRIDE MILANO
(Inizio giugno)

La comunità LGBT (lesbiche, gay, bisessuali e transgender ) sfila per la città in un carosello di musica e colori.

### CORTILI APERTI
(Inizio giugno)

L'Associazione dimore storiche italiane apre i magnifici cortili dei palazzi di Milano. Un'occasione unica per scoprire il lato segreto della città. Per informazioni consultate il sito dell'Associazione.

Inquadra con il tuo smartphone il codice a lato ed entra nel sito dell'Associazione dimore storiche italiane

### MITOFRINGE
(Giugno e luglio)

La rassegna di concerti off che anticipa il grande MITO di settembre. Artisti emergenti di ogni genere musicale, dalla classica al jazz, dal rock al pop, dalla musica etnica a quella antica, invadono in strade, piazze, cortili, parchi, università, biblioteche, stazioni ferroviarie e della metropolitana, dal centro alle periferie. Gli appuntamenti sono tutti gratuiti, per informazioni consultate il sito di MITOfringe.

Inquadra con il tuo smartphone il codice a lato ed entra nel sito di MITOfringe.

### DA VICINO NESSUNO È NORMALE
(Giugno e luglio)

La rassegna promossa da Olinda, associazione con sede nell'ex Ospedale Psichiatrico Paolo Pini da sedici anni propone un calendario ricco di spettacoli e attività di intrattenimento. Il programma è disponibile sul sito di Olinda.

Inquadra con il tuo smartphone il codice a lato ed entra nel sito di Olinda.

### ARIANTEO
### (Da giugno a settembre)

La rassegna di cinema all'aperto organizzata da Anteo SpazioCinema, illumina le serate estive milanesi. Ai consueti Arianteo Conservatorio, punto d'incontro tra musica e film, e Arianteo Umanitaria, che propone pellicole d'autore, si aggiungono il Castello Sforzesco e Palazzo Reale: quattro arene estive che ripercorrono un anno di cinema di qualità. Per informazioni sulle proiezioni consultate il sito di SpazioCinema.

Inquadra con il tuo smartphone il codice a lato ed entra nel sito di SpazioCinema.

### ESTATE NEI CHIOSTRI
### (Da giugno a settembre)

Incontri, mostre, presentazioni e cinema di qualità nei chiostri dell'Umanitaria. Per il calendario degli appuntamenti consultate il sito dell'Umantaria.

Inquadra con il tuo smartphone il codice a lato ed entra nel sito dell'Umanitaria

### VERDESTATE DI MILANO
### (Da giugno a settembre)

Iniziative, aperture straordinarie, concerti, rassegne ed eventi in gran parte gratuiti per chi d'estate resta in città. Grazie all'iniziativa "giovedì nei parchi", palchi itineranti nei parchi di Milano ospitano corsi di yoga e tai-chi, concerti jazz e blues, cabaret, giocoleria, giochi di magia. Ogni primavera il comune di Milano pubblica sul suo sito il programma della manifestazione.

Inquadra con il tuo smartphone il codice a lato ed entra nel sito del Comune di Milano.

### LA MILANESIANA
### (Prima metà di luglio)

Il grande laboratorio culturale ideato e diretto da Elisabetta Sgarbi vanta un programma ricco di concerti, proiezioni, letture, mostre e spettacoli teatrali. Molti incontri sono gratuiti. Per informazioni consultate, in prossimità dell'evento, la sezione a lui dedicata all'interno del sito della Provincia di Milano.

Inquadra con il tuo smartphone il codice a lato ed entra nel sito della Provincia di Milano, Milanesiana

### NOTTURNI IN VILLA
### (Prima metà di luglio)

A cura degli Amici della Musica, il tradizionale Festival dell'estate milanese nel giardino di Villa Reale, dedicato alla musica che non conosce confini, né geografici, né di genere. Per informazioni consultate il sito dell'associazione.

Inquadra con il tuo smartphone il codice a lato ed entra nel sito degli Amici della Musica

## AUTUNNO

### MITO SETTEMBRE MUSICA
(Settembre)

La rassegna settembrina, realizzata tra Milano e Torino, offre una proposta musicale diffusa e trasversale. Un festival accessibile a tutti, grazie all'abbattimento dei prezzi e ai tanti concerti offerti gratuitamente. Per conoscere il programma consultate il sito.

Inquadra con il tuo smartphone il codice a lato ed entra nel sito di MiTo

### MILANO FILM FESTIVAL
(Prima metà di settembre)

Festival all'insegna della ricerca, con particolare attenzione alle nuove produzioni e al cinema indipendente. Tra le iniziative: concorsi per cortometraggi e lungometraggi, retrospettive, rassegne, workshop, anteprime e il "milano film festivalino" per i più piccoli. Il centro nevralgico del festival è il Teatro Strehler, al quale si affiancano Piccolo Teatro Studio, Parco Sempione, Auditorium San Fedele, Cinema Rosetum, Cinema Ariosto e Palestrina. I biglietti per le proiezioni hanno prezzi popolari e l'abbonamento è disponibile a meno di 50 euro. I djset serali sono gratuiti.

Inquadra con il tuo smartphone il codice a lato ed entra nel sito di Milano Film Festival

### STARTMILANO
(Prima metà di settembre)

Provate a immaginare Milano con tutta la scena del contemporaneo chiamata a raccolta: gallerie, musei, artisti, fondazioni, curatori. Una settimana di inaugurazioni, per una iniezione di energia e di fermento. Trovate tutte le informazioni su sito.

Inquadra con il tuo smartphone il codice a lato ed entra nel sito di Startmilano.

### FLORALIA
(Ultimo weekend di settembre)

Edizione autunnale del mercatino benefico dedicato ai fiori e alle piante che si svolge sul sagrato della Chiesa di San Marco. Sono presenti anche bancarelle di abiti vintage, bigiotteria, oggetti per la casa, libri usati, antiquariato. Un botanico vi aiuterà a scegliere le piante più adatte

### GIORNATE EUROPEE DEL PATRIMONIO
(Ultimo weekend di settembre)

Il MiBAC partecipa a questa grande festa europea con moltissimi appuntamenti organizzati nei luoghi della cultura statali (musei, aree archeologiche, archivi e biblioteche) che, per l'occasione, aprono gratuitamente al pubblico. Per informazioni consultate il sito del MiBAC.

Inquadra con il tuo smartphone il codice a lato ed entra nel sito del MiBAC.

### YOGA FESTIVAL
(Prima metà di ottobre)

Un'occasione unica per provare nuove discipline e corsi o semplicemente curiosare. Un weekend di seminari e workshop al Superstudio più di via Tortona. Per il calendario delle lezioni gratuite (ma affollatissime) visita il sito del festival

Inquadra con il tuo smartphone il codice a lato ed entra nel sito dello Yoga Festival

### LA TERRA TREMA
(Ultimo weekend di novembre)

È la fiera enogastronomica del consumo critico che ogni anno porta al Leoncavallo oltre cento vignaioli provenienti da tutta Italia per degustazioni, dibattiti, incontri e acquisti diretti. Per informazioni consultate il sito della manifestazione.

Inquadra con il tuo smartphone il codice a lato ed entra nel sito di La terra trema

### FIERA DEGLI OH BEJ! OH BEJ!
(Intorno al 7 dicembre)

Il tradizionale mercato natalizio del weekend di Sant'Ambrogio ha sofferto lo spostamento al Castello e l'arrivo della paccottiglia cinese...ma è sempre bello farci due passi.

### CONCERTO DI NATALE NEL DUOMO
(Metà dicembre)

La città offre diversi concerti dedicati al Natale, ma questo è ad alto valore simbolico. Consultando il sito potete conoscere il programma annuale di tutti gli eventi che si tengono nel Duomo

## INVERNO

### CORTEO DEI RE MAGI
(6 gennaio)

Il giorno dell'Epifania si svolge il tradizionale corteo che da piazza del Duomo arriva fino alla chiesa di Sant'Eustorgio, per celebrare la visita dei Magi a Gesù Bambino. Costumi e presepe vivente compreso.

### CAPODANNO CINESE
(febbraio)

Grande e coloratissima festa in via Paolo Sarpi e dintorni. Per giorni interi la comunità cinese di Milano festeggia l'arrivo del nuovo anno con sfilate di carri allegorici e cerimonie tradizionali.

**A SAN VALENTINO, INNAMORATI DELL'ARTE**
(14 febbraio)

In occasione della festa degli innamorati, le coppie entrano gratis a Brera e in tutti i musei statali.

**CARNEVALE AMBROSIANO**

Festeggiare il Carnevale quando tutti sono già in Quaresima. Soltanto a Milano si può. Tutti gli eventi sono sul sito Milanotoday.

Inquadra con il tuo smartphone il codice a lato ed entra nel sito di milanotoday

**MILANO CLOWN FESTIVAL**
(Metà febbraio)

Milano città aperta al Teatro di strada e non solo... tre giorni di spettacoli non stop a ingresso gratuito. Il programma è sul sito: www.milanoclownfestival.tk/.

**IL CINEMA ITALIANO VISTO DA MILANO**
(Seconda metà di febbraio)

Rassegna cinematografica a cura della Fondazione Cineteca Italiana. Proiezioni, incontri, eventi allo Spazio Oberdan.

Inquadra con il tuo smartphone il codice a lato ed entra nel sito dello Spazio Oberdan.

# CORSI UTILI E SFIZIOSI

Vale sempre la pena di investire un po' di tempo e denaro (il minimo indispensabile) in un corso che ci procuri qualche abilità. **A Milano sono presenti numerosi Cfp (Centro di Formazione Professionale)** che organizzano corsi gratuiti finalizzati all'inserimento nel mondo del lavoro, grazie ai finanziamenti del Fondo Sociale Europeo (FSE), della Regione Lombardia, della Provincia o del Comune di Milano. **Tieniti informato visitando il sito www.corsincittà.it.**

**L'Associazione L.E.S.**, che ha sede in piazza Sant'Agostino, offre a prezzi popolari corsi di ogni genere, che spaziano dall'arte alla cultura, dal benessere alla creatività, dalle lingue alla danza. L'iscrizione annuale è di 25 euro, mentre le quote di partecipazione cambiano a seconda della sede e del corso prescelto. Trovi tutte le informazioni e il calendario completo delle lezioni su: www.ufficio-tempolibero.it.

**L'Accademia del Tempo Libero**, che ha sede in via Vitruvio 41 presso l'Istituto Gonzaga, organizza corsi di taglio e cucito, feltro, ricamo, pittura, restauro, lingue straniere, dizione, storia dell'arte. Per informazioni si può visitare il sito www.accademiadeltempolibero.com.

**La cooperativa sociale La Tartuca Onlus** organizza corsi di fotografia, lingue, danza, ginnastica, yoga. Il calendario completo dei corsi è sul sito www.latartuca.it.

**L'Università delle Tre Età** (Unitre, Segreteria, Via San Calocero 16, 20123 Milano) propone oltre 1.000 corsi e programmi. La quota associativa annuale è di 230 euro e dà diritto di frequentare senza ulteriori oneri tutti i corsi, in base ai propri interessi culturali (solo per i corsi che utilizzano le palestre, per i corsi di ballo, quelli di informatica e gioco carte è prevista una piccola quota annua aggiuntiva di rimborso spese variabile fra i 30 e gli 80 euro annui). Per informazioni www.unitremilano.com.

## LINGUE

Che vi serva per lavoro, per studio, per viaggiare o semplicemente per godervi un buon libro o un film in versione originale, studiare una lingua straniera è sempre un ottimo investimento. Purtroppo spesso i corsi hanno costi esorbitanti, ma non bisogna scoraggiarsi. Ecco qualche consiglio per imparare una lingua a prezzi accessibili.

### APERITIVI IN LINGUA

L'associazione **PassPort**, attiva dal 2001, organizza aperitivi a Milano per conversare in una lingua straniera (francese, inglese, spagnolo, ma anche russo e giapponese). Senza nessuna pretesa accademica, gli aperitivi di PassPort sono un modo semplice, divertente e conveniente per fare esercizio con le lingue: con 11 euro ci si assicura un drink con buffet e un paio d'ore di conversazione. Trovi le informazioni sugli appuntamenti su: www.associazioni.milano.it/passport/

### CLUB DI LETTURA

Un'altra opportunità per conversare in lingua straniera è rappresentata dai Club di lettura: ogni mese si sceglie un libro da leggere (ovviamente in lingua originale) e poi ci si ritrova per discuterne insieme. La **Libreria Melting Pot** di via Vettabbia 3 (Zona Sud Ovest) organizza incontri a ingresso libero e gratuito in inglese e spagnolo. Per maggiori informazioni: www.libreriameltingpot.it

### CORSI DEL COMUNE DI MILANO

Iniziativa che rientra nell'ambito del Settore Lavoro e Formazione del Comune di Milano, **Lingue in Comune**, propone in diverse sedi corsi a costi davvero calmierati (per esempio per il corso base da 60 ore si spendono solo 179 euro!). Qui potete imparare lingue europee (inglese, francese, portoghese, russo, spagnolo, tedesco) e orientali (arabo, cinese, giapponese, turco). Per informazioni e iscrizioni: www.lingueincomune.it

Inquadra con il tuo smartphone il codice a lato e entra nel sito di Lingue in Comune

### CORSI DELLA CHIESA EVANGELICA METODISTA

Spazio Aperto, il laboratorio della Chiesa Evangelica Metodista di Milano finanziato grazie all'8x1000, organizza corsi di inglese, francese e tedesco a ingresso libero o con un piccolo contributo di iscrizione. Le lezioni si tengono tutti i pomeriggi tranne il lunedì e il mercoledì.

**Chiesa Evangelica Metodista**
Via Porro Lambertenghi, 28, 20159 Milano
Tel: 02 6886612

### DA CASA

Per chi, invece, vuole frequentare un corso comodamente da casa e senza spendere un soldo c'è **memrise.com**, la piattaforma online in inglese che conta più di 250.000 utenti.

Il metodo di insegnamento, che sfrutta i meccanismi base dell'apprendimento e della memorizzazione, pare sia miracoloso per acquisire i rudimenti di una lingua straniera in brevissimo tempo.

### FILM IN INGLESE

Vuoi vedere dei film in inglese a Milano, magari in compagnia? Tutti i martedì un gruppo di stranieri e italiani si incontra per un aperitivo a El Paso de Los Toros prima della proiezione dei film in lingua originale al **Cinema Arcobaleno**. I partecipanti entrano allo spettacolo al prezzo agevolato di 3,80 euro. Per saperne di più, visita il sito aperonet.jimdo.com

### GENITORI E BAMBINI

**Learn with Mummy** è, o meglio sono, gruppi di gioco in cui imparare l'inglese, genitori e bambini insieme. Perché bilingue non si nasce, si cresce. Per sapere dove ci si incontra a Milano visita il sito learnwithmummy.com. La lezione di prova è gratuita e chi partecipa con il fratellino o la sorellina ha diritto a uno sconto del 20%.

### GRATIS AL LEONCAVALLO

**I Has English** è il corso metropolitano serale di lingua inglese promosso dalle associazioni Foresta delle Idee & Sharewood al Leoncavallo. Qui, in un contesto non convenzionale, si mischiano felicemente sopravvivenza linguistica e sperimentazione didattica. Il gruppo si incontra ogni mercoledì sera alle 21.00 e l'ingresso è libero e gratuito. Per l'iscrizione basta scrivere a: ihasenglish@gmail.com.

**Leoncavallo Spazio Pubblico Autogestito**
Via Watteau, 7, 20125 Milano
www.leoncavallo.org

## CUCINA

Stanchi di spendere cifre astronomiche al ristorante? L'alternativa c'è: invitate i vostri amici a cena. Chi non è un asso in cucina, può correre ai ripari frequentando un corso. Attenzione! I corsi di cucina, salvo eccezioni, non sono quasi mai low cost: sevono ambienti attrezzati e docenti altamente specializzati. Considerateli come un investimento: forse non diventerete mai degli chef, ma il vostro charme aumenterà e i fornelli, diventati amici, vi daranno tante soddisfazioni.

### CORSI A TEMA

Una rivista seria, di grande tradizione, che organizza corsi di cucinaa tema. Dai corsi della Cucina italiana non aspettatevi prezzi low cost, ma metterete le mani in pasta e i risultati saranno garantiti.

**La cucina italiana**
Piazza Aspromonte, 15, 20131 Milano
Tel: 02 70642242
www.scuolacucinaitaliana.com

### CORSI BASE

Corsi di cucina organizzati dalla **Cooks and Books Academy**. Il corso base dura tre ore e ha un costo a partire da 55 euro.

Mondadori Multicenter, 3° piano
Piazza Duomo, 1, 20121 Milano
www.corso-di-cucina.it

### CUCINA MACROBIOTICA, BIOLOGICA, VEGANA

La Sana Gola organizza una scuola di cucina naturale (macrobiotica, bio, vegan). Ma La Sana Gola è anche ristorante, take-away, spesa bio, seminari, corsi professionali, vacanze a tema. Il corso base è di cinque lezioni, con prezzi a partire da 160 euro.

**La Sana Gola**
Via Farini, 70, 20159 Milano
Tel: 02 66 87 188
www.lasanagola.com

### CUCINA NATURALE

La Fondazione Istituto Nazionale dei Tumori organizza alla Cascina Rosa corsi di cucina naturale per imparare l'arte della prevenzione e della cura con il cibo, le proprietà terapeutiche degli alimenti e il loro utilizzo appropriato che tenga conto del clima e della stagione, della costituzione della persona e della condizione fisica in cui si trova.
Corso base: tre lezioni, 135 euro.
Lezioni a tema: sabato dalle 16.30 alle 19.00, 45 euro

**Fondazione Istituto Nazionale dei Tumori**
c/o Cascina Rosa
Via Vanzetti, 5, 20133 Milano
Numero Verde 800 223295
www.istitutotumori.mi.it

### GENITORI E BAMBINI

Imparare a cucinare con i figli è proprio divertente. Adatti a chi non ha paura di sporcarsi le mani, i corsi di cucina per genitori e bambini di Osteria Opera Prima propongono un pacchetto da 10 incontri a 200 euro.

**Osteria Opera Prima**
Via Lomazzo, 29
20154 Milano
Tel: 02 316300
www.osteriaoperaprima.it

## BRICOLAGE

Il fai-da-te o bricolage è sempre più gettonato, in quanto permette di realizzare soluzioni di arredamento su misura e low cost. Anche i cosiddetti "lavori femminili", utili e creativi, sono tornati di moda.
E allora, perché non frequentare un corso? Volete mettere la faccia di mammà il prossimo Natale, quando le regalerete un maglione fatto con le vostre mani?

### BRICOLAGE GRATIS

I punti vendita della catena **Leroy Merlin** organizzano corsi gratuiti di bricolage. Per le sedi e i calendari dei corsi consultate il sito www.leroymerlin.it.

### LAVORI FEMMINILI

**Il Gomitolo Fiorito** organizza corsi di maglia, taglio e cucito, ricamo a San Giuliano Milanese, con costi in base alla tipologia: 8 lezioni di taglio e cucito da due ore a 120 euro, gli incontri del Knit Cafè sono gratuiti. Cicli di lezioni anche a Milano, in via Manzoni, 8.
Tel: Mariangela 320 8696843;
Mary Lou 347 1239945
www.ilgomitolofiorito.it

### MAGLIA E UNCINETTO

Un club di appassionate di maglia e uncinetto o, più internazionalmente, "stitch and bitch", si ritrova al Design Café della Triennale. Ciascuno si porta un lavoro da fare e si lavora insieme, scambiandosi consigli e chiacchiere. Gli incontri, che solitamente si tengono al sabato pomeriggio, sono liberi e completamente gratuiti, ma non è prevista la presenza di un insegnante.
**Design Cafè della Triennale**
Viale Emilio Alemagna, 6, 20121 Milano
maglia.blogspot.it

### RESTAURO DI MOBILI E LAVORI FEMMINILI

I corsi delle Fate Artigiane, oltre a essere aperti al pubblico, fanno parte di un percorso di inserimento lavorativo per le persone svantaggiate. Il calendario completo delle lezioni (che comprendono anche cucito, maglia e uncinetto) è consultabile sul sito. Il corso base di 10 ore di lezione, circa 180 euro.
**Fate Artigiane**
Cooperativa sociale
Corso di restauro mobili
c/o Laboratorio delle Fate
Via Borsieri, 12, 20159 Milano
Tel: 02 37052768
www.fateartigiane.org

### TAGLIO E CUCITO CREATIVO

Il corso si tiene presso il circolo Arci La Scighera ed è rivolto a donne e uomini che vogliono imparare i rudimenti della sartoria come passatempo, pratica domestica, laboratorio di creatività: progettazione e la realizzazione di semplici abiti, accessori ed elementi d'arredo. Macchine da cucire e stoffe a disposizione degli studenti. Il corso base costa 110 euro + tessera Arci.
**La Scighera**
Via Candiani, 131, 20158 Milano
Tel: 02 39480616
www.lascighera.org

## ARTE, MUSICA, TEATRO

Per chi è convinto che ci sia un lato artistico in ognuno di noi o per chi, semplicemente, vuole coltivare un hobby o una passione, Milano offre molti corsi, anche a prezzi contenuti.

### ARTI CIRCENSI

I corsi organizzati dalla **Scuola di arti circensi e teatrali** presso il teatro Sassetti sono annuali e hanno costi variabili.
Le materie di insegnamento sono mimo, recitazione, giocoleria, acrobatica e clown. Il primo mese si frequenta con la sola quota associativa (60 euro).
**c/o Teatro Sassetti**
Via Sebenico, 21, 20159 Milano
Tel: 393 8400254; 348 6054623
www.milanoclownfestival.it

### MUSICA E GIOCOLERIA PER BAMBINI

L'Associazione culturale Ohibò organizza corsi di musica e giocoleria per bambini. Per venire incontro alle esigenze delle famiglie il costo del corso viene rimborsato con la frequenza dell'80% delle lezioni. Il corso base costa 100 euro a trimestre + tessera Arci. Il centro propone anche corsi per adulti a prezzi abbordabili (per esempio, laboratorio teatrale: 120 euro a trimestre).

**Ohibò**
Via Benaco, 1, 20139 Milano
Tel: 02 39468399
www.associazioneohibo.it

### PITTURA PER TUTTE LE ETÀ

La pittrice Anna Mastropasqua, che ha studiato con Bruno Munari, propone corsi di pittura per adulti e pomeriggi creativi per i più piccoli, con merenda, disegno e pittura. La lezione si può prenotare telefonicamente e il costo è di 15/20 euro.

**Atelier di Anna Mastropasqua**
Via Dal Verme, 16, 20159 Milano
Tel: 338 1429328

### RECITAZIONE E DIZIONE

Una scuola professionale per attori di durata triennale, ma anche workshop e seminari a tema. Il corso di dizione, della durata di 23 ore, costa 360 euro.

**Scuola Teatri Possibili**
Via Savona, 10, 20144 Milano
Tel: 02 8323182
www.teatri possibili.it

### REGIA E SCENEGGIATURA

Officina Film produce opere cinematografiche indipendenti e si occupa di casting. È anche un laboratorio dove intrecciare idee ed esperienze e si tengono corsi di regia e sceneggiatura.
Il corso base, 12 ore di lezione, costa 150/170 euro.

**Officina Film**
Via Astesani, 54, 20161 Milano
Tel: 02 36571765
www.officinafilm.com

### TEATRO E DANZA

La Scuola di Teatro Quelli di Grock è attiva da più di 30 anni e propone una ricca rosa di corsi: recitazione, canto, dizione e doppiaggio, recitazione per adolescenti, seminari e stage, laboratori di teatro per le scuole. La quota di iscrizione (100 euro) dà diritto a una settimana di prova gratuita (quattro ore di lezione) e all'abbonamento a cinque spettacoli del Teatro Leonardo.

**Quelli di Grock**
Via Emanuele Muzio, 3
20124 Milano
Tel: 02 66988993
www.quellidigrock.it

## GIARDINAGGIO

Che abbiate il pollice verde o siate semplicemente stufi di veder inesorabilmente morire la piantina di basilico che avete sul balcone, ecco un paio di suggerimenti per corsi di giardinaggio qualificati a prezzi abbordabili.

### GIADINAGGIO NEL CARCERE DI BOLLATE

I corsi si tengono al sabato mattina, il costo è di 30 euro per quattro ore di lezione, 60 euro per otto ore. Essendo un carcere, vi toccherà di accettare di buon grado alcuni vincoli: ci vuole un'autorizzazione per entrare, dovrete portare con voi un documento di identità e lasciare in auto cellulare, macchina fotografica, chiavette usb e medicinali: sono tutti oggetti che non si possono portare all'interno.

**Giardino didattico**
Corsi di Susanna Magistretti
c/o Vivaio del Carcere di Bollate
Via Cristina Belgioioso, 120, 20021 Bollate (Mi)
Tel: 338 5315101
www.attraversoilgiardino.it
www.cascinabollate.org

### GIARDINO, ORTO E FRUTTETO

Non solo corsi professionali (con diploma finale) ma anche per appassionati alla Scuola Agraria del Parco di Monza. Le lezioni si tengono al sabato mattina. Quello di orticultura dura 15 ore e costa 150 euro.

**Cascina Frutteto**
Viale Cavriga, 3, 20900 Monza (MB)
Tel: 039 2302979
www.monzaflora.net

## SPORT, DANZA, YOGA

Lo dicevano gli antichi e mai come in questo momento ci sembra appropriato, afflitti come siamo da stress, cattiva alimentazione e sedentarietà, i cui effetti negativi si potenziano a vicenda. Questo è il motivo per cui aggiungiamo ulteriori indirizzi per aiutarvi a scegliere le attività fisiche (possibilmente low cost) che più vi piacciono. Lo yoga, ad esempio, consente, una volta imparate le posizioni (asana), di proseguire la pratica comodamente da casa, gratis e in completa autonomia: bastano un tappetino e un po' di spazio.

### ARTI MARZIALI CINESI TRADIZIONALI

La pratica del **Kung Fu** insegnata all'aperto e nella palestra dell'Arena Civica. Costo a lezione: circa 10 euro

**Dong Fan Lei**
Tel: 331 9065126

### CAPOEIRA

Un'accademia che propone corsi per apprendere questa danza brasiliana a tutti i livelli e per tutte le età. La quota associativa annuale è di 50 euro. Il corso base consta di quattro incontri settimanali che comprendono lezioni e danze libere, al prezzo di 200 euro a trimestre.

**Academia De Capoeira**
Via Angelo della Pergola, 15, 20159 Milano
Tel: 02 69018360
www.capoeiramilano.com

### CORSI VARI

Onlus Olinda propone corsi di yoga, shiatsu, danza del ventre, pizzica, tarantella e tammuriata, prepugilistica, gym boxe, body percussion, danza egiziana. La quota associativa annuale è di 25 euro, i corsi base costano dai 35 ai 40 euro al mese.

**Onlus Olinda**
c/o Palazzetto dello Sport Istituto Pareto
Via Litta Modignani, 55, 20161, Milano
Tel: 340 3122730
www.olinda.org

**TAI CHI QUAN**
Scuola nota soprattutto per la pratica e l'insegnamento del tai chi quan ai massimi livelli, ospita spesso maestri di fama internazionale. Il costo di una lezione è di circa 13 euro.
**Chenjiagou Taijiquan Association**
Le lezioni si tengono in due diverse sedi:
Via Angelo della Pergola, 15, 20159 Milano
Via Giulietta Pezzi, 4
20135 Milano
chentaijiquan.blogspot.it

**YOGA**
Yoga e meditazione a due passi dall'Arco della Pace, magari sorseggiando una tazza di tè. La quota associativa annuale è di 30 euro, il costo a lezione è di circa 15 euro.
**Centro Yoga Bhadra**
Via Giordano Bruno, 11, 20154 Milano
Tel: 02 347939
www.centroyoga.it

**YOGA**
Lotus Pocus è un centro yoga in zona Isola: Tai Chi, musica e teatro per bambini e altre attività. Quota associativa annuale: 30 euro. Corso base: circa 200 euro a trimestre. Per continuare ad allenarvi anche da casa visitate il sito lpyoga.blogspot.it e seguite i consigli di Tess.
**Lotus Pocus**
Via Gian Antonio Boltraffio, 16, 20156 Milano
Tel: 02 89059760
www.lotuspocus.com

**YOGA**
L'ashtanga yoga, basato sugli otto livelli di consapevolezza, è alla base dell'insegnamento della scuola di via Caldara. Quota associativa annuale: 30 euro; la lezione costa circa 15 euro, 55 euro per quattro lezioni.
**Scuola di ashtanga yoga**
Viale Emilio Caldara, 9, 20122 Milano
Tel: 02 55191017
www.ashtanga-yoga.it

# Il SALVAGENTE

È sempre opportuno avere a portata di mano un **kit di sopravvivenza** per salvarsi dall'imprevisto. Questa sezione della guida si chiama "Salvagente" perché fornisce un repertorio di **indirizzi utili e informazioni pratiche** per cavarsela nelle emergenze. Qui trovi indicazioni su dove rivolgerti per **piccole riparazioni domestiche**, chi chiamare per **imbiancare casa** o dove portare ad **accorciare i pantaloni**.
Ma non solo. Milano a prima vista può sembrare una città ostile, ma **sono molti i servizi (spesso gratuiti) a disposizione** dei suoi cittadini, stanziali o di passaggio. Di seguito ne trovi alcuni, in ordine alfabetico per categoria.

## ANIMALI DOMESTICI

**Se non sapete a chi affidare i vostri amati cuccioli**,sul sito www.prontofido.net trovate un database con nomi e indirizzi di dog sitter. Se invece volete farvi un'idea di quanto vi verrà a costare, sappiate che non esiste un vero e proprio tariffario per questo tipo di servizio, nato da pochi anni. A Milano un dog sitter qualificato può chiedervi anche 10 euro all'ora, ma troverere anche chi è disponibile a occuparsi egregiamente del vostro cane o gatto per cifre inferiori.
Se vi occorre un veterinario, potete consultare **l'elenco dei veterinari lombardi** sul sito www.milanometropoli.com/ANIMALI/veterinari_lombardia.htm. Sullo stesso sito trovate informazioni sul servizio di ambulanza 24 su 24. Se invece volete **adottare un cane o un gatto oppure desiderate fare una segnalazione**, potete rivolgervi all'Ente nazionale protezione animali che lavora da più di 140 anni in Italia per la tutela dei diritti di tutti gli animali, senza distinzione di razza o specie; il sito della sezione di Milano è www.enpamilano.org, Tel: 02 9706421

## ANZIANI

Il nostro non è un paese per vecchi. Anzi, sì che lo è: secondo un'indagine dell'Istat, l'Italia è il secondo paese più anziano d'Europa. Le esigenze che un tempo un nucleo familiare allargato riusciva a gestire con maggior flessibilità, ora spesso necessitano di un supporto esterno e sempre più importante diventa poter contare su assistenza e cure adeguate per gli anziani, che includano non solo i bisogni concreti connessi alla vita quotidiana, ma anche le necessità psicologiche, affettive, relazionali e sociali.

## INIZIATIVE DEL COMUNE DI MILANO

Sono davvero numerose le iniziative del Comune di Milano per sostenere gli anziani e le loro famiglie. Qui di seguito ne trovate un elenco. Per orientarsi è utile consultare il sito www.comune.milano.it

### Affido

Chiunque sia disposto a dedicare parte del proprio tempo a un anziano, affiancandolo e sostenendolo nella vita di tutti i giorni, può rivolgersi all'Ufficio Affidi del Comune e diventare "affidatario". La finalità del servizio è offrire ad anziani che vivono soli un aiuto che consenta loro di continuare a vivere nel proprio appartamento, ricevendo l'affidatario a orari e con modalità che vengono decise di volta in volta da entrambi, in base delle reciproche esigenze. Anche chi necessita di questo servizio può rivolgersi al Comune.

**Servizio Anziani - Ufficio Affidi**
Largo Treves, 1, 20121 Milano
Tel: 02 88448159

### Centri Multiservizi Anziani

Si occupano di fornire informazioni, servizi e assistenza agli anziani. I centri sono presenti nelle nove zone di Milano.

**Cam - Ufficio Coordinamento e Gestione Centri Multiservizi Anziani**
Largo Treves, 1, 20121 Milano
Tel: 02 88463132

### Centri Socio-Ricreativi

Sono aperti a tutti i cittadini che hanno compiuto i 55 anni di età, per frequentarli basta sottoscrivere l'iscrizione annuale (10 euro), che dà diritto a partecipare alle attività organizzate. Sul sito del Comune si trova l'elenco completo delle sedi.

**Centri Socio-Ricreativi**
Via Statuto, 17, 20121 Milano
Tel: 02 88463130 / 63121

### Sportello Badanti

Il servizio offre consulenza gratuita alle famiglie che desiderano ricevere supporto per la ricerca di una badante o per la sua regolarizzazione contrattuale (rilascio preventivo spesa, preparazione pratiche di assunzione, informazioni in merito al contratto domestico).

**Servizio Anziani - Badanti**, Largo Treves 1, 20121 Milano
Tel: 02 884 63181 63113

## ASSOCIAZIONI

### Monitoraggio

L' Associazione Emergenza Anziani si occupa di monitorare nel territorio del comune di Milano le situazioni critiche degli anziani tramite una rete di volontari.

**Associazione Emergenza Anziani**
Via Carlo Girola, 30, 20162 Milano
Tel: 02 6554355

Per segnalazioni e richieste di aiuto potete rivolgervi anche allo sportello attivo presso l'Istituto **Palazzolo, Fondazione Don Gnocchi**, via Don Luigi Palazzolo 21, 20149 Milano
Tel. 02 39701
www.emergenza-anziani.it

**Prendi a casa uno studente**
L' associazione Meglio Milano mette in contatto gli over 65 in cerca di compagnia e studenti pendolari in cerca di una sistemazione. I ragazzi pagano un piccolo contributo spese e, in cambio, si rendono utili in casa.
**Meglio Milano**
Corso Venezia, 43, 20121 Milano
Tel. 02 76020589
www.meglio.milano.it

**Servizi e tempo libero**
Filo d'Argento è il telefono amico attivo tutti i giorni dalle 8 alle 20, impegnato a contrastare solitudine ed emarginazione degli anziani. Con una semplice telefonata si ha la possibilità di avere compagnia telefonica, il trasporto protetto per visite e controlli medici, ricevere aiuto per piccoli interventi domiciliari, richiedere la consegna della spesa o dei farmaci, l'accompagnamento alla posta o dal medico, informazioni sui servizi attivi nella propria città e sulle opportunità di svago e intrattenimento offerte dall'associazione.
**Auser Filo d'Argento**
Via dei Transiti, 21, 20127 Milano
Tel. 02 26826320
www.auser.it

## ASSISTENZA LEGALE E MAGISTRATURA

### INIZIATIVE DEL COMUNE DI MILANO

**Avvocati in Zona** è il servizio di orientamento legale gratuito del **Comune di Milano** in collaborazione con l'Ordine degli Avvocati. Grazie alla consulenza degli avvocati dell'Ordine i cittadini potranno ricevere informazioni su diversi temi:
gli adempimenti necessari per avviare una causa; come chiedere l'esame di un caso con indicazioni rispetto al percorso legale più consono da intraprendere;
costi e tempi della giustizia;
difesa d'ufficio e patrocinio a spese dello Stato; servizi disponibili presso lo Sportello del Cittadino dell'Ordine di Milano;
strumenti alternativi alla giustizia ordinaria per la risoluzione delle controversie. **Per usufruire del servizio è sufficiente fissare un appuntamento contattando il consiglio di zona** del proprio quartiere, dal lunedì al venerdì dalle 9.00 alle 12.00. Per maggiori informazioni visita i siti: www.comune.milano.it; www.ordineavvocatimilano.it

### MAGISTRATURA

Sul sito www.tribunale.milano.it, nella sezione come fare per... si trovano tutte le informazioni, divise per competenze.

### MOVIMENTO CONSUMATORI

Per far valere i propri diritti di cittadini e di consumatori è utile consultare il sito del movimento consumatori di Milano.

**Movimento Consumatori Milano**
via Pepe, 14, 20159 Milano
Tel.02 80583136
www.movimentoconsumatorimilano.it

## BABYSITTER

Anche se il metodo più diffuso per trovare una persona di fiducia rimane il passaparola, le piattaforme online che mettono in contatto genitori e babysitter sono sempre più visitate. Eccone alcune: www.cercatata.it; www.sitterlandia.it; www.oltretata.it; www.babysittermilano.it.

### BABYSITTER ALLA PARI

È la soluzione ideale per chi vuole che i propri bambini imparino a confrontarsi con giovani di cultura e lingua differente. Che resti per una sola estate o per un intero anno, la "aupair" diventa a tutti gli effetti una persona di famiglia. La retribuzione è concordata con la famiglia e in genere si va dai 65 ai 100 euro a settimana. Ecco alcuni siti: **www.aupairs.it; greataupair.com; www.eupair.com; www.aupair-word.net**

### TROVA UNA TATA

Isola dell'Infanzia è una scuola di formazione per operatrici dell'infanzia che mette in contatto gratuitamente le tate con le famiglie.
Le parti regolano autonomamente l'aspetto retributivo e contrattuale.
**Isola dell'Infanzia**
Via Lario, 16
20159 Milano
Tel: 02 69003066
www.isoladellinfanzia.it

L'agenzia Tate & Nanny è nata nel 1995. Opera nel reclutamento, nella ricerca e nella selezione di personale domestico italiano e straniero su territorio nazionale e internazionale.
**Tate & Nanny**
Via Melchiorre Gioia, 75
Tel: 02 66984030
I prezzi partono da 10 euro all'ora.
www.tatenanny.com

### TROVA UNA TATA A SESTO SAN GIOVANNI

Il servizio Per Mano del Comune di Sesto San Giovanni mette in comunicazione le famiglie con le persone che desiderano collaborare per la cura e l'educazione dei bambini.
Le babysitter vengono selezionate dopo aver partecipato a un corso di formazione di base (circa 50 ore) organizzato da pedagogisti, psicologi e altri esperti. L'operatrice del servizio Per Mano incontra le famiglie per raccogliere le richieste e segnala loro la persona che meglio corrisponde alle singole esigenze.
**Per Mano**
Via XX Settembre, 90, 20099
Sesto San Giovanni (MI)
Tel: 02 2401531

## CASA

Dal fabbro all'idraulico, al progettista, qui trovate tutti gli indirizzi utili per gestire al meglio la vostra casa senza spendere una fortuna.

### FABBRI E SALDATURE

**Fabbro Musto**
Via Borsieri, 11, 20159 Milano

**Saldatura Moderna**
di G. Menenghin
Via Imbonati, 6, 20159 Milano
Tel: 02 608 0950

**Saldatura metalli**
Di Ugo Rottigni
Via Giovenale, 7, 20136 Milano
Tel: 02 89402987

## FALEGNAMERIE

**Franco Lombardo**
Via Pastrengo, 17, 20159 Milano
Tel: 02 683278

**Silvio Norberto Pontiggia**
Via Pastrengo, 12, 20159 Milano
Tel: 02 66803230

**Fim David**
Via Bovisasca, 15, 20026 Novate Milanese (Mi)
Tel: 02 3542936
www.fimdavid.it

**Sila Legnami & Affini**
Via della Liberazione, 26, 20098 San Giuliano Milanese (Mi)
Tel: 02 533212
www.silalegnami.com

**Bricheco** - Laboratorio di falegnameria fai da te
C/o Incubatore per l'Arte
Via De Castilla, 26, 20124 Milano
bricheco.wordpress.com
Tutti i mercoledì e sabato dalle 15.00 alle 19.00

## FERRAMENTA

**Ferramenta Masè**
Piazza Minniti, 1, 20159 Milano

**Ferramenta Ticinese**
Via Meda, 38, 20141 Milano
www.ferramentaticinese.it

**Vita Market new service**
Viale Gorizia, 2, 20144 Milano

## IDRAULICA E SANITARI

**Lombardasmir**
Via San Rocco, 18, 20135 Milano
Tel: 02 58318353

## IMBIANCATURE

**Laboratorio Procaccini 14**
Via Procaccini, 14, 20154 Milano
Tel: 02 344827
www.laboratorioprocaccini.it

## PROGETTAZIONE

**Low Cost Architetti**
Via Morimondo, 26, 20143 Milano
www.lc-architetti.com

## RIFIUTI

**Amsa** gestisce la raccolta rifiuti della città. Per conoscere i servizi consultate il sito www.amsa.it
Tel: 80033299

## PICCOLI LAVORI EDILI, TRASLOCHI, PULIZIE, SGOMBERI

**Detto Fatto Società Cooperativa Sociale**
Via Mazzini, 33, 20099 Sesto San Giovanni (MI)
Tel: 02.2428988
www.coopdettofatto.it

**Cooperativa sociale onlus Lavoriamo**
Via Privata Trasimeno, 7, 20128 Milano
Tel: 02 2590 2340
www.cooplavoriamo.it

## DICHIARAZIONE DEI REDDITI E DISBRIGO PRATICHE

### CAF (CENTRO DI ASSISTENZA FISCALE)

I Caf offrono assistenza fiscale ai contribuenti che lo richiedono. Si va dalla compilazione della dichiarazione dei redditi alla consulenza sull'iter per mettere in regola colf e badanti, ma i Caf assistono le famiglie anche nel campo della tutela dei diritti sociali e civili. Per trovare la sede più vicina visitate i siti.
Cgil: www.fisco.cgillombardia.it
Cisl: www.caafcisl.it
Uil: www.cafuil.it

**Patronati e sindacati**
Offrono assistenza gratuita ai cittadini per prestazioni sanitarie, assistenziali, previdenziali. Ecco una lista dei centri principali.

**Acli**
Via della Signora, 3, 20122 Milano
Tel: 02 772821
Trova la sede più vicina a te visitando il sito:
www.patronato.acli.it

**Cisl Inas**
Via Benedetto Marcello, 18, 20124 Milano
Tel: 02 29525021
Trova la sede più vicina a te visitando il sito: www.inas.it

**Inca Cgil**
C.so P.ta Vittoria, 43, 20122 Milano
Trova la sede più vicina a te visitando il sito: www.cgil.milano.it

**Ital Uil**
Via Campanini, 7, 20124 Milano
Tel: 02 671103409
Trova la sede più vicina a te visitando il sito: www.ital-uil.it

## DISABILI

Consultando il sito www.volontariatoamilano.it/disabili.htm potete trovare un elenco delle *associazioni milanesi* che sono attive nel supporto e nell'assistenza ai disabili e alle loro famiglie. L'associazione **Sos Milano** fornisce gratuitamente attrezzature per disabili, Tel. 02 67071780, www.sosmilano.it.

### INIZIATIVE DEL COMUNE DI MILANO

I **Nuclei Distrettuali Disabili** sono servizi territoriali che raccolgono e analizzano le richieste dei cittadini disabili, li supportano nell'elaborazione di un progetto di vita il più soddisfacente possibile. Destinatari degli interventi sono persone con invalidità, con priorità a quelle con disabilità grave, superiore al 75% (certificata dalla Asl), con età sino ai 60 anni, a esclusione dei soggetti con diagnosi psichiatrica. Le segreterie sono aperte dalle 8.30 alle 12.30 e dalle 13.30 alle 16.30, dal lunedì al venerdì. L'assistente sociale riceve su appuntamento. Tutte le informazioni su queste e altre iniziative a sostegno dei disabili sono sul sito www.comune.milano.it, sezioni: come fare per, sostegno e assistenza.

**ASSOCIAZIONI**

L'associazione Anffas persegue esclusivamente finalità di solidarietà sociale nel campo dell'assistenza sociale e socio-sanitaria, della formazione, della tutela dei diritti civili a favore di persone svantaggiate in situazioni di disabilità intellettiva e relazionale e delle loro famiglie. Per conoscere le altre sedi di Milano potete consultare il sito www.anffasmilano.it

**Anffas**
Via Valla, 25, 20141 Milano
Tel. 02 84470120

## RIPARAZIONI E MANUTENZIONE

Dal cappotto al frigorifero, ultimamente è esploso il boom delle riparazioni. Fino a poco tempo fa, quando un elettrodomestico si rompeva, la maggior parte delle persone preferiva comprarne un altro: la società dei consumi negli anni ci aveva abituato a buttare quello che non funzionava più. Ma con meno soldi in tasca i vecchi trucchi di economia domestica tornano a galla. Così, prima di comprare un nuovo ferro da stiro, si porta a riparare quello vecchio. La crisi, oltre a limitare i consumi, ha risvegliato una coscienza ecologista.

**CALZOLAI**

**Calzolaio Antonio Ficocelli**
Ripa di Porta Ticinese, 113, 20143 Milano

**Clinica delle Scarpe 2**
Via Binda, 28, 20143 Milano
Tel: 347 6867030

**Il tuo calzolaio**
Piazza Fidia, 3, 20159 Milano
Tel: 02 6887418

**CICLISTI**

**Benzinaio Total**
Riparazione e vendita bici usate
Via Durando, 20158 Milano

**Ciclofficina Ohibò**
Via Benaco, 1 (entrata da via Brembo)
20139 Milano
Te: 02 39468399
Aperto la domenica pomeriggio
Ingresso con tessera arci

**Ciclofficina Ponte Giallo**
Anfiteatro della Martesana, nel parco tra via Agordat e via Bertelli
ciclofficinamartesana.blogspot.it
Aperto la domenica pomeriggio

**Ciclofficina Ruotalibera**
Via Celoria, 2
20133 Milano
ciclofficinaruotalibera.wordpress.com
Aperto ogni mercoledì e venerdì dalle 16 alle 19.30

**Ciclofficina Stecca**
c/o Incubatore dell'Arte
Via de Castilla, 26
20159 Milano
www.piubici.org
Aperto sabato dalle 11.00 alle 20.00 e mercoledì dalle 17.00 alle 20.00

**MiRaggio-Ciclobarona**
via Ettore Ponti, 21
20143 Milano
Tel. 0289056878
www.ciclobarona.net

Riparazione e vendita biciclette
Piazza XXIV Maggio, 20136 Milano

## COMPUTER

**Johnny**
Dtm di Ye Xiang Qin
Via Giordano Bruno, 20, 20154 Milano
Tel: 02 36523360

## PICCOLI ELETTRODOMESTICI

"Perché buttare" è un punto di assistenza per piccoli elettrodomestici (ferri da stiro, macchine del caffè, rasoi elettrici, aspirapolvere...), tv e audio-video. Con il servizio "a casa vostra" il negozio organizza ritiro e consegna a domicilio in tutta Italia. La consegna con il corriere è gratuita e con un contributo spese contenuto (dai 7 ai 15 euro) è possibile prenotare anche il ritiro.
**Perché buttare**
Via Pertini, 8, 27049 Stradella (Pv)
Telefono 0385 43863; cell 334 9130338
www.perchebuttare.net

**Alto Voltaggio**
Via Giambellino, 44, 20156 Milano
Tel: 02 42290957
www.altovoltaggio.it

**Casa del risparmio**
Questo negozio di ricambi per elettrodomestici effettua anche riparazioni.
Via Lorenteggio, 42, 20146 Milano
Tel. 02 4236600

## LAVANDERIE E STIRERIE

**Fuxia Wash**
Lavanderia Self Service
Via Rubens, 8, 20148 Milano
www.lavanderiaselfservice-milano.it

**Il Girasole**
Lavanderia self service e punto bookcrossing
Via Caterina da Forlì, 58, 20146 Milano

**1h Clean service**
Via Boltraffio, 18, 20146 Milano
Tel: 02 6686629

**Stirocamicie**
- Via San Galdino, 4, 20154 Milano
- Via Morosini, 23, 20135 Milano
- Via Cola di Rienzo, 11, 20144 Milano

www.perky.it

## MECCANICI

**Gi.vi.gi Car Sas**
Autoriparazioni Officina
Via Rembrandt, 49, 20147 Milano
registrostoricoitalianor5turbo.it
Motoscambio sas
Via Savona, 57, 20144 Milano
Tel: 02 48958767
www.motoscambio.it

**Sarfa**
Ricambi auto e moto
Via Tobagi, 6, 20143 Milano
Tel: 02 89122037
www.sarfa.it

**V.m.a. Snc**
Ricambi auto
Piazza Archinto, 7, 20159 Milano
Tel: 02 6889768

### SARTORIE

**Cuci e Ricuci**
Via Washington, 105
20146 Milano
Tel: 339 7687488

**Taivè**
Via Wildt 27B angolo via Carpi
20131, Milano
Tel: 02 26822423

**Orlo e via**
Corso Buenos Aires, angolo via
Pergolesi, 1, 20124 Milano
Tel: 02 36595148
Questo negozio fa parte di una catena, trovi gli altri punti vendita su: www.orloevia.it

**Orlo Magico**
Via Faruffini, 9, 20129 Milano
Tel: 02 4694081

**T'aggiusto io**
Sartoria
Viale Gorizia, 30, 20144 Milano

## SALUTE

Con la crisi si taglia davvero su tutto, anche, ahimè, sulle spese mediche: affrontare il costo di una visita specialistica con i tempi che corrono può rappresentare un problema e sempre più persone, quando si tratta di controlli di routine, decidono di rimandare a tempi migliori. La vera sfida quando si parla di salute è trovare un servizio di qualità che coniughi prezzi accessibili a tempi d'attesa ridotti. I servizi sanitari pubblici sono gestiti dall'Asl e il territorio del Comune è diviso in distretti sociosanitari. Per la mappa dei distretti visitate il sito: www.asl.milano.it

### EMERGENZE

**Ambulanza**, Tel: 118
**Centro antiveleni**, Tel: 02 66101029
**Centro ustioni**, Tel: 02 64442625
**Farmacie**, Tel: 800801185
**Guardia medica**, Tel: 02 64441
**Guardia ostetrica**, Tel: 02 63633220
**Pronto soccorso ostetrico - ginecologico**, Tel: 02 57992252
**Servizi sociali,** Tel: 02 88463000
**Sos Milano** Tel: 02 67071780

### CENTRI ANTIFUMO

L'Assessorato alla Salute del Comune di Milano, assieme all'Istituto Nazionale dei Tumori e alle Farmacie Comunali del Gruppo Admenta Italia, offre l'opportunità di accedere a un servizio antifumo gratuito grazie all'attivazione di Centri Antifumo specializzati di primo livello in cinque farmacie comunali. Operatori sanitari seguono il fumatore, monitorandone l'andamento clinico e responsabilizzandolo nel percorso di liberazione dalla dipendenza.
Di seguito l'elenco delle farmacie che aderiscono al progetto.

**Farmacia comunale 19**
Presenza dello psicologo dell'Istituto Tumori: lunedì pomeriggio

Piazza Prealpi, 3, 20155 Milano
Tel: 02 39267723

**Farmacia comunale 48**
Presenza dello psicologo dell'Istituto Tumori: martedì pomeriggio
Viale Abruzzi, 4, 20131 Milano
Tel: 02 29531606

**Farmacia comunale 25**
Presenza dello psicologo dell'Istituto Tumori: mercoledì mattina
Via Forze Armate, 44, 20147 Milano
Tel: 02 40074180

**Farmacia comunale 80**
Presenza dello psicologo dell'Istituto Tumori: mercoledì pomeriggio
Piazza Zavattari, 4, 20149 Milano
Tel: 02 462503

**Farmacia comunale 81**
Presenza dello psicologo dell'Istituto Tumori: giovedì pomeriggio
Via Chiarelli, 10, 20151 Milano
Tel: 02 3085327

## CONSULTORI PUBBLICI

In queste strutture trovi qualità e prezzi più bassi rispetto a quelli praticati dai ginecologi privati. L'assistenza in gravidanza è gratuita, con tre ecografie e una visita al mese per il periodo di gestazione. Ogni distretto ha uno o più consultori di riferimento. Trovate il consultorio del vostro distretto sul sito dell'Asl, www.asl.milano.it .

## CONSULTORI PRIVATI LAICI

Aied è un consultorio convenzionato Asl . La tessera associativa annuale costa 10 euro, la visita ginecologica 70 euro, il pap test 25 euro.

**Aied**
Viale Regina Giovanna, 36, 20129 Milano
Tel: 02 66714156
www.aiedmilano.com

Centro progetti donna è un'associazione senza scopo di lucro che offre prestazioni specialistiche in ambito ginecologico e psicologico, inclusi i problemi legati al cibo. Costi: visita ginecologica 35 euro, pap test 25 euro

**Aied**
Via della Guastalla, 8, 20122 Milano
Tel: 02 861145
www.cpdonna.it

Il consultorio Ced offre un servizio di consulenza e prestazioni specialistiche ad ampio raggio, dalla pediatria alla ginecologia all'assistenza legale. Costi: visita ginecologica 45 euro, pap test 18 euro

**Ced**
Via Amedei, 13, 20123 Milano
Tel: 02 8690078
www.consultorioced.it

## DENTISTI

La Clinica odontoiatrica dell'Ospedale San Paolo funziona come un pronto soccorso dentistico. Costi: prima visita con preventivo 60 euro, pulizia dei denti 80 euro.

**Clinica odontoiatrica dell'Ospedale San Paolo**
Polo Universitario
Via Beldiletto, 1/3, 20142 Milano

L' Istituto Stomatologico Italiano

offre sevizi specialistici dalla pulizia dei denti alla chirurgia maxillo-facciale. Costi: prima visita con preventivo 25 euro, pulizia dei denti 100 euro.

**Istituto Stomatologico Italiano**
Via Pace, 21, 20121 Milano
Tel: 02 541761
www.isimilano.eu

## OMEOPATIA

Se ritenete opportuno farvi curare da un medico omeopata e non sapete a chi rivogervi, la società italiana di medicina omeopatica pubblica sul suo sito l'elenco degli specialisti accreditati in Italia, con indirizzi e numeri di telefono sul sito **www.omeomed.net**

## OSPEDALI PUBBLICI

**Centro Traumatologico**
Ortopedico (Cto)
Via Bignami, 1, 20126 Milano
Tel 02 57991
www.icp.mi.it

**Clinica Mangiagalli**
Unità operativa di neonatologia
Via Della Commenda, 20122 Milano
Tel: 02 5461477
www.mangiagalli.it

**Istituto Nazionale dei Tumori**
Via Venezian, 1, 20133 Milano
Tel: 02 23901
www.istitutotumori.mi.it

**Istituto Neurologico Carlo Besta**
Via Celoria, 11, 20133 Milano
Tel: 02.23941
www.istituto-besta.it

**Ospedale dei bambini Buzzi**
Via Castelvetro, 32, 20154 Milano
Tel 02 57991
www.icp.mi.it

**Ospedale Maggiore Niguarda**
Piazza dell'Ospedale Maggiore, 3, 20162 Milano
Tel: 02 64441
www.ospedaleniguarda.it

**Ospedale Maggiore di Milano - Policlinico**
Via Francesco Sforza, 35, 20122 Milano
Tel: 02 55031
www.policlinico.mi.it

**Ospedale Fatebenefratelli e Oftalmico**, C.so di P.ta Nuova, 23
Tel: 02 63631
www.fbf.milano.it

**Ospedale Gaetano Pini Istituto Ortopedico**
Piazza Cardinale Andrea Ferrari, 1 20122 Milano
Tel: 02 582961
www.gpini.it

**Ospedale Luigi Sacco**
Via Giovanni Battista Grassi, 74, 20157 Milano
Tel: 02 39041
www.hsacco.it

**Ospedale San Carlo Borromeo**
Via Pio II, 3, 20153 Milano
Tel: 02 40221
www.sancarlo.mi.it

**Ospedale San Paolo**
Via Antonio di Rudinì, 8, 20142 Milano
Tel: 02 81841
www.ao-sanpaolo.it

## POLIAMBULATORI

Al Centro Medico Sant'Agostino è possibile usufruire dei seguenti servizi specialistici: medicina interna, estetica, cardiovascolare, dermatologia, oculistica, odontoiatria, ortodonzia, psicologia, psicoterapia, fisioterapia, riabilitazione...

Le visite specialistiche hanno prezzi accessibili (60 euro) e sui trattamenti odontoiatrici c'è un risparmio del 30-40% rispetto ai prezzi praticati dai privati.
**Centro Medico Santagostino**
Piazza Sant'Agostino, 1, 20123 Milano
Tel: 02 89701701
www.cmsantagostino.it

Medici per Tutti è un progetto di sanità sociale nato nel 2011. I costi di esami e visite specialistiche variano a seconda del reddito del paziente.
**Medici per Tutti**
Centro Medico Ambrosiano
Via Biondi, 1, 20154 Milano
www.medicipertutti.it

Welfare Italia Servizi è una rete nazionale di poliambulatori medici e odontoiatrici che offre visite specialistiche e esami a prezzi calmierati. Le visite specialistiche costano circa 70 euro (il risparmio sui costi della sanità privata è del 30% circa).
**Welfare Italia Servizi**
- Via Solari, 6, 20144 Milano
- Viale Jenner, 73, 20159 Milano
Tel: 800 901415
www.welfareitalia.eu

## PSICOLOGI

**Koinè** è un servizio di ascolto del Comune di Milano a sostegno del disagio psichico
Numero verde 02 0202
www.serviziokoine.it

Il Centro milanese di psicoanalisi Cesare Musatti offre un servizio clinico rivolto ad adolescenti, bambini e adulti che si trovano in condizioni economiche difficili e necessitano di un supporto psicologico. Gruppi di psicoanalisti mettono la loro esperienza a disposizione di persone che fino ad oggi non hanno avuto la possibilità di accedere alle terapie, con consulenze gratuite o a prezzi calmierati.
**Centro milanese di psicoanalisi Cesare Musatti**
Via Corridoni, 38, 20122 Milano
Tel: 02 55012281
www.cmp-spiweb.it

Il Centro psicologia della famiglia offre sostegno psicologico (60 euro a seduta), orientamento scolastico, counseling "Genitori Soli" (40 euro a seduta), doposcuola cognitivo (tre ore due volte alla settimana, 10/15 euro a pomeriggio. I gruppi si attivano al raggiungimento del numero di 4/5 partecipanti). Le tariffe sono indicative e possono variare sensibilmente per venire incontro alle esigenze delle famiglie. La prima visita è sempre gratuita.
È attivo, inoltre, il laboratorio educativo-riabilitativo Ciclofficina Bovisa (www.ciclofficinabovisa.it)
**Centro psicologia della famiglia**
Via Marcello Prestinari, 3/A, 20158 Milano
Tel 329 5419056; 02 39310272
www.centrocpf.it

Il Minotauro è un istituto di analisi dei codici affettivi che si occupa in particolare dei disturbi dell'adolescenza. Consulenze gratuite per chi ha problemi di reddito.

**Il Minotauro**
Via Omboni, 4, 20129 Milano
Tel: 02 29408705
www.minotauro.it

Jonas Onlus è un centro di clinica psicoanalitica per "nuovi sintomi": anoressia, bulimia, obesità, depressione. Le tariffe sono proporzionate al reddito del paziente. Nella stessa sede è attivo anche il Centro Gianburrasca per bambini iperattivi (affetti da Adhd).
**Jonas Onlus**
Via Giovanni da Procida, 35, 20149 Milano
Tel. 02 55230804
www.jonasonlus.it
www.gianburrasca.org

Il Progetto Itaca offre ascolto telefonico gratuito per depressione, ansia, attacchi di panico, disturbi alimentari.
**Progetto Itaca**
Via Volta 7/a, 20121 Milano
Tel: 800 274274; 02 29007166
www.progettoitaca.it

## SICUREZZA

**Polizia** 113
**Carabinieri** 112
**Vigili del fuoco** 115

**Polizia locale**
Pronto intervento: 02 0208
Linea diretta per la sicurezza (control room): 02 88456893
Protezione civile
Tel: 02 88465000.1.2.3

**Questura**
Tel: 02 62261

## SPOSARSI

Se avete deciso di compiere il grande passo e siete residenti a Milano il matrimonio con rito civile è completamente gratuito (o ha un prezzo molto contenuto).
**Ufficio Matrimoni**
Via Larga, 12, 20122 Milano
Tel: 02 0202
www.comune.milano.it
Orario: dal lunedì al venerdì, 8.30 - 12.30 e 14.00 - 15.30.
Le celebrazioni si svolgono a Palazzo Reale secondo le seguenti modalità:
Lunedì - martedì - giovedì - venerdì (9.30 - 12.30 e 15.00 - 15.30) almeno un cittadino residente Milano: il rito è gratuito.
Lunedì - martedì - giovedì - venerdì (oltre orario ordinario, 16.00-17.00) e sabato (9.30-13.30) almeno un cittadino residente: il rito costa 96 euro.

**E per i confetti?** Niente paura, da Manganini, antico laboratorio artigianale in viale Jenner, costano solo 15 euro al chilo.
**Manganini**
Fabbrica di confetti dal 1949
Viale Jenner, 14, 20159 Milano
02 6081239
www.confettimilano.com

# INDICE DEI LUOGHI

Ringraziamenti

*Un ringraziamento speciale va a Enrica Melossi, deus ex machina, e a Claudia Vassallo, che mi ha sostenuto e guidato in quest'impresa.*
*Un grazie sentito va a tutti coloro che mi hanno dato una mano a scrivere questa guida, condividendo con me, e con voi, i loro indirizzi segreti e i trucchi per il (soprav)vivere quotidiano.*
*Infine, grazie a chi mi ha supportato e sopportato in questi mesi.*

## CODICE QR

### Che cos'è

Alcune pagine di questa guida contengono dei codici Qr che rimandano a siti internet. Un codice Qr Quick Read (in inglese Qr Code) è un codice a barre bidimensionale, ossia a matrice, composto da moduli neri disposti all'interno di uno schema di forma quadrata. Viene impiegato per memorizzare informazioni generalmente destinate a essere lette tramite uno smartphone.

### Come si usa

1) Controlla che il tuo smartphone non abbia già installato un software per la scansione del Qr code altrimenti vai su http://get.qr.gd e scarica l'applicazione, che è gratuita e autoinstallante.
2) Apri l'applicazione scaricata.
3) Inquadra il Codice QR da decodificare.
4) Segui le istruzioni indicate e accedi al sito internet.

*Progetto grafico*
Cdm associati
Udine

*In copertina:*
duomo di Milano - StevanZZ/
Shutterstock.com
sacchetto: JIANG HONGYAN /
Shutterstock.com

Le informazioni contenute in questo libro sono state aggiornate il più scrupolosamente possibile alla data di stampa. Tuttavia dati come numeri di telefono, indirizzi, orari e prezzi sono suscettibili di cambiamento. L'editore declina ogni responsabilità per qualsiasi conseguenza derivante dall'uso della presente guida. Eventuali osservazioni o suggerimenti da parte dei lettori possono essere inviati all'editore, che ne terrà conto nella stesura delle edizioni future del libro.
Le segnalazioni vanno indirizzate a:
Geo Mondadori – Via Luisa Battistotti
Sassi 11/a - 20133 Milano
Email: info.geomondadori@mondadori.it


Editoria turistica Mondadori
Prima edizione: 2013
www.geomondadori.com
www.librimondadori.it

Finito di stampare nel mese di aprile
2013 presso Ecograf Spa,
stabilimento di Cles (Trento)
Stampato in italia – Printed in Italy